[제2판]

초보자와 신입생의 성공을 위한

사회복지개론

류기형 강대선 류지선 배의식 백정원 손지현 옥수선 이미라 조향숙 공저

양서원

• 2판 머리말 •

이 책을 집필한 지 만 2년이 되어간다. '초보자와 신입생을 위한 사회복지개론'이라는 제목만큼 충분한 역할을 수행하고 있는가에 대한 의문이 들기 시작한 무렵, 고민과 동시에 개정작업을 수행하기 시작하였다. 이에 비교적 짧은 시간으로 초판의 아쉬움을 보완할 수 있게 되어 다행이라고 생각한다. 이 같은 마음을 이 책과 관련한 고민의 끝이 아니라, 지속적인 수정 · 보완을 위한 약속으로 이해해주기 바란다.

현대 사회의 문제점 · 어려움을 해결하기 위한 방안으로, 사회복지의 필요성과 그 역할에 대해서는 일정 정도 합의가 이루어진 것으로 보인다. 하지만 이를 실현시키기 위한 방법 및 내용에 대해서는 다수의 논란이 확인되고 있으며, 또한 지속적으로 확대되고 있는 사회복지 영역(분야)에 대해서도 충분한 논의가 이루어지지 못하고 있다. 이러한 복잡한 상황 속에서 사회복지를 준비하는 예비 사회복지사들을 위해 저자들은 초판을 통해 두 가지 집필기준을 제시하였다. 사회복지에 대한 바른 이해와 (주로 학부 1학년 과정에서 이루어지는 과목의 특성을 반영한) 쉬운 이해라는 두 가지 기준은 개정을 위한 원칙으로도 적용되었다. 이러한 원칙을 기본으로, 전반적인 개정방향은 초판의 의미를 더욱 잘 살릴 수 있도록 하는 데 초점을 잡았다.

먼저 본 개정판은 지난 초판 활용을 통해 전달 · 파악된 사항들을 교정하였다. 더욱 정확한 설명이 필요한 부분은 내용을 수정 · 보충하였고, 오타 및 오기로 파악된 것은 최대한 교정하였다. 이를 위해 의견을 전달해주신 모든 분들에게 감사를 전한다. 다음으로 저자들이 개별적으로 작업한 문맥을 전체적으로 재정리하였다. 많은 저자들이 함께 작업하는 경우 이러한 과정은 상대적으로 오랜 시간이 들지만 이에 비해 잘 드러나지는 않는 부분임에 틀림없다. 하지만 이 책을 활용하는 개별 강의자들은 이러한 부분을 충분히 느낄 수 있을 것으로 믿는다. 또한 개별 장을 충분히 검토하여 이해를 높이기 위한 그림 및 표를 추가하였으며, 초판에서 제시한 자료들은 최신 자료로 재정리하였다.

급속한 사회변화만큼이나 사회복지를 실현하기 위한 방법과 내용, 그 범위와 수준에 대한 우리 사회의 논의가 역동적인 만큼, 관련한 내용 역시 지속적으로 수정되어야 할 거라는 일부 저자의 한숨 어린 인정처럼, 본 개정판을 마무리하면서도 아쉬움이 드는 건 어쩔 수 없는 것으로 보인다. 또한 사회복지를 둘러싼 다양한 환경변화를 정리하면서도, 정작 '사회복지란 무엇인가?'라는 질문은 아직도 명확하게 해결하지 못한 채 현재 진행형으로 남겨둘 수밖에 없었다. 이러한 아쉬움과 의문들이 지속적인 개정작업을 위한 동력으로 작용할 것을 믿으며, 동시에 더 나은 사회복지사들을 양성하는 자양분이 될 수 있을 것이다. 이를 위해 학계와 현장의 더 많은 관심과 지적을 진심으로 청하는 바이다.

초판부터 많은 관심과 지원을 지속적으로 제공해주시는 양서원의 박철용 회장님 이하 모든 직원 분들에게는 항상 감사하다는 말씀을 전한다. 무엇보다 이 책이 더 나은 개정판이 될 수 있도록 활용해주시고, 의견을 전해주시는 모든 예비사회복지사들과 강의자 분들에게 다시 한 번 진심 어린 감사와 응원을 보낸다. 아무쪼록 사회복지를 학습하는 모든 초보자와 신입생들이 진심으로 성공하기를 간절히 바란다.

2018. 2. 동백꽃 만개를 기다리며 해운대에서

저자 일동

경제성장을 통한 현대사회로의 발전과정에서 우리는 많은 이익과 편의를 즐길 수 있게 되었으나, 동시에 빈부의 양극화, 가족해체, 저출산·고령화, 실업 및 비정규직 증가, 학교폭력 등 다양한 분야에서 발생한 어려움을 체감하게 되었다. 아이에서 노인까지 또는 개인에서 국가까지 사회를 구성하는 모든 단위들에서 점점 더 강해지고 있는 문제들에 대한 해결 필요성은 구체적인 방안 모색을 위한 노력으로 이어졌고, 이에 따라 전문영역으로 더욱더 필요하게 된 학문이자 활동이 바로 사회복지이다.

현대사회에서 사회복지는 많은 사람들의 관심대상이 되고 있다. 관심분야 또한 일반적인 궁금증에서 사회복지 활동방법, 사회복지서비스 이용 등 전문적 분야까지 다양하게 확인되고 있으나, 근본적으로는 '사회복지가 무엇인가?'라는 기본 질문에서 출발하는 것으로 볼 수 있다.

사회복지의 모습은 다양하게 정의할 수 있겠지만, 적어도 사회복지는 모든 사람들의 행복과 안녕을 위한 사회적 노력으로 이해될 수 있다. 이 관점에서 사회복지는 '인간의 행복'이라는 구체적인 목표를 통해 그 가치가 확인될 수 있는 실천적 성격을 가지며, 사회복지에 대한 바르지 못한 이해는 결국 다른 이들의 행복을 해칠 수 있는 위험을 만들 수 있는 것이다. 따라서 적어도 사회복지현장에서 활동하고자 하는 사람들은 사회복지에 대해 바르게 이해해야 할 의무가 있다는 것이 집필진들의 공통된 의견이었다.

이러한 의견에 따라 합의된 가장 큰 집필기준은 '바른 이해를 위한 지침서'와 '쉽게 배우고 이해할 수 있는 안내서'가 되도록 하자는 것이었다.

지속적으로 성장하고 있는 사회복지사들의 수와 활동분야가 오늘날 사회복지의 외견(外見)이라면, 이를 위한 내면(內面)은 바로 사회복지서비스의 질을 담보할 수 있는 사회복지사들의 사회복지에 대한 바른 이해라는 관점에서 이를 위한 지침서를 만들자는 합의는 전체 집필진에게 가장 중요한 기준이었다. 이를 위해 저자들은 개별적으로 충분한 자료들을 검토하여 초안 작성 후, 서로의 내용을 재검토하는 작업을 반복적으로 수행하여 바른 이해를 위한 자료의 정확성을 높이고자 노력하였다.

동시에 사회복지개론은 사회복지를 이제 막 접하는 학생들(초보자와 신입생)이 주로 읽게 된다는 점에서 쉽게 배우고 이해할 수 있는 안내서가 되어야 한다는 점 역시 놓칠 수 없는 중요한 기준이었다. 이를 위해 사회복지개론 과목을 강의한 경험을 토대로, 가장 쉽게 이해할 수 있도록 하는 내용을 책에 담고자 하였으며, 필요한 부분들은 학부생들에게도 확인토록 하여 표현을 가다듬었다.

초판이 완성된 지금까지 이러한 기준이 완벽히 구현되었는가에 대해서는 아쉬움이 남는 것이 사실이지만, 개론서로서 이 책의 아쉬움은 훌륭한 교수님들의 세부 전공강의들로 보완될 수 있으리라 믿어 의심치 않는다.

이 책은 크게 4부 13장으로 구성되었다. 제1부에서는 학문으로서 사회복지를 이해하기 위한 기본적인 내용을 다루었다. 먼저 1장에서는 인간의 삶과 사회복지의 관계를 설명하였으며, 2장에서는 사회복지의 개념, 3장에서는 사회복지의 가치, 이념과 윤리를, 4장에서는 사회복지의 역사, 마지막 5장에서는 전문직으로서의 사회복지를 소개하였다. 제2부에서는 1부의 이해를 기반으로 사회복지를 구분하는 기준을 다루었다. 6장에서는 중범위 및 거시적 접근방법으로서 사회복지서비스를 설명하였으며, 7장에서는 미시적 접근방법으로서 사회복지서비스를 소개하였다. 제3부에서는 사회복지의 세부활동분야를 다루었다. 8장과 9장은 정책분야로 소개되는 사회보험과 공공부조를 설명하였으며, 10장부터 12장까지는 실천분야로 소개되는 세부 내용을 소개하였다. 10장은 전통적인 사회복지활동분야로서 아동·청소년, 노인, 장애인, 여성, 가족을 다루었고, 11장은 지역사회, 의료, 학교, 군사회복지 영역을 다루었으며, 12장은 최근 부각되는 새로운 분야로 다문화복지, 국제사회복지, 노숙인복지 영역을 다루었다. 제4부 13장에서는 오늘날 사회복지현장에서 다루어지는 이슈들을 통해 향후 새로운 사회복지 모습에 대한 전망과 과제를 제안해보았다.

사회과학의 다양한 영역에 최초 접근하는 이들을 위한 교재들의 공통된 모습처럼, 본 교재에서 다루어지고 있는 모든 내용들은 무에서 유를 창출한 결과가 아님을 밝힌다. 사회복지에 대한 관심으로 사회복지공부를 이제 갓 시작한 (초보자와 신입생) 학생들을 위해서, 본 책에서 소개한 대부분의 내용들은 수많은 선배 및 동료 학자들, 때로는 활동가들의 결과물이라는 것이다. 그들에게 깊은 감사를 전하며, 만약 다른 견해로 오해를 살 수 있는 부분이 있다면 이는 온전히 저자들의 해석에서 비롯된 것임을 알아주기 바란다. 이 책을 작성하면서 참고한 모든 내용은 그 출처와 근거를 분명히 밝히고자 하였으나, 만약 저자들이 놓친 부분이 있다면 언제나 출판사 및 저자들에게 개별적으로 연락해주기를 진심으로 청한다.

많은 저자들과 함께 작업함에 있어서 수고가 많으셨을 양서원의 박철용 회장님 이하 모든 직원분들에게 감사함을 전한다. 무엇보다 이 책이 제목처럼 초보자와 신입생의 성공을 위할 수 있길 바라는 마음에서 전국의 수많은 예비사회복지사들과 이들을 양성하고 있을 수많은 강의자분들에게 응원을 보낸다.

2016. 2.

금정산 초입에서 봄바람을 기다리며

저자 일동

제2부 사회복지의 접근방법

제3부 사회복지의 분야

제4부 사회복지의 조망

PART 01

사회복지의 기초

CHAPTER

제1장 인간의 삶과 사회복지

1. 인간의 욕구

인간의 역사는 욕구와 이에 대한 충족의 역사라고 필자들은 생각하고 있다. 예를 들어, 한 개인은 저 바다 너머의 세상을 알고 싶고, 또 저 너머의 세상에 대해 전혀 모르는 자신의 상태에 대해서 갈증을 느꼈다. 그래서 배를 만들고 싶고 결국 사회는 배와 지도를 만들어 냈다. 즉, 개인의 욕구로 출발하여 사회적 욕구로 확대되면서 사회발전을 이루어 낸 것이다. 이 장에서는 이러한 개인적·사회적 욕구를 사회복지의 이론과 시각에서 살펴볼 것이다. 미리 언급하자면 사회복지사는 인간의 욕구, 즉 개인과 사회의 욕구를 사회복지 이론과 지식으로 설명하고, 이해할 수 있는 능력을 갖춘 자이기 때문이다.

1) 인간의 욕구

욕구란 간단히 무엇인가가 결핍되어 불편한 상태이며 이에 대한 충족을 필요로 하는 상태라고 할 수 있다. 즉, 현재의 결핍된 상태와 원하는 상태 사이에 존재하는 격차라는 의미를 지니고 있다. 특정 욕구를 개인이 가지고 있을 때는 개인적 욕구로 분류되고, 이 욕구를 사회구성원 다수가 지니게 되면 사회적 욕구가 된다. 우선은 욕구이론에 전통적이고 가장 많이 참고되는 매슬로우의 욕구이론을 살펴보고자 한다.

매슬로우의 욕구이론

매슬로우(Maslow)에 따르면 인간 개개인은 피라미드 형태로 정돈된 욕구를 가지고 있으며 이들 욕구의 충족이 동기를 유발한다고 보았다.[1] 매슬로우는 자아존중, 소속과 애정, 안전, 신체 · 생리적 욕구는 결핍의 욕구에 해당된다고 하였다. 이들 욕구들의 작동원칙은 다음과 같다.

첫째, 개인마다 다섯 가지 욕구가 저차원에서 고차원으로 순서대로 나타나며 어느 한 순간 각 개인의 의식을 지배하는 욕구는 하나이다.

둘째, 욕구의 출현과 소멸은 결핍과 충족의 원리에 의해 이루어진다.

셋째, 결국 자아실현의 욕구를 제외하면 개인의 행동에 동기를 부여하는 것은 결핍이다.

넷째, 자아실현의 욕구는 다른 욕구와는 달리 충족되면 될수록 더욱 커진다(백기백, 1998). 예를 들어, 창조성의 욕구는 충족될수록 더욱 커지고 더 높은 수준을 지향한다는 것이다.

매슬로우 이론의 가장 큰 비판은 첫째, 욕구 간의 위계가 존재한다는 증거가 부족하고(Wahba & Bridwell, 1976) 둘째, 사회적 · 지적 욕구 간의 차이를 반영하지 못한다는 것이다(Hofstede, 1984). 즉, 미국과 같이 개인주의 사회에서 성장한 사람이 갖는 사회적 · 지적 욕구와 한국, 일본과 같은 집단주의 사회에서 자란 사람 간에는 분명히 추구하는 욕구의 특성 및 차원이 다를 것이다. 예를 들어 개인주의 사회에서 자란 사람의 욕구는 집단주의 사람에 비

1) 매슬로우의 욕구단계의 기본모형은 다섯 단계이다. 즉 ① 신체 · 생리적 욕구, ② 안전욕구, ③ 소속과 애정의 욕구, ④ 자아존중의 욕구, ⑤ 자아실현의 욕구이다. 초월의 욕구는 매슬로우가 후에 자기실현의 욕구를 비판하면서 나타난 개념으로서, 자기(self)는 자신을 넘어선 보다 높은 수준의 목적에 관련된다고 밝혔다.

하여 좀 더 자기중심적일 가능성이 높으며, 따라서 자기실현과 관련하여 자기의 성장에 더욱 더 초점을 둘 것이다. 이에 반하여 집단주의 사회의 사람은 수용과 공동체가 개인성 또는 자유보다 더 우선적인 욕구가 될 가능성이 높다.

욕구단계		내용
자아초월 욕구		• 타인의 자아실현과 잠재력의 발견을 원조 예: 이타주의(altruism), 영성(spirituality)
5단계	자기실현의 욕구	• 자신의 잠재적인 능력에 대한 실현의 욕구 예: 도덕성, 창조성, 자발성, 문제해결, 편견의 감소, 사실의 수용
4단계	자아존중의 욕구	• 다른 사람으로부터 인정받고 존중받고 싶어 하는 욕구 • 충족되면 자신감이 생기지만 결핍되면 열등감이 생김 예: 자긍심, 자신감, 성취, 타인의 존중 및 타인에 의한 존중
3단계	소속과 애정에 대한 욕구	• 정서적인 만족을 얻고 싶어 하는 욕구 • 집단에 소속되어 관계를 맺고 사랑받고 싶어 하는 욕구 예: 우정, 가족, 성적 친밀감
2단계	안전에 대한 욕구	• 개인의 안전, 재정적 안전, 건강과 복리(well being) • 사고, 질병과 이것들의 부정적 영향으로부터의 안전망(sefety net) 예: 신체의 안전, 고용의 안전, 자원의 안전, 가족의 안전, 건강의 안전, 재산의 안전, 도덕의 안전
1단계	신체·생리적 욕구	• 인간의 가장 기본적이고 필수적인 욕구 • 의식주와 관련된 생존의 욕구 예: 숨쉬기, 음식, 물, 성, 잠, 생체향상성(homeostasis), 침뱉기(excretion)

출처: Maslow(1996).

2) 사회적 욕구

사회적 욕구는 생존과 성장을 위해 필요한 기본적인 요건들로서, 개인적인 욕구가 모여 다수가 되면 사회적 욕구가 된다고 볼 수 있다. 이러한 사회적 욕구가 측정 가능한 형태로 가시화되어 대다수의 사회구성원에게 인식되면 사회문제가 될 수 있다. 즉, 사회문제는 특정의 부정적 상황을 변경시키기 위해 어떤 조치가 취해질 필요가 있다고 사회의 대다수 혹은 특정의 구성원에 의해 받아들여지는 상황을 일컫는다고 할 수 있다(윤찬영, 2014). 대부분의 국가와 지방자치단체는 이러한 사회적 욕구와 관련된 사회문제들을 주기적으로 조사하고, 자료화하여, 사회복지정책과 서비스 개발을 위한 기초자료로 활용하고 있다.

브래드쇼(Bradshaw, 1972)는 사회적 욕구의 종류를 규범적 욕구, 상대적 욕구, 느끼는 욕구, 표현된 욕구로 유형화하였다.

첫째, 규범적 욕구(normative need)이다. 이 욕구는 주로 규범 또는 확립된 사회적 기준에 의해 확인되는 욕구이다. 예를 들어 급여수준, 최저주거의 수준이 특정 규범이나 기준에 의하여 결정되는 경우가 이의 예에 속할 것이다. 이러한 규범적 욕구는 주로 전문가들의 판단에 의존한다. 따라서 이들의 전문성이나 가치, 지식 및 경험 심지어 편견에 의해 영향을 받을 수밖에 없다. 따라서 규범적 욕구는 절대적일 수 없고, 또 다양한 전문가에 의하여 다양한 기준이 제시될 수 있다.

둘째, 상대적 욕구(comparative need)이다. 이는 욕구가 없는 다른 사람들과의 비교를 통하여 발생하는 문제들과 주로 관련한다. 이 접근법의 가장 대표적인 예는 어느 지역이 가장 박탈되고 있는가를 결정하기 위하여 서로 다른 지역의 사회문제들을 비교하는 것이다.

셋째, 느끼는 욕구(felt need)란 사람들이 느끼는 욕구이다. 즉 욕구를 가진 사람들로부터의 욕구라고 하겠다. 그러므로 사람들 개개인의 인식(perception)과 서비스에 대한 지식에 따라 제한될 수 있다. 따라서 전문가들이 판단하기에 서비스나 지원이 필요한 사람들이 실제로 이러한 서비스를 필요로 하지 않을 경우가 발생할 수 있다. 특히 신청주의 서비스를 기본으로 하는 한국에서는 이러한 경우가 심각한 문제가 될 수 있다.

넷째, 표현된 욕구(expressed need)란 욕구를 가진 사람들이 자신들은 그러한 욕구를 가졌다고 말하는 욕구를 의미하며, 도움을 찾는 행동으로 이어질 가능성이 높다. 그러나 사람들은 욕구를 느끼지만 표현하지 않을 수 있고, 역으로 욕구를 느끼지 않지만 욕구를 표현할 수도 있기 때문에 욕구를 정확히 측정하기 어려울 수 있다.

이러한 사회적 욕구가 우리가 해결해야 할 사회문제로 규정되는 데 있어서 몇 가지 고려할 사항이 있다(박광준 외, 2014).

첫째, 사회문제의 인식에는 가치가 개입된다는 것이다. 그러므로 우리는 사회문제를 인식하는 데 어떤 일관된 가치를 가져야 한다. 왜냐하면 어떤 현상에 대하여 우리가 자신의 입장을 분명히 가지지 못하고서는 좋은 연구 혹은 실천을 수행할 수 없기 때문이다.

둘째, 사회문제를 규정하는 기준은 항시 변화한다는 사실이다. 지금의 심각한 문제, 예를 들어 과도한 사교육열풍은 몇 년이 지나면 전혀 문제가 되지 않을 수도 있다. 사회가 변화함에 따라 사회문제로 이해되는 문제적 상황도 변할 수 있기 때문이다.

셋째, 사회문제는 문화적 상대성에 기초하여 이해되어야 한다. 사회문제는 사회규범에 의해 규정되기 때문에 당연히 문화가 다른 지역이나 국가에서는 특정 문제의 의미가 다르게 나타나기 때문에 사회문제를 이해하는 데에 있어서 문화적 상대성을 고려하는 것이 중요하다.

넷째, 사회문제가 사회규범을 바꿀 수 있다는 것이다. 예를 들어 세월호 사건은 우리 사회 성인들의 무책임, 몰염치, 비도덕성을 적나라하게 보여주는, 일어나선 안 될 안전사고이지만 우리 어른들에게 부모로서 우리 학령기 아동들과 어떠한 시간을 보내야 할 것인가에 대하여 다시금 생각하게 하는 계기도 되었다고 볼 수 있기 때문이다.

3) 인간의 생애주기별 욕구와 사회복지

'요람에서 무덤까지'라는 베버리지(Beveridge)의 말에서 보듯이 사회복지는 국민들의 전 생애에 걸쳐 나타나는 욕구를 충족시키고, 그들이 직면한 문제를 예방하고 해결하기 위한 대책이다(현외성 외, 1996). 이러한 욕구는 연령이나 발달단계에 따라 매우 다양하게 나타나며 그 다양한 욕구를 충족하지 못할 때 실업, 부적응, 우울 등의 사회적·개인적 문제를 경험하게 된다.

인간의 생애주기는 '시간의 흐름에 따라 변화해 나가는 개인 생애의 일정한 단계별 과정'이라고 정의할 수 있다. 그리고 발달과업은 첫째, 개인과 가족이 생애주기를 거치는 동안 각 단계마다 수행해야 할 역할이나 해결해야 할 중요한 과업을 말하며, 둘째, 개인이나 가족에 따라 정도의 차이는 있지만, 생애주기 각 단계의 진행 순서와 중요 발달과업은 일반적으로 비슷하게 나타난다. 셋째, 각 시기의 발달과업은 서로 연관성을 가지고 있어, 전 단계에서의 과업을 성공적으로 수행했는지는 다음 단계의 과업수행 여부에 영향을 미친다는 특징을 지니고 있다.

한 개인이 특정 발달단계에서 수행해야 할 발달과업을 적절히 수행하지 못하였을 경우에는 다음 단계로의 발달에 방해를 받게 되고, 따라서 개인은 환경과의 상호작용에서 부적응을 경험하게 되어 결국 충족되지 못한 욕구상태를 갖거나 문제상황에 처하게 될 것이다. 이는 적정 수준의 삶의 안녕상태

(well-being)에 부정적으로 작용하는 요인으로 작용할 것이다.

개인 생활주기와 발달과업, 사회적 욕구

개인이 각 단계의 발달과업을 제때에 성취하지 못하면 다음 단계의 생활에서 많은 어려움을 겪게 된다. 이는 욕구 미충족의 상태와 경험으로 이어지게 된다. 사회복지정책은 이러한 발달과업에 참조한 사회적 욕구를 위한 기초적 서비스 정책과 프로그램을 마련한다. 여기서 하나 주목해야 할 것은 거의 모든 사회, 특히 한국과 같은 자본주의 사회에서는 생애주기와 발달과업에 영향을 미치는 가장 중요하고 포괄적인 요인은 소득보장이라는 것이다.

소득보장과 관련하여, 영국의 베버리지(1942)는 소득보장에 대해 실업, 질병, 재해에 의해 소득이 중단되었을 때, 정년퇴직에 의해 소득이 없어졌을 때, 주된 소득자의 사망에 의해 소득지원이 상실되었을 때, 출산・결혼・사망에 의하여 추가적 지출이 이루어질 때 소득을 보장해주는 제도로 정의하고 있다(채구묵, 2010). 사회복지정책을 발달과업과 연결하여, 예를 들면 성인기, 중・장년기에는 소득유지를 위한 고용유지가 발달과업에 핵심적이다. 이를 개인이 달성하지 못할 경우를 대비하여 국가와 사회는 제도적으로 연금보험과 고용보험을 모든 국민을 대상으로 구축하고 있다.

그리고 개인화된 서비스를 주로 생산하는 사회복지사는 이러한 발달과업에 대한 이해를 바탕으로 각각의 실천현장, 예를 들어 영유아보육시설, 노인복지관 등에서 클라이언트의 연령 등을 고려하며 적절한 발달과업에 대한 지원과 개입 및 보호를 수행할 수 있어야 할 것이다. 이러한 역할의 충실성은 사회적 위험이나 문제로부터 겪게 되는 개인의 비복지나 불행을 어느 정도 예방하는 효과를 가져올 것이다.

표 1-1 인간발달단계와 주요 발달과업

개인 생활주기 단계	발달과업	기타
영아기 (생후~24개월)	• 젖 떼기 • 걷기 • 말하기 • 돌보아주는 사람에 대한 신뢰와 애착 형성하기	• 신체와 운동 발달에서 가장 급속한 발달을 보임 • 언어를 배움으로써 기본적 상호작용 가능함
유아기 (만 3~5세)	• 식사, 수면, 배변 등의 기본 생활습관 형성하기 • 공동 생활에 필요한 생활습관 형성하기 • 언어로 의사소통하기	• 자기주장이 강해지고, 주변환경에 대해 탐색함 • 기본적인 생활습관과 사회규칙을 습득하기 시작함
아동기 (만 5~11세)	• 또래 친구들과 어울리기 • 적절한 성 역할 학습하기 • 기본적 기능 익히기 • 도덕성의 기초 형성하기 • 학습습관 형성하기	• 초등학교를 다니는 시기 • 사회성의 발달
청소년기 (만 12~19세)	• 자아 정체감 형성하기 • 신체적 · 지적 · 사회적 · 도덕적 발달 이루기 • 진로 탐색하기 • 성인이 되기 위해 준비하기	• 성장 급등과 2차 성징이 나타남 • 부모로부터 독립하려는 마음이 생김
성년기 (만 20~39세)	• 성인의 관점으로 사회적 가치 수용하기 • 직업 선택하기 • 이상적 배우자상 확립하기 • 배우자 선택과 결혼 • 책임 있는 시민으로서의 역할 수행하기 • 개인적 신념과 가치 체계 확립하기	• 가장 활력이 넘치고 생산적인 시기 • 직업인, 배우자, 부모로서 새롭고 중요한 역할을 담당함
중년기 (만 40~59세)	• 행복한 결혼 생활 유지하기 • 직업 생활 유지하기 • 인생철학 확립하기 • 중년기의 위기 관리하기 • 건강 약화에 대비한 심신 단련하기	• 여성의 폐경기, 남성의 갱년기 등 중년의 위기를 겪음

개인 생활주기 단계	발달과업	기타
노년기 (만 60세 이후)	• 건강 관리하기 • 은퇴에 적응하기 • 신체적 노화를 긍정적으로 수용하기 • 배우자 사별에 대해 준비하기 • 여가 선용하기 • 경제적 대책 마련하기 • 사회에 자신의 경험과 자산을 일정 부분 되돌려 주기 • 자신의 죽음에 대해 준비하기	• 의존성이 증가하는 시기 • 건강관리와 유지가 매우 중요한 시기임

출처: 권중돈 · 김동배(2005); 채구묵(2010) 참고.

2. 사회적 위험과 사회복지

사회복지는 개인들의 안녕(well-being)과 삶의 질을 향상시키기 위한 사회적 노력이라고 볼 수 있을 것이다. 하지만 개인의 욕구가 저마다 다양한 것처럼 삶의 질을 향상시키기 위한 방안 역시 다양할 수밖에 없는 것이 사실이다. 따라서 사회복지는 다수의 사회구성원들이 겪을 수 있는 위험을 주 대상으로 하는 경우가 많다. 이를 사회적 위험이라 볼 수 있으며, 사회복지는 이에 대한 대응으로 볼 수 있을 것이다. 본 절은 이 내용을 살펴보도록 할 것이다.

1) 사회적 위험의 특성

사회적 위험(social risk)이란 개인의 인간다운 생존을 위협하는 현상이 대부분의 사회구성원에게 보편적으로 발생할 가능성이 있는 경우를 지칭한다. 이는 주로 사회보장에서 사용하는 용어로 일찍이 보험제도가 발달한 독일 등의 유럽에서 전래한 개념이다(윤찬영, 2014). 이의 개념은 울리히 벡(Ulrich Beck)에 의해 체계적으로 소개되었다. 그는 위험사회(risk society)라는 용어로 설명하고 있다. 사실 위험이라는 용어는 그 개념에 대하여 합의가 이루어지지 않았다고 할 수 있지만 일반적으로 위험은 불이익을 얻을 수 있는 가능성을 의미한다(김원제, 2003).

울리히 벡은 위험사회가 태동하게 된 과정을 3단계 사회변동론으로 설명하였다. 그에 따르면 사회변동은 봉건사회로부터 19세기 산업사회를 지나 20세기 말에는 위험사회의 단계를 거치는 것으로 이해된다. 산업사회는 좋은 것을 더 많이 획득하는 것이 곧 미덕이라는 인식이 지배적이었다. 그런데 20세기 말에 형성되기 시작한 위험사회에서는 좋은 것뿐만 아니라 나쁜 것도 획득할 수밖에 없게 되는 문제가 발생하게 되었으며, 이때 나쁜 것에 해당하는 것이 위험이다. 이에 따라 나쁜 것의 분배문제가 바로 사회문제가 된다.

산업사회의 부의 분배논리에서 위험사회의 위험의 분배논리로의 변화는 두 가지의 역사적 배경과 관련이 있다(울리히 벡, 홍성태 역, 1997).

첫째, 산업사회의 생산력의 증대와 복지제도들을 통해 기본적인 물질적 욕구가 충족되게 되었다. 둘째, 근대화 과정에서 생산력의 증대와 함께 위해와 잠재적인 위험들이 유래가 없을 정도로 많이 발생하게 되었다. 이처럼 위험이 사회의 핵심 쟁점으로 떠오르는 것은 역사적 변화와 함께 현대사회에서 점차 나타나는 위험의 성격이 이전 사회의 위험, 예를 들어 실업, 질병 등과는 확연히 다르기 때문이다.

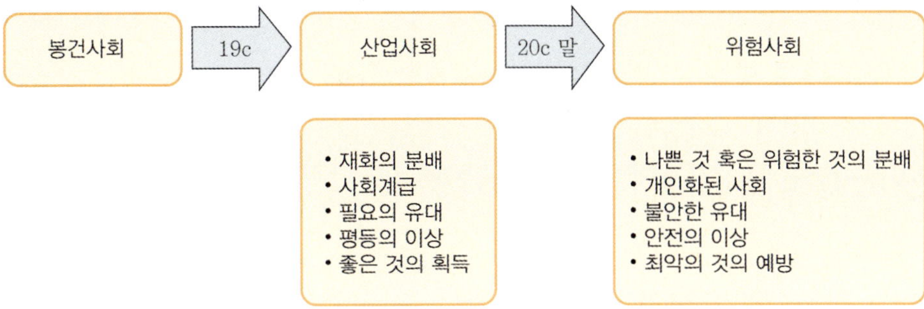

출처: 정근모 · 이공래(2001).

그림 1-1 사회변동의 단계; 울리히 벡의 관점

결국 위험사회에서 개인과 사회는 불안정과 위험을 완전하게 제거할 수 없기 때문에 최악의 것을 예방하는 데 초점을 맞춘다. 따라서 위험을 배태하고 있는 현대사회는 곧 위험사회이며 위험을 사회적인 차원에서 대처하고 맹목적인 근대화, 정보화를 반성해야 한다는 교훈을 우리에게 던져준다.

세월호 사고는 확실히 우리 사회의 성찰을 요구한 면이 있다. 이것이 위험사회를살아가야 하는 국민과 개인의 삶의 자세로 볼 수 있을 것이다.

2) 한국사회 위험의 특성과 한국사회(복지)의 과제

사회 또는 복지국가는 특정한 모습으로 고정된 것 그 무엇이 아니라 변화하는 사회 · 경제와 끊임없이 작용과 반작용을 거듭하는 살아 있는 유기체라고 할 수 있다. 우리가 이러한 의견에 동의한다면, 우리나라는 사회 · 경제적 변화의 매 시기마다 새로운 사회적 위험들의 도전에 직면할 수밖에 없다. 여기에서는 현재 한국사회의 복지과제로 규정할 수 있는 사회적 위험의 유형과 내용을 간략히 정리할 것이다. 물론 이러한 사회적 위험은 정책과 제도적으로 이미 대응하는 부분도 있고, 그렇지 않은 부분도 있다. 그리고 이미 존재한다고 해도 불충분하여 위험의 예방 혹은 적절한 분산의 수준에 다다르지 못할 수도 있다. 이러한 문제는 학생들이 이후 전공심화 과목들을 학습해 가면서 자신의 가치관과 지적 호기심에 따라 더욱 더 심층적으로 이해하게 될 것이라고 생각한다.

(1) 한국사회 위험의 일반적 특성

우선 일반적인 우리 사회의 위험을 먼저 제시하면 다음과 같다. 우리 사회 위험의 특징은 크게 세 가지로 제시할 수 있다.

첫째, 돌진적 근대화 및 정보화이다(Hart-Landsberg, 1993). 돌진적 근대화란 국가가 중심이 되어 기업과 노동자 그리고 국민대중을 일사분란하게 동원하고 통제하는 것이 특징이다. 아울러 일인당 GNP나 수출증가와 같은 가시적 목표를 조기에 달성하기 위해 국가가 이용할 수 있는 모든 종류의 자원을 총동원해 가장 신속하게 그 목표를 성취하려고 전력투구하는 개발전략을 말한다. 정부의 정책목표와 지침에 따라 기업, 은행, 미디어 등은 유기적으로 연결된 기능을 수행한다. 한국은 30년 이상 이러한 개발전략으로 비약적 성장을 이룩한 것으로 볼 수 있으나(김원제, 2003), 동시에 이러한 한국적 위험의 원인은 여러 종류의 위험을 우리 사회 안에 응축시켜 놓았다.

둘째, 신뢰의 상실이다. 프랜시스 후쿠야마(Francis Fukuyama, 1996)는 국가경쟁력의 원천을 신뢰(trust)로 보고, 각 사회가 지니고 있는 신뢰의 정도가 그 사회의 경제적 특징을 결정짓고 국가의 운명까지도 결정하는 동인이라고 규정하였다. 그는 한국사회를 저신뢰 상태로 평가하였다. 물론 우리는 우리 사회가 신뢰의 수준이 높다고 생각할 수 있다. 우리는 가족 간에 그리고 조직원들 간에 또 사회의 비공식조직 속에서 끈끈한 정으로 뭉쳐 있고 거기서 서로를 믿고 있기 때문이다. 그러나 바로 이러한 우리 사회의 상황 때문에 사회적 신뢰 수준이 낮다고 할 수 있다. 사실 우리 사회를 위험하게 한 각종 대형사고 뒤에는 각종 인연으로 얽히고설킨 이해 당사자들 간의 유착이 있었기 때문이다.

셋째, 의사소통의 실패이다. 의사소통에는 설득의 의미가 담겨 있는데 이러한 설득과정을 거치지 않고 일방적으로 주입한다거나 엘리트 집단끼리만 대화한다거나, 대화한다고 하면서 알아들을 수 없는 전문용어들을 남용한다거나 하는 것들이 모두 의사소통의 실패, 즉 잡음을 일으킨다고 할 것이다.

다음으로 전체적인 우리 사회의 위험의 종류와 그 예들이다.

첫째, 환경 및 생태계 문제이다. 수질오염, 공기오염, 해양오염에 관한 문제이다. 동시에 국토개발과 원자력 발전에 관한 위험의 문제도 폭발력을 가지고 있다.

둘째, 정치 · 경제 문제이다. 기업, 금융, 노동시장 등의 구조적 위험요소와 함께 대량실업으로 인한 총체적 위험에 직면해 있다. 사회도처에 만연된 부패로 인하여 정치는 물론 사회 모든 부문의 부실화가 촉진되었다.

셋째, 사회 · 문화 문제이다. 여성의 입장에서 증가하는 성폭력과 성희롱은 오래된 가부장주의 문화에 뿌리를 둔 가공할 만한 위험이다. 사회적 신뢰의 붕괴는 우리 사회의 정신적 공황을 의미한다. 또한 교육의 부실화로 인해 교육이 위험을 생산해 내는 측면도 간과할 수 없다.

넷째, 대규모 사고 문제이다. 도시의 부실건축, 교통사고, 가스사고 등 빈발하는 대규모 안전사고는 위험사회의 모습을 극명하게 보여준다. 건강과 질병, 식품오염 등에 관한 대중의 불안도 매우 증가하였다.

(2) 사적(가족) 영역과 관련된 한국사회의 사회적 위험과 사회복지정책

개인의 인생주기는 많은 부분 가족주기와 겹친다. 사람은 거의 일생을 가족구성원으로서 산다고 해도 과언이 아닐 것이다. 사회복지제도와 정책관점에서 개인과 가족은 사적 영역으로 규정되는 것이 대부분이다. 이와 관련된 위험과 정책적 대응들을 간략히 정리하고자 한다(윤홍식, 2008).

① 사회적 돌봄의 부재

아동과 노인에 대한 돌봄 제공은 노동시간의 감소 또는 노동시장에서의 퇴출과 밀접한 관련성이 있으며, 더 나아가 돌봄에 대한 책임이 사라진 이후에도 돌봄 제공자의 노동시장 복귀가 이루어지지 않고 있다는 문제를 가지고 있다(Barrow, 1999). 한국사회에서도 임신, 출산, 양육으로 인한 경력단절이 여성 소득 저하의 주요한 원인으로 지적되고 있다. 또한 임신, 출산, 양육으로 인한 경력단절이 서구사회와 같이 여성의 임금소득에 부정적 영향을 미침으로써 경제적 어려움을 더하고 있다. 결국 '돌봄의 사회화'의 부재는 한국사회의 중요한 당면과제인 저출산과 고령화는 물론이고 불평등, 양극화, 빈곤을 가중시키는 주요한 원인으로 작용할 것이다. 이러한 사회적 돌봄에 해당하는 정책으로는 산전후휴가와 육아휴직, 아동보육서비스가 대표적이라고 하겠다.

② 이혼의 증가와 빈곤의 여성화

이혼의 증가는 단순히 가족형태의 변화를 넘어 한국사회 기본 전제를 바꾸어 놓는 중요한 변화요인이다. 한국의 사회보장체계의 기본 전제는 남성 생계부양자와 피부양자에 해당하는 여성과 아동을 상정하고 설계되어 있기 때문이다. 국민연금, 고용보험 등 사회보장체계는 남성 생계부양자가 공적 영역인 노동시장에서 직면한 사회적 위험에 대응함으로써 남성 생계부양자 자신은 물론이고 피부양자인 여성과 아동이 직면한 사회적 위험에 대한 대응을 포괄하고 있는 것이다.

이혼으로 인한 (신)사회위험은 빈곤의 여성화와 사회보장체계의 사각지대로 나타나고 있다. 빈곤의 여성화는 두 가지 측면을 모두 고려해야 하는데 첫째는 절대빈곤의 증가, 둘째는 근로빈곤층의 증가이다. 사회보장체계의 사각지대 확대는 대다수 경력단절을 경험한 여성이 비정규직에 종사한다는 사실에서 쉽게 이해할 수 있을 것이다. 특히 노동시장 영역에서의 경험(경력)은 사회적으로 가치 있는 재화로 인정되고 노동시장에서의 임금상승, 승진 등 고용지위 상승의 주요한 판단준거가 되는 반면, 임신, 출산, 양육과 같은 돌봄노동 등의 재생산노동에 대한 경험은 노동시장에서 무가치한 인적자원으로 평가되는 현실에서 결혼해체로 인한 빈곤의 여성화는 예상된 결과로 볼 수 있다. 그러나 오늘날 결혼해체로 인해 야기되는 사회적 위험에 대해 한국사회의 대응은 전무하다고 볼 수 있다.

③ 사회복지정책 대응과제

한국의 사회보장은 주로 공적 영역인 노동시장에서 발생하는 실업, 질병, 노령 등의 위험으로 임금노동을 하지 못할 때 발생하는 위험에 대비하게 설계되어 있다. 이에 반해 아동양육과 관련된 휴가제도와 공적 보육시설 등은 소위 사적 영역이라 지칭되는 가족 내에서 발생하는 위험에 대한 사회적 대응정책이다. 그러므로 현재와 같이 공적 영역에서 발생하는 위험에 대응하기 위해 설계된 사회보험체계로는 사적 영역에서 발생하는 위험을 효과적으로 대처할 수 없다. 즉, 사적 영역에서 발생하는 위험인 임신, 출산, 양육 등 돌봄노동을 수행함으로써 발생하는 사회적 위험에 대비하기 위한 새로운 사회보장체계가 요구된다. 이를 위하여 간략히 원론적인 방향을 제시하면 다음과 같다.

첫째, 재생산 영역에서 발생하는 임신, 출산, 양육의 과제가 특정한 성에게 국한되는 위험이 아닌 남녀 모두에게 발생하는 위험이라는 사회적 합의를 도출해야 한다.

둘째, 새로운 사회보험체계는 특정 계층만을 위한 제도가 아닌 모든 계층을 대상으로 하는 보편주의 관점에서 설계되어야 한다. 새로운 보험체계는 비정규직 임금노동자는 물론이고 자영업자와 농어민까지 포괄하는 보편주의를 지향해야 한다.

셋째, 국가의 책임을 강화하는 방안으로 설계되어야 한다. 임신, 출산, 양육의 문제가 미래에 세금과 사회보장 기여금을 납부할 인구 규모와 관련이 있다는 것에 동의한다면 국가의 역할을 재정적 기여를 포함해 보다 적극적으로 모색될 필요가 있다.

넷째, 혁신적 경제이다. 지식기반경제에서는 창의성, 다양성, 유연성이 더욱 요구되고 혁신적 중소기업이 중요한 위치를 점한다. 이는 생산 영역의 혁신을 요구하는데, 불가피하게 파생될 수밖에 없는 최소한의 구조조정에 대해서는 사회적 대응체계를 만들어야 한다. 이의 요체는 보편주의 원리에 따른 보편적이고 적극적인 복지의 모습에서 찾아야 할 것이다.

CHAPTER

제2장 사회복지의 개념

1. 사회와 사회복지

사회는 그 구성원이 사회 테두리 안에서 안락한 삶을 영위할 수 있도록 돕기 위해서뿐만 아니라 사회 그 자체의 존립을 위해서도 다양한 기능들을 제공하며 이러한 기능들이 효과적이고 효율적으로 수행될 수 있게 하는 일정한 제도를 가지게 된다. 따라서 각 사회는 개별적인 상황과 구성원에게 적절한 나름의 기능과 제도들을 발전시켜 나가게 되는데, 길버트와 스펙트(Gilbert & Specht, 1974)는 모든 사회가 공통적으로 수행해야 하는 주요 기능으로 생산·분배·소비의 기능, 사회화의 기능, 사회통제의 기능, 사회통합의 기능, 상부상조의 기능을 제시하였다(김상균 외, 2011 재인용).

본 장에서는 길버트와 스펙트가 제시한 다섯 가지 기능들을 차례로 살펴보고, 사회복지의 기능과 필요성을 논의하고자 한다.

1) 사회제도의 기능과 유형

(1) 생산·분배·소비의 기능

사회구성원들이 일상생활을 영위하는 데 필요한 재화와 서비스를 생산·분배·소비하는 과정과 관련한 기능을 말하며, 이러한 기능을 수행하는 제도를 경제제도라고 부른다. 전통사회에서는 가족이나 부락단위에서 재화를 생산하고 교환하는 자급자족의 모습을 보였으나, 근대사회 이후 대량생산이 가능한 공장제 생산양식이 이루어지면서 시장이 형성되고 여기서 분배와 소비가 이루어지는 구조로 변화되었다(박지영 외, 2014). 이러한 구조 속에서 경제제도가 재화와 서비스의 생산과 분배 및 소비 기능을 담당하는 일차적 제도이지만, 사회복지제도 역시 유사한 기능을 일부 수행하고 있다고 볼 수 있다. 예컨대, 복지급여를 통해 새로운 수요를 창출함으로써 생산을 증가시키거나 공공부조를 통해 재분배를 확대할 수 있다(김상균 외, 2011)는 것이다.

(2) 사회화

사회화란 사회가 공유하고 있는 일반적인 지식, 가치, 문화, 행동양식 등을 그 사회구성원들에게 전달하는 과정을 말하며, 주로 가족제도와 교육제도를 통해 이루진다. 인간은 태어나는 순간부터 가족이라는 구조 안에서 부모 형제와의 상호작용을 통해 적절한 행동양식을 배우게 되고, 학교에 진학하면서 교사뿐만 아니라 또래, 선후배와의 상호작용 속에서도 사회적 가치와 행동, 문화를 습득하게 된다. 이처럼 가족과 학교를 통해서 주로 사회화가 이루어지지만 사회생활 등을 통해서도 사회화의 과정은 지속적으로 이루어진다.

(3) 사회통제

사회통제란 사회구성원들이 함께 살아가기 위해서 필요하다고 합의된 규칙이나 규범들이 잘 지켜질 수 있도록 하는 것을 말한다. 즉, 사회구성원들이 합의된 규범을 잘 지킬 수 있도록 돕고 이를 통해 사회질서가 유지되게 하는 것이다. 일차적으로 사회통제는 사회화를 통해 획득된 사회문화적 가치에 의해 통제되며, 구조적으로는 법을 통해서 강화된다. 그러므로 사회통제의 기능은 주로 경찰력(공권력)과 사법권을 통해서 법을 집행하는 강제력을 가진 정부가 맡게 되며, 이를 정치제도라고 부른다.

(4) 사회통합

사회통합이란 사회구성원들의 상호 간의 신뢰를 바탕으로 사기를 진작시킴으로써 사회에 대한 충성심을 불러일으켜 사회 존속을 유지하는 과정과 관계가 있다(남기민, 2011). 즉, 사회구성원들이 자발적으로 사회에 참여하고 스스로 규범을 준수하여 바람직한 행동을 할 수 있도록 하는 것이다. 이러한 기능을 수행하는 가장 대표적인 제도는 종교제도이지만 가정, 학교, 사회단체, 사회복지 등도 사회통합에 기여한다.

(5) 상부상조

상부상조란 사회구성원인 개인과 가정이 처한 위급한 상황에서 스스로 문제를 해결할 수 없을 때 필요한 사회적 기능이다. 과거 전통사회에서는 가족과 친척, 이웃주민과 같은 일차 집단에서 비공식적인 상부상조의 기능이 수행되었다. 그러나 현대사회에서는 이러한 기능이 정부, 민간단체, 사회복지단체 등으로 옮겨졌으며 공식적 지원체계를 갖추게 되었다. 상부상조의 기능을 주로 담당하는 제도가 바로 사회복지제도이다.

가장 단순한 사회에서는 위의 모든 기능이 하나의 사회제도, 즉 가족에 의하여 수행된다. 그러나 사회가 점차 복잡해짐에 따라 개인과 집단은 이들 사회적 기능을 분화시키고 이와 같은 분화현상과 더불어 종교, 정치, 경제와 같은 다른 제도들이 나타난다(남기민, 2011). 〈표 2-1〉에서 보는 바와 같이, 각 사회제도는 하나 이상의 사회적 기능을 수행하고 있으나, 동시에 가장 핵심적인 기능을 담당하고 있다.

표 2-1 사회제도와 일차적 기능

제도		일차적 기능
가족	→	사회화
경제	→	생산 · 분배 · 소비
정치	→	사회통제
종교	→	사회통합
사회복지	→	상부상조

출처: 김상균 외(2011).

2) 사회복지제도의 필요성과 기능

(1) 사회복지제도의 필요성

지금 우리 사회에서 사회복지는 왜 필요한가? 사회복지를 확대하는 것은 합당한가? 사회복지는 어떤 역할을 수행할 것인가? 등의 질문은 사회복지를 공부하는 데 있어 가장 본질적이고 중요한 질문이라고 할 수 있다. 사회복지가 왜 필요한가를 살펴보려면, 먼저 사회가 어떻게 움직이고 있는가를 살펴보아야 한다. 사회복지는 개인의 문제가 아닌 '사회의' 문제를 '사회가' 주체가 되어 해결을 도모하는 활동이기 때문이다.

현대사회에서 사회문제는 곧 '사회적 위험'과 관련한다. 사회적 위험이란 다수의 사람에게 동질의 사고가 발생할 수 있는 위험을 말하는 것으로(박경일 외, 2010), 사회는 사회구성원들이 사회적 위험에 빠지는 것을 예방하고 나아가 삶의 질을 높일 수 있도록 돕는 역할을 한다. 즉, 사회구성원이라면 누구나 최저생활을 보장받고, 자신의 노력에 따라 보다 나은 삶을 살 수 있으며, 사회구조적 문제에 기인한 사회적 위험에 처하지 않도록 도움받을 수 있어야 하는 것이다.

자본주의, 신자유주의, 세계화의 물결 속에서 현대사회는 다양한 사회적 위험에 직면해 있다. 빈부격차와 양극화의 심화, 저출산과 고령화로 인한 생산인구의 감소, 가족구조의 변화로 인한 가족 돌봄 기능 약화, 자본주의 생산양식의 변화 및 노동시장의 유연화로 인한 노동의 불안정성 증가, 세계화로 인한 노동시장 변화와 다문화사회 진입에 따른 새로운 사회문제의 출현, 경쟁체제로 인한 폭력 및 정신건강 문제 등이 사회적 해결을 필요로 하는 대표적인 위험들이다. 결국 이러한 문제를 해결하기 위한 구체적인 방안이 사회복지이며, 사회복지제도를 통해 사회적 약자들은 사회구성원으로서 차별을 극복하고 공평한 대우를 받을 수 있을 뿐만 아니라, 사회적으로도 다양한 사회적 위험에 공동으로 대비함으로써 사회적 비용을 절약할 수 있기 때문에 사회복지의 필요성이 크다고 할 수 있다.

한편, 사회복지제도는 위험사회에 대한 대응책이기도 하지만 삶의 질을 높이는 실질적인 제도로서 사회적 갈등과 정치적 불안 해소, 경제 성장에도 기여한다. 가령 계층 간의 극단적인 격차를 줄이고 저소득층에 대한 소득분배를 통해 구매력을 높이고, 우수한 노동력을 재생산하여 인적자본 형성에도 기여하는 효과를 발휘하는 것이다. 사회복지는 상부상조의 기능, 혹은 사회통합의 기능을 수행한다고 할 수 있다. 즉, 사회가 원활하게 움직일 수 있는 긍정적 기능을 하기 때문에 사회복지의 필요성이 증가한다.

또한 주거, 사회복지서비스, 환경, 보건, 교육 등에 대한 과도한 개인적 부담을 완화하여 생산비용을 절감시키는 효과가 있다. 따라서 사회구조가 발생시키는 부정적 영향으로 인해 양산된 사회문제를 해결하고, 사회정의와 기회균등을 이루며 불평등을 최소화할 수 있는 제도를 통해 새로운 사회구조를 창출해 나갈 수 있다(박지영 외, 2014).

(2) 사회복지제도의 기능

앞서 논의된 사회제도의 각 기능 중 사회복지는 상부상조의 기능을 담당한다고 제시되었으나, 사회복지가 어떤 기능을 하는가에 대한 구체적인 논의들은 끊임없이 이루어져 왔다. 김상균 등(2011)은 사회복지의 기능으로서 심화되는 양극화 문제의 해소, 경제성장의 잠재력 극대화, 더불어 사는 복지권 의식의 확립 등을 제시하였고, 박지영 등(2014)은 양극화 해소와 재분배 실현, 경제성장과 인적자본의 향상, 인권과 사회권의 실현, 사회통합과 사회연대의 유지 등으로 설명하였다. 본 장에서는 박지영 등(2014)이 제시한 내용을 바탕으로 간략하게 살펴본다.

① 양극화 해소와 재분배 실현

우리 사회의 양극화 문제는 점점 심각해지고 있다. 외환위기 이후 양극화 문제가 사회적으로 드러났고 2008년 세계금융위기 이후에는 양극화의 문제가 전 세계적 이슈가 되어 1대 99의 싸움으로 나타났다. 양극화는 단순히 빈곤 내지 불평등의 문제가 아니라 사회적 부작용을 일으키는 원인이다.

이러한 상황은 결국 사회복지 수요의 증대로 나타나는데, 양극화에 대응하기 위한 사회복지의 다양한 수단 중 가장 우선적인 것이 소득보장일 것이다. 기존의 사회보장체계의 강화와 동시에 고용창출을 위한 다각적인 노력이 병행되어야 하며, 새로운 위험에 대처하기 위한 적극적인 사회서비스 공급 확대의 필요성도 제기된다.

② 경제성장과 인적자본의 향상

사회복지는 개인 또는 가족, 그리고 사회에서 일어나는 다양한 사회적 위험과 사회문제로부터 발생하는 사회적 비용을 경감시켜 오히려 가족재생산 기능과 경제성장에 기여해왔다. 특히, 사회복지가 경제성장에 기여하는 것은 사회적 갈등과 정치적 불안을 해소시켜 경제체제의 불확실성을 줄여 투자를 촉진하며 저소득층과 중산층의 구매율을 높여 내수를 진작시키고 소득분배의 불평등을 감소시키는 것으로 알려져 있다.

일반적으로 삶의 질 향상을 추구하는 사회복지의 효과는 경제적으로 환산하기 어렵기 때문에 소비적인 것으로 인식되는 경향이 있다. 그러나 사회복지는 다음과 같이 경제성장에 기여할 수 있다.

첫째, 사회적 갈등과 정치적 불안을 해소시킴으로써 경제체제의 불확실성을 줄여 투자를 촉진시킨다.

둘째, 중산층과 저소득층의 구매력을 높여 내수를 진작시킨다.

셋째, 건강하고 우수한 노동력을 재생산함으로써 고도산업사회의 인적자원(human capital) 형성에 기여하는 중요한 사회적 기능을 수행함으로써 성장동력의 밑거름이 되는 효과를 발휘한다.

넷째, 임금인상의 요인이 되는 주거, 사회복지서비스, 환경, 보건, 교육 등에 대한 과도한 개인적 부담을 완화하여 생산비용을 절감시켜 국제경쟁력 강화에 기여한다.

마지막으로, 출산율 증대와 더불어 여성의 경제활동참가를 촉진시키는 기능을 담당한다(김상균 외, 2011).

③ 인권과 사회권의 실현

인권은 자세와 태도의 문제일 뿐만 아니라 제도의 문제이므로 사회복지를 통해 인간의 존엄성과 인권을 보장하는 제도적 접근이 우선되어야 한다. 이런 의미에서 사회복지의 실천은 궁극적으로 인권보장을 위한 것이다. 인간의 존엄성을 보장하고 사회적으로 취약한 집단에 대한 배려와 기본적 복지권을 실현하기 위해서는 모든 사람들이 차별 없이 접근 가능한 사회보장제도가 필요한데, 이것이 바로 인권과 복지권을 실현하는 일차적인 방법이다. 국가가 국민에게 뜻하지 않은 생활상의 위험이나 사고 혹은 소득의 단절 등이 발생하게 될 때 기존의 생활을 유지할 수 있도록 공공부조와 사회보험, 그 밖의 사회복지서비스 제공을 통해 사회안전망의 기능을 제공하는 것 등이 바로 이를 실체화시킨 것으로 볼 수 있을 것이다.

④ 사회통합과 사회연대의 유지

사회통합은 사회구성원 간에, 그리고 다양한 집단 간에 결속력을 갖게 해주는 것으로 모든 사회구성원들이 사회생활에 적극적으로 참여하며 살아가는 것을 의미한다. 우리 사회는 사회통합 순위가 OECD 국가 중 최하위권에 머물러 여전히 사회갈등이 팽배한 것으로 나타나고 있어 사회갈등을 해소하고 사회적 응집력을 높이기 위한 사회제도가 요구되고 있다. 특히 사회복지를 강화하면 성장이 저하된다는 통념에서 벗어나, 사회복지 강화가 사회자본을 늘리고 장기적으로 좋은 인재를 길러낼 수 있는 길이며, 나아가 사회통합과 사회연대를 이룰 수 있는 방법이라는 사회적 합의가 필요하다. 최근 다민족-다문화 사회로 변모하고 있는 시점에서 한국사회의 사회통합과 연대는 더욱 중요한 사회복지의 기능이 되고 있다.

2. 사회복지의 개념

사회복지가 무엇인가를 정의하는 것은 시대와 국가에 따라 다르고, 학자들에 따라서도 다양하기 때문에 하나의 합일된 정의를 제시하기는 어렵다. 따라서 다양한 개념 정의들을 살펴보아야 사회복지의 핵심적 개념이 무엇인지 살펴볼 수 있을 뿐만 아니라, 사회복지의 포괄적인 범위를 가늠해 볼 수 있다. 본 장에서는 사회복지의 언어적 의미를 먼저 살펴보고 사회복지에 대한 다양한 정의들을 비교해 본다. 나아가 시대적 변화에 따라 사회복지의 의미는 어떻게 변화했는지를 살펴볼 것이다.

1) 어의적 관점

사회복지의 의미를 이해하기 위해서는 먼저 '사회복지'라는 용어의 의미를 탐색하는 방법이 있다. 사회복지는 '사회(社會)'와 '복지(福祉)'의 합성어이며, 영어로는 'social welfare'로 번역된다.

여기서 '사회(社會)'란 결국 '사회적(social)'이라는 의미이다. 따라서 우리는 '사회적'이라는 단어의 의미를 먼저 탐색해볼 필요가 있다. 국립국어원에 따르면 '사회적'이란 '사회에 관계되거나 사회성을 지닌, 또는 그런 것'으로 규정된다. 그렇다면 '사회'란 무엇인가, '사회'는 '공동생활을 영위하는 모든 형태의 인간 집단으로서 가족, 마을, 조합, 교회, 계급, 국가, 정당, 회사 따위가 그 주요 형태'인 것으로 설명된다. 즉, 공동생활을 영위하는 인간 집단에 관계되거나 공동생활의 성격을 지닌, 또는 그런 것이 '사회적'이라는 단어의 의미이다.

한편, '복지(福祉)'는 '복(福)'자와 '지(祉)'자 각각에 신(神)을 의미하는 시(示)

가 붙어 있다. '복(福)'은 하늘 아래 밭에서 높이 쌓아놓은 곡물을 의미한다. 즉, 신으로부터 받은 선물로서 물질적 풍요를 나타낸다. '지(祉)'는 신에게 마음의 안정을 기원하는 자세인데, 지(止)는 욕망의 추구를 멈추는 의미를 지녔다. 즉, 과도한 욕망을 버리고 마음을 비우는 것이 심리안정의 길이라는 것을 암시하고 있다. 따라서 복지(福祉)는 물질적 풍요와 심리적인 안정을 내포하고 있다고 할 수 있다(김상균 외, 2011).

복지는 영어로 welfare로 번역되는데, welfare는 '지내다', '살아가다'란 의미의 fare에 '만족스러운' 혹은 '적절한'이란 의미의 well이 합쳐져 '만족스럽게 지내는 상태'를 의미한다. 그러므로 웹스터(Webster)사전에서는 복지를 "건강하고 행복하며 안락한 상태"라고 정의한다(김기태 외, 2009).

따라서 언어적 의미에서 사회복지란 "공동생활을 영위하는 인간 집단과 관계된 혹은 공동의 물질적 풍요와 심리적 안정 내지 건강하고 행복하며 안락한 상태"로 정의할 수 있다.

2) 비교론적 관점

(1) 잔여적 개념과 제도적 개념

윌렌스키(Wilensky)와 르보(Lebeaux)는 사회복지의 기능을 잔여적인 개념(residual concept)과 제도적인 개념(institutional concept)으로 구분하였다(Wilensky & Lebeaux, 1965; 김상균 외, 2011에서 재인용).

잔여적 개념의 사회복지는 가족, 시장 등과 같은 기존 다른 사회제도의 기능이 원활하게 수행되지 못할 경우에 나타나는 문제를 보충해주거나 임시적인 기능을 수행한 것으로 파악하고 있다. 잔여적 개념은 가족, 시장, 종교, 정치제도의 기능적 실패를 인정하되, 사회복지는 그 기능을 임시로 보충할 뿐이며, 사회복지활동이 사회를 유지 · 발전시키는 데 필수적이라는 인식은 하지 않는다. 따라서 사회구성원들 중 낙오자들에게 최저한도의 보호를 제공하는 사회복지활동은 잔여적이고 주변적이며, 예외적이며 안전망(safety-net) 기능을 수행할 뿐이라는 것이다. 가능하면 가족이나 시장경제와 같은 기존 사회제도들이 제대로 기능해서 사회복지활동이 필요치 않게 되는 것이 사회복지의 궁극적인 지향점이다.

제도적 개념의 사회복지는 사회제도로서 사회복지를 파악하고 있다. 사회복지는 가족, 종교, 정치, 경제제도와 같은 사회의 기본적이고 정상적인 제도로서 상부상조 기능을 수행하고 있다고 본다. 제도적 개념은 기존 사회제도의 실패, 즉 시장이나 가족제도의 실패를 임시적인 것이 아니라 피할 수 없고 지속적인 것으로 이해하고 있다. 따라서 사회복지가 사회를 유지하는 데 필수적인 기능을 수행하며, 그러한 기능이 지속적인 사회활동의 유형으로

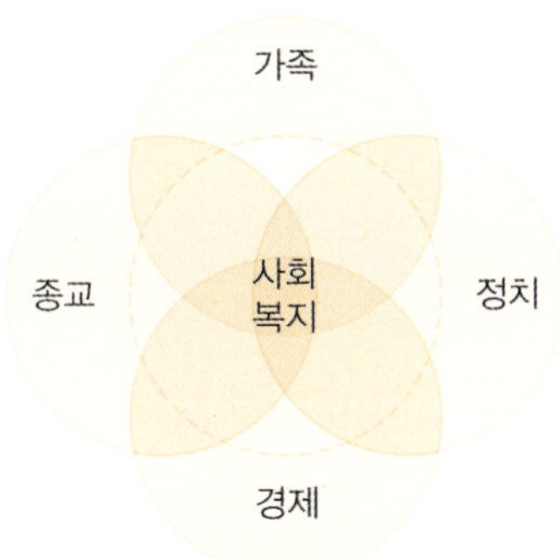

잔여적 개념(안전망 기능)

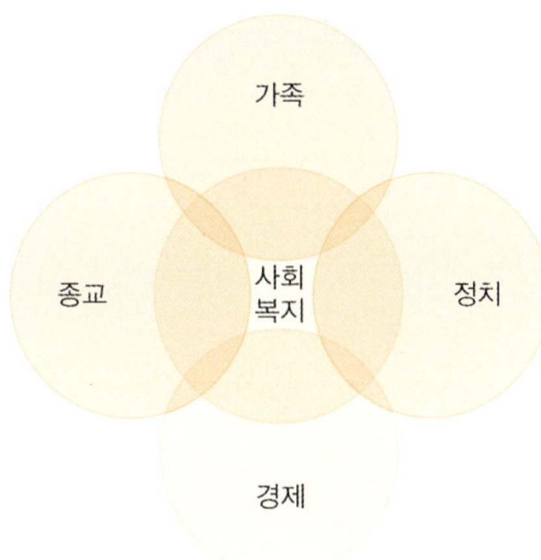

제도적 개념(일차적 기능)

그림 2-1 사회복지의 잔여적 개념과 제도적 개념

조직되고 제도화되는 것은 당연하다는 것이다. 사회복지의 필수적인 기능이란 사회구성원 간의 상부상조로서 이러한 기능은 다른 사회제도가 수행하는 기능과 구별되면서 독립적으로 수행된다(오정수 외, 2010).

(2) 광의의 개념과 협의의 개념

미국에서는 사회복지를 협의적으로 개념화하는 경향이 있다. 카두신(Kadushin)은 "사회복지는 흔히 국민 전체의 복지를 지원·제고시키는 것이라고 정의되고 있지만, 실제로 사회복지의 범위는 보다 협의적이고 잔여적 방향을 취하고 있다."고 지적하였다. 그리고 "현 미국의 사회복지는 국민 중 특수 계층의 욕구를 충족시키려는 정책, 급여, 프로그램, 서비스를 의미한다."고 했다. 그래서 미국의 경우 사회복지라는 용어는 빈곤, 노령, 신체적 혹은 정신적 장애, 질병, 기타 특정한 상황으로 인해서 도움을 필요로 하는 사람들에게 현금이나 물품, 기타 서비스를 제공하는 것으로 이해되며, 아주 협의적으로는 '복지'를 '공공부조(public assistance)'와 동일시하는 경향도 있다(김상균 외, 2011).

광의의 사회복지 개념은 기본적인 사회적 욕구를 해결하기 위한 실천활동을 협의의 사회복지 개념보다 넓게 파악하고 있다. 즉, 광의의 사회복지는 소득보장, 건강, 주택, 교육, 개별 사회적 서비스를 포함하는 개념이다. 이 경우에는 영국의 사회서비스와 유사한 의미이며, 우리나라에서도 사회복지를 전공하는 사람들이 가장 많이 갖고 있는 개념이다. 또한 환경, 문화, 교통 등 유럽의 사회정책에서 논의하는 영역까지 광의의 사회복지로 포괄하기도 한다(오정수 외, 2010).

3) 변천사적 개념

사회복지의 개념은 사회적 환경, 경제적 환경, 복지수준의 변화, 정치적 이데올로기의 변화, 시대적 상황 등에 따라서 과거로부터 현재까지 변화되어 왔고, 앞으로도 지속적인 변화가 이루어질 것이다. 로마니쉰(Romanyshyn)은 이러한 사회복지의 개념 변화에 대해 다음과 같이 변화의 방향을 제시하고 있다.

특히 사회복지에 대한 국민적인 관심이 높아지고 전체적인 복지수준이 향상됨에 따라 전반적인 사회복지의 개념은 패러다임 차원의 변화가 이루어지고 있다. 이를 요약하면 ① 최저생활의 보장에서 최적생활의 보장으로, ② 공급자 중심에서 수요자 중심으로, ③ 선별주의에서 보편주의로, ④ 시설 중심에서 지역사회 중심으로, ⑤ 보호, 수용, 격리에서 생활, 정상화, 사회통합으로, ⑥ 개인적 책임에서 국가책임으로, ⑦ 자선에서 권리로의 변화이다.

표 2-2 로마니쉰의 사회복지의 개념

구분	변화 이전	변화의 방향
개념 체계	보완적	제도적
개념 성격	자선	시민권
서비스활동 영역	특수한 서비스활동	보편적인 서비스활동
복지달성 수준	최저기준의 달성	최적기준의 달성
개혁의 대상	개인적인 개혁	사회적인 개혁
복지적 주체	자발적인 것	공적인 것
궁극적 방향	빈민구제	복지사회 건설

표 2-3 사회복지와 유사용어

용어	개념
사회개발 (social development)	유엔에서 경제개발(economic development)에 대칭되는 개념으로 처음 사용되기 시작했다. 사회 전체를 정치, 경제, 사회, 문화로 나눌 때 사회개발은 앞의 두 가지를 제외한 부문의 개발을 위한 것, 생산을 중심으로 한 물적 토대와 고용창출의 원천인 경제개발의 한계로 인해 나타나는 계급·계층 문제를 극복하기 위한 하나의 방편으로 등장함
사회사업 (social work)	개인, 집단, 지역사회가 사회적이거나 혹은 개인적인 만족과 독립을 확보할 수 있도록 도와주는 인간관계상의 과학적 지식과 기술에 바탕을 둔 전문적인 서비스
사회보장 (social security)	인간이 질병, 실업, 사망, 노령, 불구, 폐질, 사고 등으로 인해 스스로의 문제를 감당할 수 없는 경우 사회입법을 통해 보호를 제공하는 조치를 말함
사회서비스 (social service)	사회복지 행위를 통해 생산, 분배, 소비되는 재화나 서비스를 이름. 사회서비스는 상품(commodity)으로 보지 않기 때문에 사회복지 자체를 종종 탈상품화(decommodification)라고 부름
사회복지서비스 (social welfare service)	사회복지서비스와 사회복지사업이라는 용어는 우리나라와 일본에서 흔히 사용됨. 이 경우에는 사회복지라는 제도적 틀 안에서 제공되는 개별사회서비스라는 보다 제한된 의미로 이해됨
사회안전망 (social safety network)	광의로 볼 때 모든 국민을 실업·빈곤·재해·노령·질병 등의 사회적 위험에서 보호하기 위한 제도적 장치로서, 사회보험과 공공부조인 사회보장제도와 보완적 장치로서 공공근로사업, 취업훈련 등을 포괄함. 사회안전망은 대량실업, 재해, 전시 등의 국가위기 상황에서 국가가 국민에게 기초생활을 보장해 줌으로써 이들이 안정된 사회생활을 할 수 있도록 하는 역할을 수행함

출처: 김상균 외(2011) 정리.

3. 사회복지학의 학문적 특성

이후 다시 확인하겠으나, 사회복지는 다양한 모습으로 오랜 기간 동안 모든 이들의 행복을 위한 활동으로 우리 사회에서 중요한 역할을 수행해왔다. 최초에는 전문적 기술 없이 타인에 대한 선한 마음으로 시작해왔다 하더라도, 현재에는 인간과 사회환경을 고려하기 위한 다양한 전문이론과 기술이 확보되어 있으며, 우리는 이와 같은 내용을 학습해가면서 전문성을 키우고 있는 것이다. 이에 본 절은 사회복지의 학문적 특성을 이해하고자 한다.

1) 사회과학으로서 사회복지학

현대사회에서 학문(science)은 과학(science)과 동일한 뜻이다. 즉, 학문은 과학이며 과학이 아닌 것은 학문이 아니다. 흔히 과학을 말할 때 자연과학만을 생각하는 경향이 있으나 인문과학과 사회과학을 모두 포함하는 말이다(윤찬영, 2010). 따라서 사회과학은 과학의 한 종류로서 사회현상과 인간관계현상을 연구대상으로 삼는다.

그런데 사회과학 내에도 여러 학문이 존재한다는 사실은 사회과학의 개별 학문 분과에 따라 연구의 주 대상 사회현상이 달라짐을 의미한다. 예컨대, 정치학의 핵심 주제는 권력(power)이며, 경제학은 합리성(rationality), 심리학은 행위의 동기(motivation) 그리고 사회학은 계층화(stratification)가 주된 연구 주제이다. 그렇다면 사회복지학은 인간의 행위 중에서 특히 어떤 부분을 주로 연구하고 있는가라는 질문이 나온다. 이에 대한 답은 지원(support) 또는 원조(assistance)라고 말할 수 있다. 인간은 왜 남을 돕게 되는가? 인간은 왜 남의 도움을 청하는가? 타인을 도울 때는 무엇을 어떻게 해야 하는가? 이상과 같은 세부 질문들은 모두 인간 행위들 중 지원 및 원조와 연관되는 것들인데, 사회복지학은 바로 그런 것들을 다루게 된다(김상균 외, 2011).

2) 응용과학으로서 사회복지학

지식의 활용 목적에 따라 과학은 순수과학과 응용과학으로 구분된다. 즉, 순수이론의 정립에 열중하면 순수과학이고 이론을 활용해서 현실적 문제를 해결하려고 노력하면 응용과학이 된다. 따라서 자연과학에 순수자연과학과

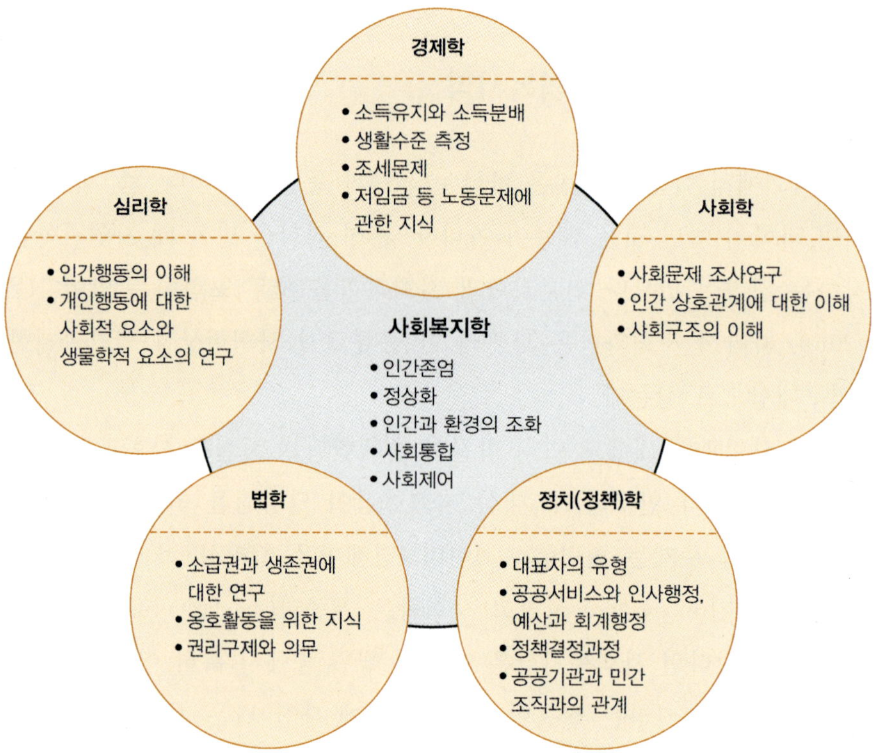

출처: 박경일 외(2010).

그림 2-2 사회복지학과 관련 사회과학

응용자연과학이 존재하듯이 사회과학에도 순수사회과학과 응용사회과학이 있다. 일반적으로 정치학, 경제학, 사회학, 심리학 등의 학문이 순수사회과학으로 분류된다. 반면 사회복지학, 언론정보학, 행정학 등은 응용사회과학에 속한다(김상균 외, 2011).

순수사회과학으로 분류되는 기존의 사회학, 경제학, 정치학, 심리학 등은 빈발하는 사회문제를 해결하는 구체적 처방을 제시하기 어려웠고, 특히 단일학문이 이러한 상황에 대처하는 것은 불가능한 것이었다. 이에 융합학문 내지 틈새학문의 성격을 갖는 새로운 학문적 경향이 등장하였다. 이것이 사회복지학의 특징이다(윤찬영, 2010). 사회복지학은 응용사회과학으로서 인간과 사회의 제반문제를 해결하기 위한 다학문적 노력을 전제로 한다. 사회복지학은 인간의 삶의 질과 관련된 사회적 개입 현상을 연구하는 학문으로서 인접 사회과학 학문과 밀접한 관계를 갖고 있다. 사회복지학과 관련 사회과학과의 관계를 살펴보면 [그림 2-2]와 같다.

3) 사회복지학의 탐구방법

사회과학의 한 분류인 사회복지학의 탐구방법은 사회과학의 연구방법을 기반으로 한다. 특히, 사회복지는 경험과학과 실천과학으로서의 특징을 지니는데, 사회복지실천현장에서 과학적 연구를 통해 획득된 자료는 문제해결을 위한 지식을 창출하고 지침을 제공해 줄 뿐만 아니라 이를 통해 사회복지 개입과 관련한 이론을 축적하는 기능도 한다.

일반적으로 사회복지 연구방법을 크게 나누어 보면, 양적 방법(quantitative research method)과 질적 방법(qualitative research method)이 있다(오정수 외, 2010). 양적 방법은 사회현상과 관련된 변수들 간의 관계를 수량화된 자료를 실증적으로 분석하거나, 정확하고 일반화될 수 있는 통계적 절차를 중요시하고 있다. 예컨대 사회복지현상에 대한 실태조사나 클라이언트의 사회인구학적 특성 규명, 사회복지현상의 인과관계 규명 등은 양적 방법을 통해 주로 수행하고 있다. 이러한 양적 방법의 대표적인 것으로는 서베이(survey)조사를 들 수 있다.

반면 질적 방법은 현상에 대한 깊이 있는 이해를 중요시하고 인간행동과 사회현상이 갖는 맥락과 의미를 파악하고 해석하는 데 주안점을 두고 있는 접근방법이다. 클라이언트의 인테이크(intake) 및 서비스 제공과정, 상담기록이나 프로그램 과정평가 등에 대한 연구는 주로 질적 방법을 통해 수행되고 있다. 이러한 질적 방법으로는 사례연구, 해석학, 민속학적 방법 등이 있다.

4) 사회복지학의 실천 접근방법

사회복지학은 다양한 기준에 따라 하위 영역으로 분류될 수 있다.

김상균 등(2011)은 7가지 기준으로 유형 분류를 시도하였는데, 첫째, 공급자별 유형으로 공공부문－민간부문, 제1부문－제2부문－제3부문, 영리부문－비영리부문, 공식부문－비공식부문, 사회시장부문－경제시장부문 등으로 분류하였다. 둘째, 대상체계별로 구분하여 미시체계－중간체계－거시체계로 유형화하였으며 셋째, 접근방법별로 직접서비스－간접서비스, 지역사회복지, 사회복지정책, 사회복지행정, 사회복지조사 등으로 구분하였다. 넷째, 사회보장의 방법별 유형으로 사회보험, 공공부조, 사회복지서비스 등으로 분류 가능하며, 다섯째, 문제영역별 유형으로 소득보장, 의료보장, 주거보장, 사회서비스보장, 교육보장 등으로 나눌 수 있다. 여섯째, 대상자 특성별 유형은 아동복지, 청소년복지, 노인복지, 장애인복지, 여성복지, 가족복지 등으로 분류할 수 있다. 일곱째, 실천현장별로는 재가복지, 시설복지, 의료사회복지, 군사회복지, 학교복지 등으로 분류할 수 있다.

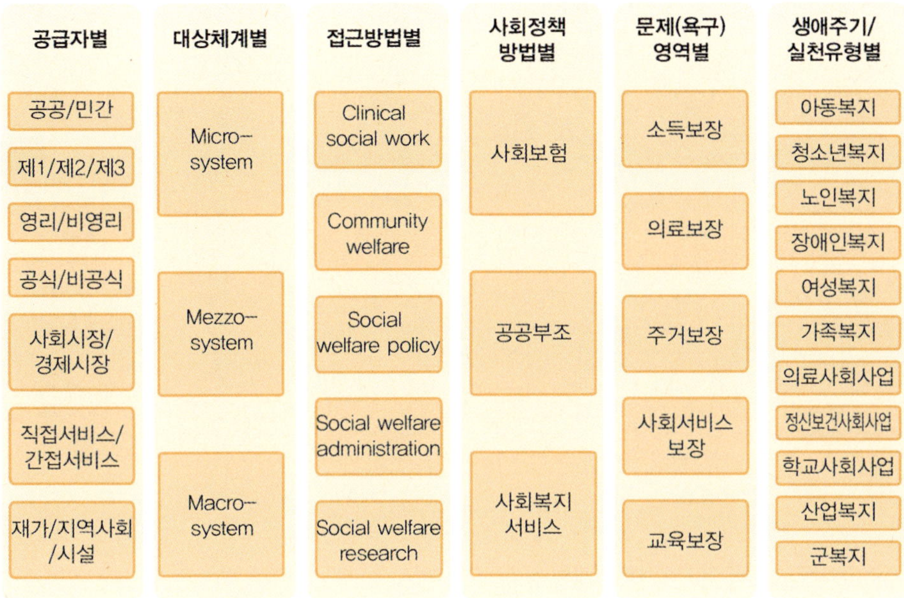

그림 2-3 사회복지의 실천 접근방법에 따른 분류

그 외에도 많은 학자들이 사회복지학을 다양한 영역으로 나누어 학문체계를 설명하고 있는데, 가장 보편적으로 활용되는 기준이 바로 사회복지실천 접근방법을 기준으로 한 분류이다. 사회복지실천 접근방법이란 사회복지현상에 대한 접근방법이나 사회복지사의 활동을 의미한다. 사회복지학에서는 사회체계이론(social system theory)에 따라 사회체계를 미시체계, 중간체계, 거시체계로 구분하는데 사회복지실천 접근방법은 이에 따라 개인, 가족, 집단에 초점을 두는 미시적 접근, 지역사회복지실천과 사회복지조직 등과 관련된 중범위 접근, 국가와 제도에 초점을 두는 거시적 접근 등으로 분류할 수 있다.

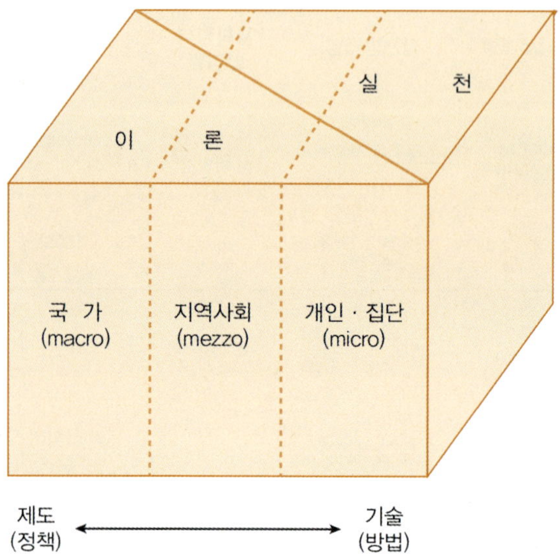

출처: 박태영 · 채현탁(2014)

그림 2-4 사회복지실천의 접근방법

4. 사회복지의 구성요소

사회복지는 클라이언트의 욕구와 그 욕구를 해결할 수 있는 자원, 자원을 전달할 수 있는 전달체계를 기반으로 한다. 즉, 사회복지의 궁극적 목표의 하나는 대상자(개인, 가족, 집단, 공동체 구성원 등)들에게 그들이 필요로 하는 서비스를 제공하여 문제를 해결하는 것이다(김상균 외, 2011). 이러한 목표를 달성하기 위해 사회복지서비스를 제공하는 정부나 민간기관의 사회복지사는 해결해야 하는 사회문제가 무엇인지, 클라이언트가 가지고 있는 욕구가 어떤 것인지를 파악해야 한다. 그리고 해당하는 문제와 욕구를 해결할 수 있는 적절한 자원을 찾아낼 수 있어야 하며, 그러한 자원이 클라이언트에게 가장 효과적이고 효율적으로 전달될 수 있는 체계를 가지고 있어야 한다. 이처럼 사회복지는 욕구와 자원, 전달체계를 필수 요소로 가진다.

1) 욕구

사회사업사전에 의하면 욕구란 "생존이나 안녕의 충족을 위한 물리적 · 심리적 · 경제적 · 사회적 필요"라고 정의된다(Barker, 1996; 신현석 · 최윤정, 2014 재인용). 즉, 욕구는 무엇이 부족하여 충족되어야 하거나 혹은 해결되어야 할 문제로 볼 수도 있다.

따라서 누군가 스스로 자신의 욕구를 충족시킬 수 없을 때, 외부로부터 도움을 받지 않을 수 없는데, 이때 외부의 도움을 사회적으로 체계화, 제도화한 것이 사회복지이다. 그러므로 사회복지를 이해하기 위해서는 욕구에 대한 이해가 필수적이며 사회복지학에서는 인간의 기본적 욕구 및 사회적 욕구, 사회문제, 욕구를 사정하는 방법 등에 대해 공부하게 된다.

욕구는 범위, 강도, 지속 정도 등에서 다양성을 띠고 있기 때문에 여러 유형으로 분류된다. 사회복지활동이 욕구를 해결하기 위해 존재한다 하더라도, 모든 종류의 욕구가 하나같이 사회복지의 대상이 되는 것은 아니다. 사회복지는 사회적 욕구라고 정의되는 욕구만 다루게 된다(김상균 외, 2011).

2) 자원

자원이란 개인, 가족, 지역사회 구성원 및 국민 전체의 사회적인 욕구나 문제를 해결하기 위하여 필요한 수단을 의미한다. 사회복지 자원은 자원을 부담하는 주체가 누구인가에 따라 공공자원과 민간자원으로 구분할 수 있으며, 자원의 형태에 따라 인적 자원과 물적 자원 등으로 구분할 수도 있다.

클라이언트의 욕구 충족과 문제해결을 위해서는 충분한 양의 자원 확보가 필수적이며 사회복지사는 클라이언트의 욕구와 문제 해결에 적합한 수준의 자원을 확보하기 위해 노력하게 된다. 즉, 자원과 욕구의 중개자로서 사회복지사는 서비스를 필요로 하는 대상자를 찾아내고, 그들에게 서비스에 대한 정보를 제공해주며 서비스가 제대로 전달되는가를 확인해야 한다. 한편, 사회적 약자인 클라이언트가 자신의 권리를 침해받고 적절한 자원을 확보하지 못하는 경우, 사회복지사는 합법적 수단을 활용하여 클라이언트의 권리를 옹호하고 방어하는 옹호자의 역할을 하기도 한다. 또한, 지역사회 내에서 문제해결을 위해 필요한 적절한 자원이 확보되어 있지 않다면 공동체의 문제를 해결하고 구성원의 욕구에 부합한 새로운 자원을 창출해 내는 자원동원의 역할을 수행하기도 한다.

3) 전달체계

클라이언트에 대한 서비스가 효과적이고 효율적으로 제공되기 위해서는 서비스를 전달하는 체계 또한 제대로 작동해야 한다. 사회복지 전달체계는 사회복지의 주체로부터 사회복지의 대상에 이르기까지 연결되는 사회복지 급여 및 서비스 전달망을 의미한다. 즉, 사회복지를 공급하는 자와 수요자를 연결시켜 주는 체계를 의미하며, 이러한 체계가 잘 갖추어져 있으면 사회복지 급여 및 서비스가 효과적으로 수요자에게 전달된다(신현석 · 최윤정, 2014).

사회복지 전달체계는 크게 국가 및 지방자치단체가 주체가 되는 공적 전달체계, 민간사회복지 기관 및 조직이 주체가 되는 사적 전달체계, 국가와 민간이 함께 전달체계의 과정에 포함되는 공사혼합 전달체계 등으로 구분된다.

사회복지 전달체계가 효과적으로 기능하기 위해서는 다음과 같은 원칙을 전제로 구축되어야 한다.

첫째, 책임성의 원칙이다. 사회복지서비스의 책임자는 사회에 대한 책임, 클라이언트에 대한 책임, 전문가로서의 책임 등을 가진다. 사회로부터 위임받은 소정의 기능을 적절히 수행했는가, 클라이언트의 욕구를 최대한으로 해결해야 할 책임을 다하였는가, 전문가로서의 윤리강령을 준수하고 전문가로서의 지식과 기술을 지속적으로 연마하고 발전시켰는가와 관련한다.

둘째, 접근용이성의 원칙이다. 사회복지서비스를 필요로 하는 사람이 필요할 때 편리한 곳에서 해당 서비스를 받을 수 있는가 하는 문제는 매우 중요하다. 서비스 공급의 시기가 늦어진다면 클라이언트의 문제가 그만큼 더 악화되어 서비스의 효과가 떨어지고 문제의 악영향이 크게 파급될 가능성도 높아지기 때문이다. 서비스가 제공되는 위치와 장소도 마찬가지이다.

셋째, 포괄성의 원칙이다. 클라이언트는 복합적 욕구를 가지고 다양한 서비스를 필요로 한다. 따라서 이상적 전달체계는 클라이언트의 다양한 욕구를 처리할 수 있게 구성되어야 한다. 이를 위해 서비스는 통합·조정되어야 한다.

넷째, 적절성의 원칙이다. 클라이언트는 서비스의 궁극적 목표인 자활 및 재활을 성취하는 과정에서 필요로 하는 충분한 서비스의 양과 질을 공급받을 수 있어야 한다.

다섯째, 지역사회 참여의 원칙이다. 현대사회의 사회복지문제는 공식적 사회복지체계만으로 해결하기에는 서비스와 양과 질이 부족하다. 이상적 관점에서 보면, 공식적 체계가 비공식적 체계를 최대한 수용, 활용해야 한다.

5. 사회복지의 동기

사회복지적 행위는 다양한 동기에서 발현된다. 동기란 어떤 일이나 행동을 일으키게 하는 계기로서, 사회복지적 행위를 일으키는 요인들이 다양하게 제시되고 있다. 대표적인 것이 측은지심, 상부상조, 종교적 의무 등이다. 본 장에서는 사회복지의 동기들을 다양한 측면에서 살펴보고자 한다.

1) 측은지심

대표적인 유학자인 맹자는 인간이 본래부터 선한 마음을 가지고 있다고 주장하며 사단(四端)을 설명하였다. 사단(四端)[1]이란 선을 싹 틔우는 네 가지 단서로서 그 가운데 하나가 바로 측은지심(惻隱之心)이다. 측은지심은 어려움에 처한 사람을 애처롭게 여기는 마음이며 이러한 마음에서 출발해 다른 사람을 돕는 사회복지적 행위가 발현한다고 설명한다.

2) 상부상조

상부상조(相扶相助)란 서로서로 돕는다는 말로 원시사회부터 생성된 행위 동기이다. 원시공산사회에서 자연재해나 야생동물의 위협 혹은 사냥 등에 대비해 개인의 힘으로 해결하기 어려운 일들은 서로 도와 해결하는 것에서부터 출발했다고 볼 수 있으며, 따라서 어떤 학자들은 자신의 생존 본능을 위해 이기적일 수밖에 없는 인간이 위험에 대비하기 위해 전략적으로 상부

1) 측은지심(惻隱之心), 수오지심(羞惡之心), 사양지심(辭讓之心), 시비지심(是非之心)

상조하는 이타적 유전자를 발전시켜 왔다고 보기도 한다(매트 리들리, 2001). 따라서 농경 중심 사회에서 상부상조는 반드시 필요한 생존전략이었고 품앗이, 계, 두레 등이 대표적인 상부상조의 형태라고 할 수 있다. 그러나 현대 사회에서는 점차 개인 중심 사회가 되면서 상부상조의 기능이 약화되었으며, 상부상조할 수 있는 관계망을 가지지 못하는 사람들이 많아지면서 경제적 자본뿐만 아니라 사회적 자본의 결핍에 관한 논의가 많아졌다.

3) 종교적 의무

대부분의 종교는 이웃사랑, 형제애, 자비, 봉사 등을 강조한다. 따라서 종교적 동기는 자선의 성격이 강한데 이는 도움을 주고받음에 있어 도움을 주는 쪽의 의지가 강하게 작용한다는 특징을 가진다. 권리로서 사회복지의 개념이 부각되면서 종교적 동기에 의한 사회복지는 많이 약화되었지만, 우리 사회의 자원봉사활동에서 종교단체의 역할이 중요한 것을 볼 때, 종교적 동기는 여전히 중요한 동기인 것이 틀림없다(박경일 외, 2010).

4) 정치적 동기

사회복지에서 정치적 동기가 부각되기 시작한 것은 국가 혹은 정부가 사회복지에 대한 관심을 표현하기 시작한 데서 찾을 수 있기 때문에 사회복지의 역사에서 보면 빈민법(혹은 구빈법)의 시대까지 거슬러 가게 된다. 물론 정부가 사회복지를 제공하는 동기에는 인도주의적 목적이나 경제적 이유 혹은 종교적 신념도 있을 수 있지만, 정치적 동기의 측면에서 본다면 정치적 권력의 획득이나 유지, 사회경제적 불안의 회피나 해소, 정치적 과정 자체의 부산물이라는 세 가지 측면에서 찾을 수 있다(박경일 외, 2010).

5) 경제적 이득

사회복지활동 과정에서 일정한 비용이 필요한 경우라면 사회복지와 경제는 불가분의 관계를 맺는다. 그렇지만 사회복지에서 경제적 동기는 사회문제로 야기되는 사회적 비용을 줄일 수 있을 뿐만 아니라, 사회문제로 인해 발생하는 사회적 부담을 줄이기 위한 것이다. 즉, 사회문제로 말미암아 발생한 경제적 어려움이 더 큰 사회문제로 확대되는 것을 방지하기 위한 노력으로서 사회복지발달이 이루어졌다고 볼 수 있다(박상하 외, 2012).

6) 이데올로기적 명분

사회복지의 동기로서 가장 강력한 것 중 하나는 타인을 도와야 한다는 신념, 느낌, 태도 혹은 이데올로기이다. 사회복지의 이데올로기 동기 중 대표적인 것은 이타주의(altruism), 평등주의, 인도주의를 들 수 있다. 이타주의는 외부로부터의 어떠한 보상도 기대하지 않고 타인을 이롭게 하는 행동을 수행하는 것을 의미하며, 평등주의는 차별의 반대개념으로서 결과적 평등, 기회의 평등, 비례적 평등(공평)을 포함한다. 또한, 인도주의(humanitarianism)는 인간의 존엄성에 바탕을 둔 이데올로기이다. 또한 개인주의가 덕으로 여겨지는 경우보다는 협동을 절실히 요구하는 집합주의(collectivism)하에서 사회복지는 한층 더 발전하게 된다.

7) 전문직업적 동기

많은 사람들과 조직들이 사회복지에 관심을 가지고 이를 위해 헌신하고 있다. 그중 일정한 교육을 이수하고 일정한 자격을 취득한 후 평생을 사회복지에 몸담는 사람들이 있다. 그 이면은 앞서 언급한 다양한 동기들과도 관련이 있겠지만, 한편으로는 사회복지와 관련된 전문지식과 기술, 가치를 실현하기 위함이다. 따라서 사회복지의 가치와 윤리에 입각하여 전문지식과 기술을 발휘하고 활용하여 원조전문가로서 소임을 다하는 것은 바로 전문직업적 동기에서 사회복지를 행하는 것이다(박경일 외, 2010).

CHAPTER

제3장 사회복지의 가치와 윤리

1. 사회복지와 가치

사회복지는 가치가 내재되어 있는 활동이라는 점에서 가치의 중요성이 강조된다. 가치는 좋고 바람직하다고 생각하는 것에 대한 믿음과 신념으로 어떤 행동을 결정짓는 지침이면서 방향을 제시한다. 사회복지의 가치는 사회복지가 나아가야 할 방향을 안내하는 동시에 실천과정에 있어서 지침과 기준으로 작용한다. 사회복지의 가치는 특정 클라이언트를 자신의 클라이언트로 받아들일 수 있을 것인가부터 시작하여 사회복지사와 함께 일하는 클라이언트, 동료 그리고 넓은 사회 속에서 함께 일하는 다양한 사회구성원과의 관계에 영향을 미치는 중요한 요소가 된다(Hamilton, 1940).

1) 가치의 개념

가치(value)는 어떤 행동을 결정함에 있어 좋고 바람직함의 기준으로, 자신이 특정한 행동을 선택하는 데 있어 기준이 되는 좋고 바람직한 것에 대한 믿음과 신념이다. 가치는 좋은 것과 바람직한 것에 대한 가정으로서 행동에 있어서 사람들에게 좋고 나쁜 것을 평가하도록 하는 기준을 제공하고, 행동을 결정하는 데 있어서 여러 가지 대안들 가운데 바람직한 것과 바람직하지 않은 것을 선택하도록 하는 방향을 안내한다. 바틀렛(Bartlett, 1970)은 가치는 선이며 바람직한 것이고, 로웬버그(Lowenberg, 1988)는 좋고 바람직한 것에 대한 지침이며, 적합한 행동의 선택에 대한 지침이라고 보았다. 리머(Reamer, 1995)는 가치를 인간 노력의 지침이 되는 바람직한 최종 단계 혹은 사회적 행동을 인도하는 정당화된 목적의 가장 일반적인 진술, 또는 여러 대안적 행동 중에서 선택을 할 때 영향을 주는 규범적 기준이라고 하였다. 즉, 가치란 개인, 집단 또는 사회가 본질적으로 바람직하다고 받아들이는 신념이며, 특정한 행동을 선택하는 데 영향을 미치는 기준이라고 할 수 있다.

2) 가치의 유형

(1) 가치의 수준에 따른 분류

가치체계는 가치의 수준이나 중요도에 따라 궁극적 가치, 도구적 가치, 차등적 가치로 구분된다(Johnson & Yanca, 1995).

첫째, 궁극적 가치는 대다수의 사람들에 의해 어떤 가치보다도 중요시되는 가치로 가장 추상적이고 쉽게 동의를 얻을 수 있다. 인간의 존엄성, 자유, 평등, 정의 등이 해당된다.

둘째, 도구적 가치는 궁극적 가치를 실현하기 위한 수단이 되는 가치로 목적에 대한 바람직한 수단이며 일종의 행동방식이다. 자기결정, 비밀보장, 고지된 동의, 알 권리 등이 해당된다.

셋째, 차등적 가치는 사람이 처한 상황이나 경험에 따라 불일치를 가져오는 가치로 의견의 찬반이 나뉘어 달리 나타나는 경향이 있다. 낙태, 동성애, 안락사, 사형제도 등이 해당된다.

(2) 가치의 주체에 따른 분류

가치체계를 누가 갖느냐 하는 가치의 주체에 따라 개인적 가치, 집단적 가치, 사회적 가치, 전문적 가치로 구분된다(Dolgoff et al., 2005).

첫째, 개인적 가치는 개인이 갖고 있는 가치로 개인의 믿음이나 신념에 따라 다르며, 반드시 공통적으로 갖는 것은 아니다.

둘째, 집단적 가치는 사회의 하위집단이 가지는 가치로 집단의 역할, 기능, 책임에 따라 그들만이 가지는 가치이다.

셋째, 사회적 가치는 전체 사회가 가지는 가치로 사회의 일반화된 공감대를 반영하여 형성된 가치이다.

넷째, 전문적 가치는 전문가 집단이 가지는 가치로 전문직의 실천활동과 관련하여 요구되는 고유한 가치이다.

3) 사회복지의 가치

(1) 사회복지의 일반적 가치

사회복지의 일반적 가치는 사회복지가 추구하는 가치 또는 바람직하다고 판단할 수 있는 사회복지의 모습이 무엇인가이다. 사회복지의 다양한 영역에 영향을 미치는 기준이며 지침의 기능을 수행하며 방향을 안내한다. 사회복지에서 중요하게 다루고 있는 여러 가치들 중에서도 핵심적인 가치체계로는 인간존엄성, 자유, 평등, 사회정의, 사회연대를 살펴볼 수 있다.

① 인간존엄성

인간존엄성(human dignity)은 인간의 천부적 가치를 기반으로 인간은 누구나 태어나면서부터 존엄한 가치를 지니고 있고 어떤 상황이나 상태에서도 존중받아야 한다는 신념이다. 인간은 인종, 성, 정치, 경제, 사회적 지위, 종교, 교육수준, 신체적 조건 등에서 차별받아서는 안 된다는 가치의 실천이다. 사회복지에서 인간의 존엄성 가치는 목적이면서 동시에 실천가치로서 클라이언트와의 관계에서 이를 실현하기 위한 실천적 노력을 중요하게 다루고 있다. 이는 클라이언트를 있는 그대로 수용하고 클라이언트가 있는 그 자리에서 출발하는 것을 의미한다.

② 자유

자유(liberty)는 남에게 구속을 받거나 무엇에 얽매이지 않고 자기가 원하는 것을 행함을 의미하는 것으로서 소극적 자유(negative liberty)와 적극적 자유(positive liberty)라는 두 가지 의미로 구분된다(Berlin, 1969). 소극적 의미의 자유는 다른 사람에 의한 강제가 없는 상태로서 다른 사람의 간섭 없이 자신의 의지대로 무엇인가를 행할 수 있는 상태(~으로부터의 자유)를 의미한다. 반면 적극적 자유는 자기가 원하는 것을 행할 수 있는 상태(~을 요구할 수 있는 자유)를 의미한다. 이러한 자유는 자기 자신의 인생과 결정을 외부적 힘에 의해서가 아니라 자신에 의해서 이룰 수 있도록 스스로가 자신의 지배자가 되고자 하는 개인의 바람에서 유래된 것으로 볼 수 있다. 사회복지에서 자유는 강제가 없는 자유보다는 자신이 원하는 것을 행할 수 있는 자유에 초점을 두며, 이는 클라이언트의 자기결정과 선택의 존중으로 나타난다.

③ 평등

평등(equality)은 모든 사람이 충분하고 만족스러운 삶을 영위할 수 있는 권리를 똑같이 지니고 있다는 전제에서 사회적 자원이 모든 사람에게 동일하게 배분되어야 함을 의미한다. 그러나 일반적으로 평등의 개념은 수량적 평등(numerical equality), 비례적 평등(proportional equality), 기회의 평등(opportunity equality)으로 구분된다(권중돈 외, 2013). 수량적 평등은 모든 사람을 똑같이 취급하여 욕구나 능력의 차이에 관계없이 사회적 자원을 배분하는 것으로 가장 적극적인 평등의 개념이다. 비례적 평등은 사회적 자원을 개인의 욕구, 능력, 노력, 기여 정도에 따라 다르게 배분하는 것으로 공평성의 개념이다. 기회의 평등은 어떠한 결과를 가져오는 것과는 관계없이 과정상의 기회만을 똑같이 제공해주는 개념이다. 오늘날 사회복지에서 평등은 점차 수량적 평등보다는 비례적 평등과 기회의 평등이 강조되고 있지만 사회적 권리를 확대하고 일정한 수준의 기본적 생활을 보장하고 사회적 불평등을 해소하려는 노력과 밀접하게 관련되어 고려되어야 한다.

④ 사회정의

사회정의(social justice)는 어느 개인을 일방적으로 부당하게 희생시키지 않고 이익을 공정하게 고려하여야 함을 의미하는 것으로 절차상의 정의(procedural justice), 실질적 정의(substantive justice), 능동적 과정으로서의 정의(justice as active process) 등으로 사용되고 있다(권중돈 외, 2013). 절차상의 정의는 법률에서 정한 합법적인 절차의 준수를 강조하며, 실질적 정의는 결과로서 분배적 정의를 말하는 것으로 모든 편익과 부담이 사회구성원 사이에 형평성 있게 분배되는 것을 강조한다. 능동적 과정으로서의 정의는 불의한 현상을 예방하고 치료하는 사회적 과정을 강조한다. 사회복지에서는 특히 분배적 정의와 능동적 과정으로서의 정의를 강조하는데, 사회적으로 취약한 계층이나 불우한 환경에 처한 사람들에게 보다 나은 처우와 권리 및 자원의 배분이 이루어질 수 있도록 하며 그들을 위한 사회적 환경과 제도의 변화를 위해 노력해야 한다는 것이다(엄기욱 외, 2013).

⑤ 사회연대

사회연대(social solidarity)는 두 사람 이상이 무슨 일을 함께 하거나 책임진다는 의미로 사회적 존재로서의 인간의 속성에 대한 신념을 내포하고 있으며 서로에 대한 책임을 강조한다(강용규 외, 2007). 사회문제에 대한 문제제기나 해결 등의 다양한 활동에서 개인적인 활동보다는 그 문제에 관련이 있는 이해당사자나 관심이 있는 사람들이 함께 참여하여 문제를 제기하거나 해결하려는 전반적인 노력을 사회연대로 볼 수 있다. 사회복지는 사회구성원 상호 간의 도움을 주고받는 행위를 통하여 사회적 자원을 재분배할 뿐만 아니라 사회구성원 상호 간의 정서적 유대 및 감정적 통합을 촉진시킬 수 있는 것으로 사회연대를 위한 중요한 제도적 수단이 된다(오정수 외, 2010). 특히 사회연대는 사회적으로 소외된 계층에 대한 배려와 포용을 통해 사회적 통합을 지원할 뿐만 아니라 사회 전체가 상호의존성을 기반으로 안정된 공동체를 형성하도록 하는 원동력이 될 수 있다는 차원에서 그 중요성이 강조된다.

(2) 사회복지의 실천적 가치

사회복지의 실천적 가치는 사회복지의 일반적 가치를 구체적으로 반영하는 것으로 사회복지 전문직으로서 사회복지사가 클라이언트를 원조하는 데 있어서 어떤 생각을 갖는 것이 바람직하고, 어떻게 문제를 해결하는 것이 바람직한 것인가에 대한 사고나 판단이라고 할 수 있다. 바틀렛(Bartlett, 1970)은 사회복지실천에서의 본질적인 3대 요소인 가치, 지식, 기술 중 가치적 요소를 중시하면서 사회복지실천이 어떤 지식이나 기술만으로는 충족될 수 없으며, 어떤 뚜렷한 가치나 신념이 선행되어야 함을 시사하고 있다. 사회복지 전문직의 고유한 목적과 관점을 기반으로 한 사회복지의 실천적 가치는 미국 사회복지사 윤리강령에서 제시하는 핵심가치를 중심으로 살펴볼 수 있다(NASW, 2008).

① 서비스(services): 사회복지사의 일차적 목표는 욕구를 가지고 있는 사람을 원조하고 사회문제를 해결하는 것이다.

사회복지사는 개인의 이익에 우선해서 다른 사람에 대한 서비스를 제공해야 한다. 사회복지사는 어려움에 처한 사람을 원조하고 사회문제를 해결하기 위해 자신의 가치, 지식, 기술을 이용하고 경제적 보상을 기대하지 않고 자발적으로 제공해야 한다.

② 사회정의(social justice): 사회복지사는 사회적 불의에 도전한다.

사회복지사는 취약하고 억압받는 사람들을 위해 함께 활동하고 그들을 위하여 사회적 변화를 추구해야 한다. 사회복지사의 사회변화를 위한 노력은 일차적으로 빈곤, 실업, 차별, 기타 여러 형태의 사회적 불의에 초점을 둔다.

③ 인간의 존엄성과 가치(dignity and worth of the person): 사회복지사는 인간의 천부적 존엄성과 가치를 존중한다.

사회복지사는 개인적인 차이와 문화적·인종적 다양성을 고려하여 사람을 대하여야 한다. 사회복지사는 개인의 가치와 존엄성에 기초하여 그들의 고유한 특성을 존중하고 차이를 수용해야 한다.

④ 인간관계의 중요성(importance of human relationships): 사회복지사는 인간관계의 중요성을 인식한다.

사회복지사는 사람들 간의 관계가 변화를 위한 중요한 수단임을 이해해야 한다. 사회복지사는 개인, 가족, 집단, 조직 및 지역사회의 복지를 증진하고 회복하며 유지하기 위해 사람들을 원조과정에 협력자로 참여시키고 관계를 강화하여야 한다.

⑤ 진실성(integrity): 사회복지사는 신뢰받을 수 있도록 행동한다.

사회복지사는 전문직의 사명, 가치, 윤리를 인식하고 이에 부합하는 실천을 하여야 한다. 사회복지사는 정직하고 책임 있게 행동하고, 자신이 소속된 조직의 입장에서 윤리적 실천을 하여야 한다.

⑥ 능력(competence): 사회복지사는 자신의 능력 범위 내에서 실천하며, 전문적 지식과 기술을 개발하고 향상시킨다.

사회복지사는 전문적 지식과 기술을 향상시키고, 이를 실천에 적용하기 위하여 끊임없이 노력하며, 전문직의 지식기반 구축에 기여하도록 노력하여야 한다.

4) 사회복지의 가치 갈등

사회복지사는 사회복지실천과정에서 클라이언트의 욕구를 충족하고 문제를 해결하는 데 있어서 개인적 가치, 클라이언트 가치, 전문적 가치, 사회적 가치 등 여러 가치의 영향을 받으면서 가치갈등을 경험한다. 같은 상황에서도 서로 다른 가치에 따라 전혀 상이한 결정이 내려질 수 있으며, 결정을 내리는 과정에서도 가치 간에 갈등을 겪는 경우가 많다. 사회복지사는 개인적 가치뿐만 아니라 전문직으로서 전문적 가치에 충실해야 한다. 개인적 가치와 전문적 가치가 다를 경우 그 사이에서 갈등할 수 있으며, 클라이언트를 대할 때도 클라이언트의 가치를 존중해야 함에도 불구하고 자신의 개인적 가치와 일치하지 않을 때는 갈등을 경험하게 된다. 사회복지사가 중요하게 생각하는 가치를 클라이언트는 중요하게 생각하지 않거나, 그 반대 상황이 발생할 수도 있다.

사회복지사는 사회복지실천과정에서 가치갈등이 발생할 수 있다는 것을 인식하고 가치갈등을 최소화하기 위해 부단히 자기훈련과 자기인식을 쌓아가야 한다. 자신의 가치가 무엇이고, 그것이 자신의 행동을 어떻게 규제하며, 자신과 다른 사람들에게 어떻게 영향을 미치고 있는가를 염두에 두어야 한다. 사회복지사가 가치갈등에서 벗어나기 위해서는 자신의 가치를 명확히 인식하는 것이 필요하다.

첫째, 자신의 가치관이 그 존재를 거의 지각할 수 없을 정도로 깊숙이 내면화되어 있음을 깨닫고, 그 안에는 자신의 감정적인 부분이 개입되어 있음을 인식해야 한다.

둘째, 자신의 편견이 무엇인지 의식하는 데 최선을 다해야 한다.

셋째, 자신과 자신의 가치관을 객관적이고도 현실적으로 평가하도록 노력해야 한다.

넷째, 이러한 평가에 근거하여 변화가 필요한 가치관은 변화하도록 노력하고, 클라이언트와 서로 다르다는 사실을 분별해야 한다(Brill, 1985: 32).

2. 사회복지와 윤리

사회복지의 실천과정은 윤리적 의사결정의 과정이라고 해도 과언이 아닐 만큼 윤리적인 측면이 강조된다. 윤리는 가치를 바탕으로 만들어지는 행동지침으로 옳고 그름을 판단하는 기준이다. 사회복지의 윤리는 사회복지를 실천하는 과정에서 끊임없이 발생하는 윤리적 문제를 어떤 방법으로 해결해야 할 것인가에 대한 물음에 적용할 적절하고 타당한 기준과 지침을 제공하는 기능을 수행한다. 사회복지사에게 윤리적 실천은 선택이 아닌 의무이며,

윤리적 문제의 존재를 인식하고 그 상황을 해석하여 대안을 모색하고자 하는 윤리적 민감성의 고양은 필수적인 요소가 된다(우국희 외, 2015).

1) 윤리의 개념

윤리(ethics)는 어떤 행동을 행함에 있어 옳고 그름을 판단하는 기준으로 자신이 특정한 행동을 하는 데 있어 해야 할 것과 하지 말아야 할 것에 대한 행동지침이다. 윤리는 일반 윤리와 전문가 윤리로 구분할 수 있다. 일반 윤리는 한 사람이 사회 일원으로서 다른 사람들과 관계를 맺고 어울려 살아가는 생활 속에서 행하고 지켜야 하는 기본적인 윤리인 반면에 전문가 윤리는 어떠한 특수한 역할을 수행함에 있어 전문가로서 수반되는 특수한 윤리를 의미한다. 사회복지 윤리는 사회복지전문직으로서 행하거나 지켜야 하는 도리이며, 전문적 실천행동의 기준과 원칙이 된다. 또한 윤리는 가치를 바탕으로 만들어지는 행동지침으로, 윤리와 가치는 분리하여 생각할 수 없는 개념이며 가치와 조화를 이루어야 한다. 가치가 좋고(good) 바람직함(desirable)에 관심을 두는 데 비해 윤리는 옳고(right) 바름(correct)에 관심을 둔다.

2) 사회복지의 실천윤리

사회복지는 인간의 존엄성을 기본 가치로 하여 인간을 대상으로 그들의 욕구와 문제를 충족하고 해결하려는 학문으로 사회복지사는 클라이언트를 비롯하여 그의 욕구와 문제를 충족하고 해결하는 과정에서 동료, 슈퍼바이저, 기관의 고용주, 타 전문직 종사자, 사회적 관계를 맺고 활동해야 하는 전문가들과 다양한 윤리적 쟁점과 마주치게 되고, 그때마다 전문가로서 윤리적인 의사결정을 해야 하는 책임이 있다. 사회복지사가 경험하는 수많은 윤리적 쟁점에 대해 올바른 윤리적 의사결정을 내리기 위해서는 사회복지 실천윤리가 필수적이다. 리머(Reamer, 1995)는 사회복지실천에 있어 윤리의 필요성을 다음과 같이 제시하고 있다.

첫째, 사회복지 실천윤리는 전문가 자신의 가치와 클라이언트, 지역주민, 동료 전문가, 슈퍼바이저 등 다른 사람들의 가치관 사이에 어떤 공통점과 차이점이 있는가에 관해 체계적으로 확인하기 위해 필요하다.

둘째, 사회복지 실천윤리는 사회복지사들이 윤리적 딜레마 상황을 이해하고 이에 대처할 수 있는 능력을 갖추기 위해 필요하다. 사회복지와 관련된 윤리적 딜레마 상황에서 바람직한 윤리적 판단을 내릴 수 있어야 한다.

셋째, 사회복지 실천윤리는 다수의 상이한 가치들 사이에서 관계정립 또는 위계순위를 결정하기 위해 필요하다. 윤리를 뒷받침하는 가치는 여러 가지가 존재하기 때문에 여러 가지의 가치가 상충될 경우 어떤 가치에 우선순위를 부여할 것인지를 정해서 윤리적 판단을 내릴 수 있어야 한다.

넷째, 사회복지 실천윤리는 사회복지의 주요 가치가 역사적 맥락 속에서 지속적으로 변화한다는 점에서 사회복지의 현재 주류 가치가 얼마나 정당한가를 파악하고 나아가서 시대적 흐름에 맞는 가치를 정립하기 위해 필요하다.

다섯째, 사회복지 실천윤리는 사회복지 전문성을 발전시키고 실천하는 방법을 개발하기 위해 필요하다. 사회복지는 인간을 대상으로 하는 학문으로 전문적 지식과 기술을 습득함에 있어 사회복지윤리의 이해가 바탕이 되어야 한다. 사회복지윤리를 알면 사회복지 지식과 기술이 보이게 된다.

3) 사회복지사 윤리강령

전문적 지위를 추구하는 모든 전문직은 전문가 윤리강령을 통하여 전문직의 실천과 관련되는 윤리적 원칙과 전문가로서 지켜야 할 원칙을 명문화하고 있다. 사회복지사의 윤리적 결정을 돕는 가장 대표적인 것이 사회복지사 윤리강령이다. 사회복지사 윤리강령은 사회복지사의 사명이나 실천방법에 관련된 지침을 규정함으로써 클라이언트를 보호하고, 사회복지사를 보호하며, 의사결정을 내릴 때 도움을 얻을 수 있을 뿐만 아니라 업무의 기준으로 사용할 수 있고, 기관이나 동료들을 공정하게 대할 수 있는 방법에 대한 지침을 제공한다.

사회복지실천의 고유한 윤리적 실천은 미국에서 먼저 이루어졌다. 미국은 미국사회복지사협회가 1951년 최초로 윤리강령을 발표하였으나 공식적으로 인정받지 못하다가 1960년 공식적인 윤리강령이 발표되었고, 이후 몇 차례 개정을 거쳐 1996년 지금의 윤리강령이 승인되었으며, 2008년 다시 한 번 개정되었다. 우리나라의 사회복지사 윤리강령은 1973년 초안이 제정된 데 이어 1988년 제정 · 공포되었으며, 1992년 1차 개정에 이어 2001년에 2차 개정이 이루어졌다. 현재의 사회복지사 윤리강령은 사회복지실천현장에서 나타날 수 있는 윤리적 문제들에 대해 사회복지사들이 좀 더 구체화하여 실천적인 행동강령으로서의 역할을 하도록 규정하고 있으며, 전문과 윤리기준, 사회복지사 선서로 구성되어 있고, 윤리기준은 6가지 영역으로 구분되어 있다. 전문에는 기본적 이념이, 윤리기준에는 사회복지사의 기본적 윤리기준, 클라이언트에 대한 윤리기준, 동료에 대한 윤리기준, 사회에 대한 윤리기준, 기관에 대한 윤리기준, 사회복지사윤리위원회의 구성과 운영이 제시되어 있다. 윤리강령이 사회복지실천과정에서의 모든 윤리적 갈등상황을 해결해 주지 못한다는 한계점을 가지고 있긴 하지만 사회복지사가 기본적으로 지켜야 할 윤리적 책임과 의무에 대한 지침은 제시하고 있다.

4) 사회복지실천의 윤리적 딜레마

윤리적 딜레마(ethical dilemma)는 사회복지사가 전문가로서 지켜야 하는 윤리적 가치가 상충하여 어떤 것이 윤리적인 실천행동인지 판단하기 어려운 갈등상태를 말한다(김기덕, 2002). 사회복지사는 전문적 가치와 윤리강령이 있음에도 불구하고 사회복지실천과정에서는 다양한 범주의 윤리적 딜레마를 경험한다. 사회복지사가 경험하는 윤리적 딜레마는 비밀보장, 클라이언트의 자기결정, 충실성의 상충, 클라이언트와의 이중관계, 동료와의 관계, 제한된 자원의 배분, 법률과 규칙의 준수, 조사와 평가 등과 관련하여 발생할 수 있다.

(1) 비밀보장

비밀보장은 개인의 사생활 보호의 권리에 근거한다. 비밀보장은 사회복지사가 클라이언트와 전문적 관계에서 신뢰를 바탕으로 얻은 정보를 클라이언트의 동의 없이 누구에게도 발설하지 않는 것이다. 한국사회복지사 윤리강령에도 "사회복지사는 클라이언트의 사생활을 보호하며, 직무수행과정에서 얻은 정보에 대해 철저하게 비밀을 유지해야 한다."라고 명시되어 있다. 하지만 비밀보장을 해야 하는 과정에서 비밀보장을 할 수 없는 경우에 윤리적 갈등상황에 놓이게 된다.

비밀보장과 관련된 윤리적 딜레마는 사회복지사가 클라이언트의 사생활 보호에 대한 권리와 그 정보에 대해 알고자 하는 다른 사람의 권리 사이에서 야기된다. 사회복지사는 클라이언트가 자기 자신이나 제삼자에게 해를 가하는 경우, 클라이언트에게 이익을 주거나 돕기 위한 경우, 미성년 클라이언트의 부모나 보호자의 요청이 있는 경우 그리고 법적 명령에 따라야 하는 경우에는 비밀보장에 제한이 가해질 수밖에 없는데, 이때 윤리적 딜레마에 빠지게 된다.

(2) 클라이언트의 자기결정

자기결정은 개인이 자기 자신의 삶과 생활에 영향을 미치는 결정을 스스로 할 수 있는 권리에 근거하며, 인간존엄성에 대한 존중의 가치에서 비롯된다. 자기결정은 클라이언트가 스스로 선택하고 결정할 수 있도록 하는 것을 의미하며, 다른 사람의 강요로부터 오는 외적 통제를 받지 않으면서 자신에게 중요한 선택을 자유롭게 결정하도록 하는 것이다. 한국사회복지사 윤리강령에도 “사회복지사는 클라이언트가 자기결정권을 최대한 행사할 수 있도록 도와야 하며, 저들의 이익을 최대한 대변해야 한다.”라고 명시되어 있다. 하지만 클라이언트의 자기결정을 존중하는 과정에서 제한을 가할 수밖에 없는 경우에 윤리적 갈등상황에 놓이게 된다.

사회복지사는 클라이언트의 자기결정이 충분한 정보 없이 이루어지는 경우, 자기 자신이나 다른 사람에게 해를 미치는 경우, 사회규범이나 법규에 어긋나는 경우 그리고 클라이언트가 결정할 수 있는 능력이 부족한 경우에 어느 정도 개입을 해서 제한을 가해야 하는지에 있어서 윤리적 딜레마에 빠지게 된다.

(3) 충실성의 상충

사회복지사는 클라이언트와의 전문적 관계에서 클라이언트의 이익을 최우선적으로 고려해야 하는 의무를 가진다. 하지만 사회복지실천과정에서 클라이언트의 이익을 최우선으로 다루기 어려운 상황이 발생할 수도 있다. 때

때로 클라이언트의 이익보다 사회복지사 자신이나 기관의 이익을 우선적으로 해야 하는 경우에 윤리적 갈등상황에 놓이게 된다. 특히 자신이나 가족의 생명보호와 관련되는 경우 사회복지사는 자신의 이익을 우선하는 결정에서 윤리적 정당성으로부터 자유로울 수 있는가를 고민하게 된다. 또한 기관에 근무하는 사회복지사는 기관의 성장과 발전을 위해 최선의 노력을 다한다는 의무에 따라 기관의 이익과 기관의 정책이나 규칙이 클라이언트의 이익을 감소시키거나 클라이언트에게 해가 되는 경우 무엇에 우선적으로 충실해야 하는지 결정을 내려야 하는 상황에서 윤리적 딜레마에 빠지게 된다.

(4) 클라이언트와의 이중관계

사회복지사와 클라이언트는 사적인 관계가 아닌 전문적인 관계로서 적절한 경계와 원칙을 유지하는 것이 필요하다. 그러나 전문적 관계가 명확하지 않을 경우 사회복지사는 클라이언트와 또 다른 관계를 형성하게 되는데, 친밀한 사적인 관계를 맺거나 성적인 접촉을 가지는 이중관계를 형성한다. 이중관계는 사회복지사가 권력을 행사하고 클라이언트를 조정하면서 사회복지실천과정에서 객관성을 잃기 쉬우며, 전문직의 성실성에 손상을 가져오고, 클라이언트에게 해를 입히거나 클라이언트가 이용당할 수 있게 한다는 측면에서 윤리적 문제를 발생시킬 수 있다(이순민, 2013).

(5) 동료와의 관계

사회복지사는 전문직으로서 동료들과 같이 업무를 수행하면서 협력하며 존중과 신뢰로서 대해야 한다. 그러나 동료가 전문직으로서 권위를 남용하거나 비윤리적인 행위를 함으로써 전문직의 기능을 상실하거나 클라이언트에게 해를 끼칠 수 있는 상황을 발견했을 때 어떻게 해야 할지 혼란스러운 상황에 놓이게 된다. 동료의 존중과 전문직 및 클라이언트의 보호 사이에서 윤리적 딜레마에 빠지게 된다.

(6) 제한된 자원의 배분

사회복지실천에서 클라이언트의 문제를 해결하기 위해 사회복지사가 활용할 수 있는 자원은 매우 한정적이다. 사회복지사는 자원이 한정되어 있을 때, 이를 누구에게 어떻게 공정하고 효율적으로 분배해야 할지 갈등상황에 놓이게 된다. 사회복지사는 한정된 자원을 가지고 공정한 분배를 하는 데 있어서 적절하고 일관성 있게 적용된 윤리적 분배기준을 따라야 하는데, 다양한 기준을 공평성 있게 적용하기가 쉽지 않다 보니 윤리적 딜레마에 빠지게 된다.

(7) 법률과 규칙의 준수

사회복지사는 법률이나 규칙을 준수하는 행동을 해야 한다. 그러나 클라이언트를 보호하기 위해 내려야 하는 결정이 법률이나 규칙을 위반해야 할 때 갈등상황에 놓이게 된다. 법률이나 규칙을 적용하면 사회복지의 가치와 다르게 클라이언트를 보호하지 못함으로써 클라이언트에게 이익을 주지 못하거나 해를 가져다 줄 경우 합법적으로 제정된 법률이나 규칙을 지켜야 할 것인지 아니면 법률이나 규칙을 위반해서라도 클라이언트를 보호해야 할 것인지에 대한 결정에서 윤리적 딜레마에 빠지게 된다.

(8) 조사와 평가

사회복지사의 조사와 평가 활동에의 참여에 대한 욕구가 크게 증가하면서 조사와 평가와 관련된 지식과 기술뿐만 아니라 윤리적 문제에 대한 인식의 중요성도 강조되고 있다. 특히 조사와 평가 활동에서 윤리적 문제는 연구참여자의 권리와 이익을 보호하는 것과 관련된다고 볼 수 있다. 연구내용 밝히기, 자발적 참여, 고지된 동의, 연구참여로 인한 피해, 연구참여에 대한 보상, 익명성과 비밀보장, 연구자료의 보존과 폐기, 분석과 보고와 관련된 윤리적 문제가 발생할 수 있다(Padgett, 1998; 이순민, 2013).

5) 윤리적 딜레마의 해결지침

사회복지실천에서 사회복지사가 윤리적 딜레마에 직면하는 경우 윤리적 결정을 위한 정확한 해답은 없다. 다음은 그럼에도 불구하고 윤리적 딜레마에 대한 의사결정을 내려야 할 때 도움을 받을 수 있는 것이 윤리적 의사결정의 원칙과 과정이다.

(1) 로웬버그와 돌고프의 윤리적 원칙

로웬버그와 돌고프(Loewenberg & Dolgoff, 1996)는 윤리적 의사결정을 위한 윤리적 원칙을 제시하면서 윤리적 원칙은 위계가 있고 그 위계에 따라 의사결정을 해야 하며, 상위의 원칙을 우선적으로 적용해야 함을 명확히 하고 있다.

윤리적 원칙

• **윤리원칙 1 생명보호의 원칙**

인간의 생명은 가장 기본적인 것으로 다른 모든 것보다 우선한다. 클라이언트를 비롯하여 모든 사람에게 적용된다.

• **윤리원칙 2 평등과 불평등의 원칙**

능력과 권력이 동등한 사람은 평등하게 대우받고, 능력과 권력이 동등하지 않은 사람은 불평등하게 대우받아야 한다. 예컨대 청소년 성매매에서 청소년과 성인은 관계 자체가 불평등한 가운데 있으므로 청소년과 성인이 동등하게 대우받지 않아야 한다는 것이다.

• **윤리원칙 3 자율과 자유의 원칙**

개인의 자기결정, 자율성, 독립성, 자유를 존중하는 결정을 해야 한다. 다만 클라이언트 자신이나 타인에게 해가 되는 경우에는 제한될 수 있다.

• **윤리원칙 4 최소손실의 원칙**

선택 가능한 대안 중 어떤 것을 선택하더라도 손실을 초래할 수밖에 없는 상황이라면 클라이언트나 타인에게 최소한의 손실을 가져오는 선택을 해야 한다.

• **윤리원칙 5 삶의 질의 원칙**

클라이언트뿐만 아니라 지역사회를 포함하여 모든 사람들의 삶의 질을 향상시키는 선택을 해야 한다.

• **윤리원칙 6 사생활보호와 비밀보장의 원칙**

모든 사람의 사생활을 보호하고, 알게 된 정보에 관해서는 공개되지 않도록 해야 한다. 다만 비밀보장을 하는 것이 클라이언트 자신이나 타인에게 해가 되는 경우에는 제한될 수 있다.

• **윤리원칙 7 진실성과 완전공개의 원칙**

클라이언트와 다른 사람들에게 진실을 이야기하고, 모든 관련된 정보에 대해서는 충분히 공개해야 한다.

(2) 리머의 윤리적 지침과 의사결정과정

리머(Reamer, 1995)는 사회복지실천에서 경험하는 윤리적 딜레마에 일관성 있게 적용할 수 있는 윤리적 지침과 지침을 바탕으로 한 윤리적 의사결정을 위한 일련의 과정을 제시하고 있다.

윤리적 지침

- **윤리지침 1**

인간활동에 기본적인 필수조건(생명, 건강, 음식, 주거, 정신건강의 균형)에 대한 위해는 거짓 정보 제공이나 비밀의 폭로, 여가, 교육, 재산과 같은 부가적인 조건에 대한 위협에 우선한다.

- **윤리지침 2**

인간의 행복추구권으로 한 개인이 기본적 안녕을 누릴 권리(인간활동에 기본적인 필수조건 포함)는 다른 사람의 자기결정의 권리에 우선한다.

- **윤리지침 3**

자기결정에 대한 개인의 권리는 자신의 기본적인 안녕을 누릴 권리에 우선한다.

- **윤리지침 4**

자발적이고 자유롭게 동의한 법, 규칙, 규정들을 지켜야 하는 의무는 법, 규칙, 규정들과 갈등을 야기하는 방법으로 자발적으로 자유롭게 행동할 수 있는 권리보다 우선한다.

- **윤리지침 5**

개인의 기본적 안녕을 누릴 권리는 그와 갈등을 일으키는 법, 규칙, 규정, 단체의 협정보다 우선한다.

- **윤리지침 6**

기아와 같은 기본적 위해를 예방하고 주택, 교육, 공적 부조와 같이 공적인 조건들을 향상시켜야 하는 책임은 개인의 재산에 대한 권리보다 우선한다.

윤리적 의사결정과정

- **단계 1**

  상충되는 가치와 의무를 포함해서 윤리적 쟁점을 확인한다.

- **단계 2**

  윤리적 결정으로 영향을 받게 되는 개인, 집단, 조직을 확인한다.

- **단계 3**

  모든 가능한 행동방침들과 각각의 방침에 포함되는 관계자 및 잠재적 이익과 위험을 잠정적으로 확인한다.

- **단계 4**

  다음의 관련 사항들을 고려하여 각각의 행동방침에 대한 찬성과 반대 이유를 충분히 검토한다.

  [윤리이론, 원칙, 지침 / 윤리강령과 법, 규정 / 사회복지실천이론과 원칙 / 개인적 가치, 특히 자신의 가치와 상충되는 가치]

- **단계 5**

  동료들과 적절한 전문가들(기관직원, 슈퍼바이저, 기관행정가, 변호사, 윤리학자)에게 자문을 구한다.

- **단계 6**

  결정을 내리고 의사결정을 문서화한다.

- **단계 7**

  결정을 점검하고 평가하고 문서화한다.

(3) 콩그레스의 ETHIC모델

콩그레스(Congress, 1999)는 사회복지사가 짧은 시간 내에 속히 윤리적 의사결정을 내려야 하는 상황에서 가능한 한 빠른 시간 내에 효과적으로 의사결정을 하는 데 도움이 되는 윤리적 의사결정모델을 제시하고 있다.

ETHIC 모델

• E(Examine relevant personal, societal, agency, client and professional values.)

사회복지사의 개인적 가치, 사회적 가치, 기관의 가치, 클라이언트의 가치, 전문가의 가치를 검토한다.

• T(Think about what ethical standard of the NASW code of ethics applies to the situation as well as about relevant laws and case decisions.)

상황에 적용되는 사회복지사 윤리강령의 윤리기준, 관련 법률과 판례를 고려한다.

• H(Hypothesize about possible consequences of different decisions.)

각기 다른 결정으로 나타날 수 있는 가능한 결과에 대해 가설을 설정한다.

• I(Identify who will benefit and who will be harmed in social work's commitment to the vulnerable.)

가장 상처받기 쉬운 사람에게 사회복지사의 개입이 수행될 때, 누가 가장 혜택을 받을 것이며, 누가 가장 피해를 입을 것인지를 확인한다.

• C(Consult with supervisor and colleagues about the most ethical choice.)

가장 윤리적인 선택에 관해 슈퍼바이저와 동료로부터 자문을 구한다.

부록

한국사회복지사 윤리강령

전문

사회복지사는 인본주의·평등주의 사상에 기초하여, 모든 인간의 존엄성과 가치를 존중하고 천부의 자유권과 생존권의 보장활동에 헌신한다. 특히 사회적·경제적 약자들의 편에 서서 사회정의와 평등·자유와 민주주의 가치를 실현하는 데 앞장선다. 또한 도움을 필요로 하는 사람들의 사회적 지위와 기능을 향상시키기 위해 저들과 함께 일하며, 사회제도 개선과 관련된 제반 활동에 주도적으로 참여한다. 사회복지사는 개인의 주체성과 자기결정권을 보장하는 데 최선을 다하고, 어떠한 여건에서도 개인이 부당하게 희생되는 일이 없도록 한다. 이러한 사명을 실천하기 위하여 전문적 지식과 기술을 개발하고, 사회적 가치를 실현하는 전문가로서의 능력과 품위를 유지하기 위해 노력한다. 이에 우리는 클라이언트·동료·기관 그리고 지역사회 및 전체 사회와 관련된 사회복지사의 행위와 활동을 판단·평가하며 인도하는 윤리기준을 다음과 같이 선언하고 이를 준수할 것을 다짐한다.

윤리기준

Ⅰ. 사회복지사의 기본적 윤리기준

1. 전문가로서의 자세
   1) 사회복지사는 전문가로서의 품위와 자질을 유지하고, 자신이 맡고 있는 업무에 대해 책임을 진다.
   2) 사회복지사는 클라이언트의 종교·인종·성·연령·국적·결혼상태·성 취향·경제적 지위·정치적 신념·정신, 신체적 장애·기타 개인적 선호, 특징, 조건, 지위를 이유로 차별 대우를 하지 않는다.
   3) 사회복지사는 전문가로서 성실하고 공정하게 업무를 수행하며, 이 과정에서 어떠한 부당한 압력에도 타협하지 않는다.
   4) 사회복지사는 사회정의 실현과 클라이언트의 복지 증진에 헌신하며, 이를 위한 환경 조성을 국가와 사회에 요구해야 한다.
   5) 사회복지사는 전문적 가치와 판단에 따라 업무를 수행함에 있어 기관 내외로부터 부당한 간섭이나 압력을 받지 않는다.
   6) 사회복지사는 자신의 이익을 위해 사회복지 전문직의 가치와 권위를 훼손해서는 안 된다.

7) 사회복지사는 한국사회복지사협회 등 전문가단체 활동에 적극 참여하여 사회정의 실현과 사회복지사의 권익옹호를 위해 노력해야 한다.

2. 전문성 개발을 위한 노력

1) 사회복지사는 클라이언트에게 최상의 서비스를 제공하기 위해 지식과 기술을 개발하는 데 최선을 다하며 이를 활용하고 전파할 책임이 있다.
2) 클라이언트를 대상으로 연구하는 사회복지사는 저들의 권리를 보장하기 위해, 자발적이고 고지된 동의를 얻어야 한다.
3) 연구과정에서 얻은 정보는 비밀보장의 원칙에서 다루어져야 하고, 이 과정에서 클라이언트는 신체적, 정신적 불편이나 위험・위해 등으로부터 보호되어야 한다.
4) 사회복지사는 전문성을 개발하기 위해 노력하되, 이를 이유로 서비스의 제공을 소홀히 해서는 안 된다.
5) 사회복지사는 한국사회복지사협회 등이 실시하는 제반교육에 적극 참여하여야 한다.

3. 경제적 이득에 대한 태도

1) 사회복지사는 클라이언트의 지불능력에 상관없이 서비스를 제공해야 하며, 이를 이유로 차별대우를 해서는 안 된다.
2) 사회복지사는 필요한 경우에 제공된 서비스에 대해, 공정하고 합리적으로 이용료를 책정해야 한다.
3) 사회복지사는 업무와 관련하여 정당하지 않은 방법으로 경제적 이득을 취하여서는 안 된다.

II. 사회복지사의 클라이언트에 대한 윤리기준

1. 클라이언트와의 관계

1) 사회복지사는 클라이언트의 권익옹호를 최우선의 가치로 삼고 행동한다.
2) 사회복지사는 클라이언트에 대하여 인간으로서의 존엄성을 존중해야 하며, 전문적 기술과 능력을 최대한 발휘한다.
3) 사회복지사는 클라이언트가 자기결정권을 최대한 행사할 수 있도록 도와야 하며, 저들의 이익을 최대한 대변해야 한다.
4) 사회복지사는 클라이언트의 사생활을 존중하고 보호하며, 직무 수행과정에서 얻은 정보에 대해 철저하게 비밀을 유지해야 한다.
5) 사회복지사는 클라이언트가 받는 서비스의 범위와 내용에 대해, 정확하고 충분한 정보를 제공함으로써 알 권리를 인정하고 존중해야 한다.

6) 사회복지사는 문서 · 사진 · 컴퓨터 파일 등의 형태로 된 클라이언트의 정보에 대해 비밀보장의 한계 · 정보를 얻어야 하는 목적 및 활용에 대해 구체적으로 알려야 하며, 정보 공개 시에는 동의를 얻어야 한다.
7) 사회복지사는 개인적 이익을 위해 클라이언트와의 전문적 관계를 이용하여서는 안 된다.
8) 사회복지사는 어떠한 상황에서도 클라이언트와 부적절한 성적 관계를 가져서는 안 된다.
9) 사회복지사는 사회복지 증진을 위한 환경조성에 클라이언트를 동반자로 인정하고 함께 일해야 한다.

2. 동료의 클라이언트와의 관계

1) 사회복지사는 적법하고도 적절한 논의 없이 동료 혹은 다른 기관의 클라이언트와 전문적 관계를 맺어서는 안 된다.
2) 사회복지사는 긴급한 사정으로 인해 동료의 클라이언트를 맡게 된 경우, 자신의 의뢰인처럼 관심을 갖고 서비스를 제공한다.

Ⅲ. 사회복지사의 동료에 대한 윤리기준

1. 동료

1) 사회복지사는 존중과 신뢰로서 동료를 대하며, 전문가로서의 지위와 인격을 훼손하는 언행을 하지 않는다.
2) 사회복지사는 사회복지 전문직의 이익과 권익을 증진시키기 위해 동료와 협력해야 한다.
3) 사회복지사는 동료의 윤리적이고 전문적인 행위를 촉진시켜야 하며, 이에 반하는 경우에는 제반 법률규정이나 윤리기준에 따라 대처해야 한다.
4) 사회복지사가 전문적인 판단과 실천이 미흡하여 문제를 야기했을 때에는 적절한 조치를 취하여 클라이언트의 이익을 보호해야 한다.
5) 사회복지사는 전문직 내 다른 구성원이 행한 비윤리적 행위에 대해 제반 법률규정이나 윤리기준에 따라 조치를 취해야 한다.
6) 사회복지사는 동료 및 타 전문직 동료의 직무 가치와 내용을 인정 · 이해하며, 상호 간에 민주적인 직무관계를 이루도록 노력해야 한다.

2. 슈퍼바이저

1) 슈퍼바이저는 개인적인 이익의 추구를 위해 자신의 지위를 이용해서는 안 된다.

2) 슈퍼바이저는 전문적 기준에 의해 공정하게 책임을 수행하며, 사회복지사·수련생 및 실습생에 대한 평가는 저들과 공유해야 한다.
3) 사회복지사는 슈퍼바이저의 전문적 지도와 조언을 존중해야 하며, 슈퍼바이저는 사회복지사의 전문적 업무수행을 도와야 한다.
4) 슈퍼바이저는 사회복지사·수련생 및 실습생에 대해 인격적·성적으로 수치심을 주는 행위를 해서는 안 된다.

Ⅳ. 사회복지사의 사회에 대한 윤리기준

1) 사회복지사는 인권존중과 인간평등을 위해 헌신해야 하며, 사회적 약자를 옹호하고 대변하는 일을 주도해야 한다.
2) 사회복지사는 필요한 사회서비스를 개발하기 위한 사회정책의 수립·발전·입법·집행에 적극적으로 참여하고 지원해야 한다.
3) 사회복지사는 사회환경을 개선하고 사회정의를 증진시키기 위한 사회정책의 수립·발전·입법·집행을 요구하고 옹호해야 한다.
4) 사회복지사는 자신이 일하는 지역사회의 문제를 이해하고, 그것을 해결하는 일에 적극적으로 참여해야 한다.

Ⅴ. 사회복지사의 기관에 대한 윤리기준

1) 사회복지사는 기관의 정책과 사업 목표의 달성, 서비스의 효율성과 효과성의 증진을 위해 노력함으로써 클라이언트에게 이익이 되도록 해야 한다.
2) 사회복지사는 기관의 부당한 정책이나 요구에 대하여 전문직의 가치와 지식을 근거로 이에 대응하고 즉시 사회복지윤리위원회에 보고해야 한다.
3) 사회복지사는 소속기관 활동에 적극 참여함으로써 기관의 성장발전을 위해 노력해야 한다.

Ⅵ. 사회복지윤리위원회의 구성과 운영

1) 한국사회복지사협회는 사회복지윤리위원회를 구성하여 사회복지윤리실천의 질적인 향상을 도모하여야 한다.
2) 사회복지윤리위원회는 윤리강령을 위배하거나 침해하는 행위를 접수받아 공식적인 절차를 통해 대처하여야 한다.
3) 사회복지사는 한국사회복지사협회의 윤리적 권고와 결정을 존중하여야 한다.

CHAPTER

제4장 사회복지의 역사

1. 서양의 사회복지발달사

사회복지의 역사를 살펴보는 데 있어서 서양의 사회복지발달사가 주로 많이 다루어진다. 여러 가지 이유가 있을 수 있지만, 무엇보다 긴 역사의 흐름 안에서 다양한 정치, 경제적 상황과 사회복지의 관계를 교차시키면서 살펴볼 수 있기 때문일 것이다. 우리나라를 비롯한 중국, 일본 등 동양 국가들은 불과 100여 년 전까지지도 왕이 통치하는 사회였으며 농업 및 상업이 주요 경제활동이었다. 또한, 근대화의 시기도 서양에 늦어서 변화의 폭이 비교적 좁고 변화 기간도 짧은 반면, 서양의 경우 고대 그리스·로마 시대부터 중세, 근대, 현대사회에 이르기까지 다양한 경제체제와 정치체제의 변화를 볼 수 있고, 그에 따른 사회문제의 양상과 사회복지적 대응을 구체적으로 살펴볼 수 있는 장점이 있다.

특히, 자본주의 경제체제와 사회복지의 관계를 살펴보는 것은 사회복지발달사를 이해하는 데 있어 필수적이다. 오늘날 많은 국가의 복지제도들은 자본주의 발전과정에서 사회적 위험 요인으로 등장한 문제들과 그 사회구성원들의 욕구에 대한 대응이라고 할 수 있다(하상락, 1997).

1) 사회복지 이전 시기

상호부조는 인류 역사와 함께 보편적으로 이루어져 왔다. 원시공동체 사회에서는 혈연관계에 있었던 상호부조에서부터 씨족 전체에까지 영향을 끼쳤을 것으로 보이나, 전염병 등 대규모적인 재난이나 천재지변에는 무력하였을 것이다. 부조를 주고받음에 있어서 강제적인 것은 아니었으며 고대의 상호부조는 근세의 자선으로 전해 내려왔다. 고대국가 시대로 넘어오면 고대 이집트나 고대 중국, 바빌로니아, 유대 사회 어디에나 빈민을 돌보는 제도적 관행, 즉 구빈제도가 있었다. 그러나 빈곤이 빈민 자신의 탓이라고 비난하는 관행은 없었다. 고대 중국에서는 빈민이 발생하면 국가가 구빈을 실시하였고, 홍수·기근 등 천재지변 시에는 국가가 곡물 창고를 열어 빈민에게는 무상으로 방출하고 지불능력 있는 자에게는 이를 판매하였다(장인협 외, 1999).

중세와 근대 사회의 자선활동에 지속해서 영향을 준 고대 유대 사회의 구빈은 빈민에게 낙인을 부여하지 않고, 빈민을 비판의 대상으로 보는 것이 아니라, 구빈할 수 있는 개인이나 사회가 얼마나 자선을 했느냐에 따라 비판의 대상이 되는 모습을 보였다. 그리스·로마 시대에 이르면 빈민에 대한 비난이 표출된다. 빈곤을 기회의 결여가 아닌 빈민 자신의 게으름 등 자신의 결함에서 기인하는 것으로 보았기 때문에 빈민에 대해 부정적인 견해를 취하였다. 사원 중심의 빈민구제나 의료시술 조직은 있었으나 전반적으로 구빈사업은 미미했다.

중세시대에는 종교단체나 동업자 조합인 길드 등이 환자나 극빈자를 돌보았다. 이 시기의 대표적인 자선사업은 기독교 수도원을 중심으로 이루어졌는데, 빈민을 위한 자선을 시행하였고 환자 등을 보호하는 역할을 하였다. 빈민을 둘러싸고 있는 중세사회의 구조적 문제를 등한시하고 빈곤의 사회성을 보지 못했다는 점에서 비판을 받기도 하나, 현대에 이르기까지 민간사회복지의 근저에 영향을 미쳤다는 점에서 중요성을 인정받고 있다. 이후 봉건제도가 붕괴하는 과정에서 수도원이 해체되고 구제사업이 중단되기에 이르면서 부랑자가 늘어나고 이들은 사회질서를 위협하는 반사회적인 존재로 여겨졌으며 국가는 빈민들을 범죄자와 동일하게 취급하였다.

2) 엘리자베스 빈민법 시기

중세 영국의 경제적 바탕이었던 봉건제도는 이미 14세기 중반부터 무너지기 시작하였다. 1348년부터 1349년까지 흑사병으로 영국 인구의 1/3이 사망하고, 백년전쟁(1337~1453)과 장미전쟁(1455~1485)에 동원되었던 많은 농노가 전쟁이 끝난 후 도시에 머물게 되자 농촌의 노동력이 부족하게 되고, 이는 경작지를 목유지로 전환하는 엔클로저(enclosure) 운동을 일으켰다. 유럽 전역을 공포로 몰아넣었던 흑사병으로 인한 인구 감소, 엔클로저 운동 등 당시의 사회경제적 상황은 무수한 농노를 유랑민으로 내모는 계기로 작용하였으며, 봉건사회의 붕괴를 재촉하였다.

(1) 엘리자베스 빈민법

봉건사회의 붕괴가 초래하는 사회 무질서라는 공포에 대응하려는 조치로서 일련의 빈민법 체계를 성립하기 시작하였다. 1601년의 엘리자베스 빈민법(Elizabethan poor law)은 14세기부터 나타난 빈민에 대한 제반 법령을 체계화시킨 것이다. 이 법은 1834년 빈민법 개정 전까지 영국 빈민정책의 기본적인 토대가 되었다.

1601년 엘리자베스 빈민법에서 체계화된 구빈행정의 특징을 살펴보면 다음과 같다.

첫째, 구빈의 책임을 교구가 아닌 국가의 책임으로 인정하였다는 점이다. 이는 구빈의 재원을 조성하기 위하여 국가가 구빈세를 부과하기로 하였음을 의미한다. 종래의 구빈은 자발적인 교회헌금에 의존해 왔으나, 늘어나는 구빈 수요를 상대적으로 줄어드는 헌금이나 기부금으로는 충족할 수 없게 되자, 구빈을 위한 조세를 징수하게 된 것이다.

둘째, 구빈의 행·재정을 교구단위 책임으로 한 지방행정의 원칙을 확립하였다. 구빈세는 지방세의 형태로, 구빈의 재정과 행정단위를 교구단위로 하여 각 지방의 치안판사들이 교구민 중 선발된 2~4명의 빈민감독관에게 구빈행정의 책임을 맡기는 등 구빈의 지방행정체계를 확립하였다.

셋째, 빈민의 유형을 노동능력 유무를 중심으로 분류하여 차별적으로 대처하는 구빈행정의 원칙을 확립하였다. 빈민의 유형을 다음과 같이 분류하였으며, 각각 대처하는 방법이 다르게 적용되었다.

① 근로능력이 있는 건강한 빈민(the able-bodied poor): 교정원(house of correction)이나 작업장(work house)에 수용하여 노동하게 하였고, 이들에 대한 자선금지와 이주제한조치가 이루어졌다.

② 근로능력이 없는 무능력 빈민(the impotent poor): 구빈원에 수용하여 보호(indoor relief)함이 원칙이며, 거주할 집이 있으면 원외구제(outdoor relief)를 병행하였다.

③ 요보호아동(dependent children): 도제수습의 기회를 제공하거나 고아원에 수용·보호되었다.

넷째, 보호할 가족이 있을 때는 구제의 대상에서 제외하는 등 친족부양의 책임을 강화하였다.

엘리자베스 빈민법이 중상주의적 발상에 기반을 두어 억압적 성격에서 벗어나지는 못하였지만, 사회복지발달에서 갖는 역사적 의미는 무엇보다도 빈민에 대한 공적 구제를 국가책임으로 인식하였다는 점이다.

(2) 1662년 정주법(The Act of Settlement, 1662)

엘리자베스 빈민법의 4대 원칙 중에서 가장 먼저 보완이 필요해진 것이 교구단위 행・재정책임의 원칙이었다. 구빈재정이 단위교구의 책임이기 때문에, 교구마다 구빈대상의 증가, 특히 빈민의 유입을 막으려는 조치를 마련하게 되었고, 결국 1662년 정주법이 제정되었다. 정주법은 교구에서 일정 기간 이상 거주한 자만 구빈대상이 될 수 있도록 할 뿐 아니라 새로 이주한 자를 이주 후 40일 동안 감시・조사하여 그가 1년에 10파운드의 세를 낼 수 있거나 그만한 금액을 교구에 예탁할 수 있으면 그대로 두고, 그렇지 못하면 그를 출생 교구로 추방할 수 있도록 한 법이다.

이 법은 궁극적으로 빈민의 기본권 침해는 말할 것도 없지만, 노동의 자유로운 이동을 제약하는 것으로 이주금지법의 성격을 지니고 있으며, 도시 임금노동자가 필요한 상공업 신흥자본가들과 농업 노동력이 필요한 농업 토지귀족들 간의 이해관계 대립을 심화시켰다.

(3) 길버트법(Gilbert Act, 1782)

1782년 길버트법은 노동능력이 있는 빈민은 실업자로 보아 원내구제(indoor relief) 대신 고용을 알선하고, 취업할 수 없는 경우에는 원외구제(outdoor relief, 거택보호)를 허용하였다. 즉, 노동능력이 있는 빈민은 가정 근처의 지주, 농업경영자, 기타 고용주 등에게 임금보조수당을 지원하여 고용하게 함으로써 시설 외 구제 방식을 적극적으로 채용하였다. 따라서 길버트법은 과거 지속하여 온 빈민법의 억압적 성격이 완화되어 원외구제를 확대하는 계기가 되었다는 점에서 의의를 찾을 수 있다.

(4) 스핀햄랜드 제도(Speenhamland system, 1795)

1780년대부터 일부 지방정부에서 빈민들의 임금을 보충하는 수당을 지급하기도 하였다. 1795년에는 오랫동안 노동력의 이동을 제약해 온 정주법이 폐지되고, 같은 해 스핀햄랜드의 펠리컨장에서 모인 버크셔 지방의 치안판사들이 식품의 가격과 자녀의 수에 따라 임금을 보충해주기로 한일이 계기가 되어 스핀햄랜드 제도라 칭하게 되었다.

스핀햄랜드 제도는 노동의욕이 있는 빈민을 대상으로 최저생활비를 정하여, 임금의 부족분을 구제비로 보충하는 임금보조제도라 할 수 있다. 스핀햄랜드 제도를 통해 실업자에게는 최저생활비가 지급되고 원외구제가 확대되었다. 스핀햄랜드 제도는 저임금에 의한 빈곤문제를 임금보충이라는 방법으로 해결하려고 했다는 점에서 빈곤을 도덕적 타락과 연관시켰던 기존 빈민법의 시각과는 대조적이다. 그러나 빈민구제에 드는 비용의 증대, 교구 내 개인 간 세금부담의 불공평성 문제가 제기되었을 뿐 아니라 노동의욕에 악영향을 미친다는 비난을 받게 되어 빈민법 개정의 빌미를 제공하였다.

(5) 신빈민법

영국은 18세기 후반부터 19세기 전반에 걸쳐 진행한 산업혁명은 사회경제적으로 많은 변화를 초래하였다. 산업화의 진전에 따라 도시화가 진행되고, 이에 따른 인구의 대량이동이 이루어졌다. 다른 한편으로 임금노동을 기초로 하는 사회경제적 변화는 빈민과 부랑인의 증가를 가져왔다. 산업화 시기에는 봉건제적 유산이 극복되는 과정임과 동시에 자본주의적 사회질서가 자리 잡아가는 과정으로 개인주의적이고 공리주의적인 가치가 사회를 지배하게 되었다. 특히 자유방임주의의 사고방식과 기독교의 근로와 절약의 가르침이 연결되어 빈곤은 개인의 나태한 성격이나 무능력의 결과이며, 자조의 실패는 개인적 책임이라는 인식이 강화되었다. 이러한 자유방임주의에 기초한 빈곤관은 1834년 빈민법의 개정과 산업자본가와 중산층을 중심으로 한 민간자선활동, 19세기 후반에 진보적인 지식인들을 주축으로 한 페이비언들의 사회개혁운동으로 나타났다.

1832년 선거결과 산업자본가 계급이 전통적인 토지귀족들보다 다수 의석을 차지하게 되자 스핀햄랜드 제도로 인한 구빈비용의 증대, 빈민의 양적 확산 및 근로의욕 감소 등의 비판이 제기되면서 빈민법 조사를 위한 왕립위원회가 설치되었다. 이어, 1834년에 왕립위원회 보고서의 제안을 반영하여 빈민법의 전면적인 개정이 이루어진다. 기존 빈민법을 반대하는 애덤 스미스(Adam Smith)의 국부론이나 스펜서(Herbert Spencer)의 사회진화론도 개정 빈민법에 영향을 미쳤지만, 빈민법의 폐지를 직접 주장한 경제학자 맬서스(Malthus)의 인구론도 크게 영향을 미쳤다. 맬서스는 산업혁명 시대의 빈곤은 인구의 자연증가 때문이며, 유효한 빈민대책은 인구 억제 이외에는 없음에도 불구하고, 빈민법이 나태한 빈민의 인구증가에 크게 기여하고 있다고 주장하였다.

봉건질서가 붕괴하고 자유방임주의의 사상적 기초하에 이루어진 1834년 개정 빈민법은 다음과 같은 구빈의 3대 원칙을 천명하였다.

첫째, 전국적인 균일처우의 원칙(The principle of national uniformity)이다. 개정 빈민법은 엘리자베스 빈민법의 개별 교구단위의 행·재정 체계로부터 몇 개의 교구를 하나로 묶어 "구빈연합"를 형성하여 중앙에서 조정하는 전국적인 구빈행정체계로 전환하였다. 이러한 결과, 빈민에 의한 노동력의 자유로운 이동의 장애는 제거되었다.

둘째, 열등처우의 원칙(The principle of less eligibility)이다. 열등처우의 원칙이란 구빈 수혜자의 보호 수준이 독립 노동자의 최저생활 수준보다 낮아야 한다는 것으로, 오늘날까지도 대개의 공공부조제도의 주요 원리로 작용하는 원칙이라 할 수 있다.

셋째, 작업장 테스트(workhouse test) 제도의 도입이다. 개정 빈민법에 의한 작업장 테스트 제도란 노동능력이 있는 모든 빈민에 대하여 원외구제를 폐지하고, 빈민법에 의한 구제를 원하는 사람은 누구나 작업장에 수용되도록 함으로써 노동의욕을 테스트하는 제도였다. 그러나 연령의 높고 낮음이나 장해, 질병의 구분 없이 일률적으로 수용하는 작업장은 공포의 집으로 불리게 되었고, 사실상 열등처우의 원칙과 작업장 테스트 제도는 구제신청의 억제수단이 되었다.

3) 민간사회복지의 출현기

(1) 자선조직협회

개정 빈민법이 시행된 이후 3년 만에 빈민구제 비용이 1/3 이상이나 감소하는 등 빈곤문제에 대한 국가책임이 퇴조한 반면, 다른 한편으로 19세기 후반 영국에서는 민간 부문의 자선활동이 활발하게 전개되었다. 특히 1860년도 이후 박애정신에 기초한 민간의 빈민구제활동이 활발해지고 많은 자선단체가 만들어져 활동하기 시작하였다. 그러나 각각의 개별적인 활동은 효과도 적고, 오히려 빈민을 타락시킨다고 보는 견해도 있었다. 이러한 문제를 해결하기 위하여, 1869년 "구걸방지 및 자선조직을 위한 협회"가 설립되고, 곧 그 이름을 "자선조직협회(Charity Organization Society)"로 바꾸게 된다.

자선조직협회(COS)는 다수 민간자선기관들의 서비스 중복과 재정낭비를 방지하기 위하여 민간자선기관과 단체들 간의 연락·조정·협력의 조직화와 빈곤구제의 적정화를 시도하였다. 자선조직협회운동에서 빈곤관을 보면, 빈곤책임은 개인에 있으며, 공적 구제활동이 빈민의 자존심을 파괴하며 의존성을 심화시킨다는 논리에 기초하였다. 따라서 자선조직협회는 구호활동의 중복을 방지하고 서비스의 효과성을 높이기 위해 빈곤가정을 등록하게 하고 빈민의 상황을 조사하기 위하여 개별 가정을 방문해 면접을 하였다. 주된 활동의 초점은 자원봉사자인 우애방문원(friendly visitor)들을 활용하여 빈민들의 생활 방식을 변화시킬 수 있도록 인격적 감화를 주는 데 있었다. 우애방문원은 사회복지사(social worker)의 전신으로 볼 수 있다. 이러한 자선조직협회의 활동은 이후 미국으로 건너가 전문사회사업의 개별사회사업 실천방법(casework)으로 발전하게 되었다.

(2) 인보관운동

19세기 영국의 도시빈곤문제에 대한 또 하나의 중요한 접근이 인보관운동(settlement movement)이다. 인보관운동은 산업화의 진전에 따라 도시로의 인구가 집중되고, 그 결과 도시 빈민지역의 형성과 그에 따른 사회문제를 해결하기 위한 운동이었다. 1880년대 성공회 사제인 바넷(Samuel Barnett)과 옥스퍼드, 케임브리지 대학의 대학생들에 의하여 시작된 런던 동부지역의 토인비 홀(Toynbee Hall)이 유명하다.

자선조직협회의 "좋은 일 하는 상류층 부인"의 이미지와는 달리, 인보관(Settlement House)운동은 교사로서, 노동자로서, 지식인들이 빈곤지역 주민들과 함께 생활하며, 우애적인 접촉 속에 함께 학습해 가는 사회개량운동이었다. 또한, 빈곤의 원인을 빈민 자신에게서 찾던 자선조직협회의 빈곤관과는 달리, 빈곤문제 해결을 위한 빈민의 환경과 제도의 결합에 관심을 가졌다.

이들은 도시 노동자들의 빈곤문제에도 체계적으로 접근하여 20세기 초 영국의 빈민법 재검토와 자유당의 사회입법 형성의 흐름을 주도하게 된다. 이러한 빈곤관의 전환에는 노동자의 빈곤화를 사회현상으로서 과학적으로 연구한 부스(Charles Booth)의 런던 조사(1886), 라운트리(Seebohm Rowntree)의 요크 시 조사도 중요한 역할을 하였다. 그들은 빈곤의 원인을 개인적 특성보다는 사회체제적 특성에 초점을 두었고, 사회문제에 대하여 더욱 획기적인 대책이 필요함을 알리는 데 크게 기여하였다. 영국의 인보관운동은 미국으로 건너가 전문 사회복지실천의 집단사회사업과 지역사회복지실천으로 발전하였다.

4) 빈곤관의 전환과 복지국가의 출현

이 시기는 자본주의 사회의 모순이 드러나고 빈민법만으로는 해결되지 않는 한계들이 나타나면서 이를 극복하기 위한 새로운 사회관을 만들어가는 시기이다. 결국 빈곤관의 전환기에 나타난 새로운 패러다임은 사회보험의 도입과 복지국가체제를 만들어내는 견인차 역할을 하게 된다. 또한 이 시기에는 근대 자본주의에 대한 가장 근본적인 수정이라고 할 수 있는 공장법 등 다양한 사회개량운동이 나타나며 새로운 이상사회를 만들어가는 노력이 출현하였다.

(1) 사회조사와 사회개량운동

산업혁명이 진행되면서 농민들의 생활은 매우 불안정하게 변화하였고, 공장에서 일하는 노동자 또한 생계를 위해 노동을 임금으로 바꾸는 방법 외에는 다른 길이 없었기 때문에 완전한 경제적 약자의 지위로 전락하였다. 이러한 상황에서 찾아온 영국의 불황은 노동자와 농민들의 삶을 더욱 피폐하게 하였다.[1] 특히, 실업이라는 문제가 광범위하게 장기간 지속되는 문제로 탈바꿈하게 되었으며 특정 지역에서 집중적인 실업이 나타나기도 하였다.

① 찰스 부스의 빈곤조사

찰스 부스(Charles Booth)는 1896~1903년에 걸쳐 런던 전 지역을 대상으로 빈곤 실태를 조사하였다. 런던의 생활과 노동이라는 첫 번째 시리즈에서 그는 런던 인구의 30% 이상이 빈곤하다는 충격적인 결과를 발표하였고 더구나 빈곤의 원인이 저임금과 불안정한 일자리, 계절적인 실업, 노령, 질병, 장애, 낮은 교육수준 등에 있다는 점을 밝혔다(Charles Booth Online Archive, http://booth.lse.ac.uk/).

부스의 빈곤조사는 국가의 공식자료를 사용하고, 대부분 훈련받은 사회경제학자, 사회사업가, 빈곤문제에 영향력을 행사한 지성인 집단들을 활용하였다는 특징이 있다. 이들이 조사한 가정들은 대부분 노동계층 인구를 대표하며, 노동자들의 수입, 작업시간과 조건, 주택, 생활환경, 자녀 수, 주거형태와 질병의 형태와 횟수, 여가활동, 클럽 및 조합회원 등을 조사하였다. 빈곤과 노동계층의 생활상에 대해서 특히 수입과 가계에 대해서 조사, 다양한 직업집단과 생활수준을 비교해서 연구한 찰스 부스의 연구결과는 빈곤이 개인의 도덕적 결함에서 비롯되는 것이라는 기존의 빈곤관을 뒤집고 빈곤이 사회구조적 결함의 결과라는 것을 밝혔다. 빈곤문제를 세인에게 과학적으로 알리는 데 공헌한 사람이자 런던 시민의 생활과 노동에 관해 조사를 실시한

1) 1883년 10월에 먼즈 목사에 의해 발행된 팸플릿 「집 없는 런던 사람들의 비통한 절규 – 극빈자의 생활상태에 관한 조사」는 영국 슬럼지역에 관한 냉혹한 사실을 밝혀내어, 이것의 영향으로 1884년 3월에는 노동자계급의 주택에 관한 왕립위원회가 설치되었을 정도였다.

사람으로 평가받는다. 하지만 찰스 부스의 빈곤조사는 조사 범위가 불분명하고 가족 크기 등을 무시하고 소득기준으로만 빈곤선을 책정했다는 점, 도덕적 기준을 적용했다는 점에서 한계를 가지기도 한다.

② 시봄 라운트리의 빈곤조사

벤저민 시봄 라운트리(Benjamin Seebohm Rowntree)는 런던의 빈곤실태를 조사한 찰스 부스의 연구에 영향을 받아 1899년 요크 시의 11,560세대 46,754명의 노동자 전체를 조사했다.

조사원들이 1~2주간의 간격으로 동일세대를 반복하여 방문하여 조사사항의 정확성을 기했으며, 주택의 상태, 세대주의 연령, 집세, 세대 내 보조적인 수입, 소득자의 수 등을 면접하여 기입하고, 조사원 자신이 그들의 생활상태, 환경 등에 대해 소견을 쓰게 되어 있었다. 빈곤조사에 있어 종교나 정치적인 입장을 배제하고, 빈곤의 객관적 사실 파악만을 염두에 두었다.

라운트리는 빈곤선을 결정하는 데 있어 인간의 육체적 활동과 능률을 유지하는 데 필요한 영양기준을 바탕으로 두 종류의 빈곤선을 설정했다. 제1차 빈곤이란, 수입을 아주 사려 깊게 사용해도 육체적 능률을 유지하는 데 필요한 욕구(needs)를 충족시킬 수 없음을 말한다. 제2차 빈곤이란, 가난하지만 음주나 도박과 같은 데 낭비하지 않으면 빈곤으로 떨어지지 않는, 즉 겨우 생활을 영위할 수 있는 수준을 의미한다.[2)]

2) 라운트리의 빈곤선 결정 방식은 현재에도 사용되고 있다. 최저생계비 계측을 위한 방식은 크게 전물량 방식과 반물량 방식으로 구분할 수 있는데, 기초영양소를 공급하기 위한 식비에 생활 유지에 필요한 모든 물품을 장바구니에 넣어서 생활비를 계산하는 방식을 전물량 방식 혹은 마켓바스켓 방식, 또는 라운트리 방식이라고 부른다. 라운트리의 빈곤선 계측 방법을 활용했기 때문이다. 반면 반물량 방식은 식비만을 계산하여 일정 수를 곱해 생계비를 계측한다.

라운트리의 조사 결과, 제1차 빈곤선 이하에 처한 요크 시 주민 수는 9.9%이며 제2차 빈곤선까지 포함하면 27.84%였다. 빈곤의 원인에 대해서도 사회와 경제의 구조적인 결함을 들고 있는데, 원인은 그 당시 노동자의 평균이 임금으로는 자녀 3인 가족의 생계를 유지할 수 없었으며, 노동자의 임금은 처음부터 빈곤선 이하의 환경에 처할 수밖에 없었다고 설명한다. 결국, 저임금과 부정기적인 수입이 빈곤의 원인임을 밝혔으며 그의 연구는 1906년 자유당 정부의 개혁 입법에 영향을 미쳤다.

③ 사회개량운동

산업혁명의 결과 산업 생산력이 비약적으로 증가했음에도 불구하고 빈부의 격차는 더욱 확대되었다. 노동자들은 산업의 기계화에 따라 오히려 장시간 노동과 저임금에 시달려야 했고, 어린이와 여성까지 혹독한 조건 아래서 노동을 강요당했다.[3] 이러한 노동조건을 개선하기 위해서는 정치권력이 필요함을 깨닫고 선거권을 획득하기 위한 운동을 전개하게 된다. 열악한 노동조건 속에서 일하던 노동자들은 1932년 선거법 개정에서도 선거권을 얻지 못하게 되자 선거권 획득을 위한 일련의 운동을 펼쳐나갔다. 이들은 노동자협회 등을 결성하여 전국적으로 조직을 확대・발전시켰으며 인민헌장(People's Charter)을 작성하여 국회에 보내어 참정권 보장과 보통 선거 제도의 시행 등을 청원했다. 이 운동을 차티스트 운동이라고 한다.

1902년에는 공장법이 제정되는데 산업혁명을 통하여 제도화된 공장에서 일하는 노동자나 도제들의 노동조건을 법률로써강제하는 입법이다. 이는 사회적 약자를 보호하고 사회적 강자를 통제하는 목적을 가지며 사회법적 성격을 가진다. 공장법의 제정에 영향을 끼친 사람 중 로버트 오언(Robert Owen)은

3) 이러한 상황 아래 노동자들은 초기 기계에 대한 적대감을 기계 파괴 운동(Luddite Movement)으로 표출하기도 했다.

19세기 사회사상사에 매우 중요한 인물이다. 그는 뉴 라나크에 방직공장을 가지고 있었던 박애주의자로서, 정당한 임금, 위생적인 작업환경들이 노동자들을 만족시키고 산업이윤을 창출한다는 신념을 가지고 좋은 산업공동체의 모형을 개발했다. 또한, 불결한 공장 주변에 집단으로 거주하는 도제들의 질병과 폐해를 알고 구빈원 아동과 10세 미만의 아동 채용을 금지하고 노동시간을 12시간, 노동연령을 12세로 늘리는 등 새로운 이상사회 건설을 위한 실험을 많이 하였다. 또한, 협동조합과 상호부조 사업 등을 활성화하여 전국적인 노동조합 결성을 도왔다.

(2) 사회보험의 탄생

사회보험이 가장 빨리 성립한 곳은 영국이 아니라 독일이었다. 분열되어 있던 독일은 통일 후 비스마르크(Bismarck)의 주도하에 빠르게 성장하였는데, 이때 사회주의 세력의 정치적 진행에 위협감을 느낀 비스마르크는 사회주의 세력과 노동자 세력의 규합을 두려워하며 사회주의자들을 견제하고 노동자를 회유하는 정책을 펴게 된다. 독일은 다른 국가에 비해 산업화가 늦고, 자유방임사상보다는 국가의 역할과 기능을 중요시하는 가부장적 성격을 가지고 있었기 때문에 국가 주도의 사회보험 도입이 큰 무리 없이 진행되었다. 독일의 사회보험은 1883년에 질병보험법, 1884년에 산업재해보험법, 1889년에 폐질 및 노령연금법 등이 제정되었다. 자본가들은 경영상의 이유와 인건비의 상승으로 수출이 불리해진다는 등의 이유로 사회보험을 반대하였으며 노동자 계급에서는 노동자 세력의 회유책으로서 사회보험을 도입한 정부의 의도를 간파하고 반대하기는 했지만 무조건적인 거부는 하지 않았다. 1911년 사회보험은 제국보험법으로 단일화되어 확대되었다.

비스마르크의 사회입법은 이후 프랑스, 오스트리아, 영국 등의 사회보험에 영향을 미쳤다. 특히 영국은 산업화의 폐해와 노동운동의 성장, 신빈민법의 한계 인식 등으로 빈곤문제를 대처할 새로운 시스템이 요구되는 상황이었다. 고전적 자유주의를 수정하고자 하는 움직임은 이상주의 학파의 등장, 정치적 다원주의, 신자유주의(New Liberalism) 등으로 나타났으며, 이에 영향을 받은 자유당은 사회보험의 도입을 추진하였다. 그뿐만 아니라 노동자 정당인 노동당의 압력과 노동자들의 사회개혁을 요구하는 시위 등도 계속되었다. 영국은 우애조합의 반대 등에 의해 갹출제의 도입이 힘들게 되자 1908년 무갹출제로 노령연금을 도입하였다. 이후 국민보험은 제1부 건강보험과 국민보험, 제2부 실업보험을 도입했다. 특히 강제적 실업보험은 거의 전례를 볼 수 없는 영국의 독창적 시도로 평가받는다.

사회보험 탄생기의 가장 특징적인 현상은 선거권의 확대와 사회주의 정당의 탄생을 통하여 노동자들의 정치적 권력이 강화되었으며, 국가사회보험에 대하여 나름대로 이해관계자로서의 반응을 보였다는 점이다.

(3) 사회보장제도의 확립

사회보험의 도입으로 노령, 질병, 산업재해, 실업 등 다양한 사회적 위험에 대한 대처 방안들이 마련되었으나 이를 보다 포괄적으로 시스템화하는 작업들이 필요하게 되었는데, 그것이 바로 사회보장제도라고 할 수 있다.

사회보장제도가 확립되게 된 데에는 생존권 사상의 대두, 사회주의 국가의 탄생, 경제 대불황, 세계대전 등이 영향을 끼친 것으로 보인다. 생존권이란 생존 혹은 생활을 위하여 필요한 조건들의 확보를 국가에 요구할 수 있는 권리로서 이를 실현하기 위한 많은 제도들이 확립되었으며 사회보장제도로 구축되었다고 할 수 있다.

한편 1917년에 최초의 사회주의 국가인 소비에트가 탄생하고 레닌의 신경제 정책 하에 전 국민을 위한 사회보장이 도입·확충되었는데 이는 서방국가의 전반전인 사회경제 운영에도 많은 영향을 끼치게 되었다. 세계대전이라는 전쟁의 경험 또한 전쟁 후 재건과 국가개입의 필요성을 높이는 계기가 되었다.

1929년 발생한 경제 대공황은 특히 미국의 사회보장 출현의 결정적 계기로 작용하였다. 루즈벨트(Roosevelt)는 경제위기와 사회불안의 증대로 당시 지배적이던 자유방임주의를 포기하고 적극적인 국가개입을 실행하였다. 영국의 경제학자 케인즈(Keynes)는 경제에 대한 국가의 개입과 경제계획화를 주장하였으며 자유방임주의적 자본주의에 대한 비판을 가하였는데 자유방임주의를 포기하고 정부가 경제활동에 적극적으로 개입해야 한다고 주장하였다. 이에 영향을 받은 루즈벨트는 일자리가 없는 사람 중의 약 70%가 공공근로의 대상이 될 것으로 추계하고 있었으며 그들이 사적인 고용시장에 흡수될 때까지 공공근로를 제공하기로 하였다. 일자리를 통해 유효수요를 창출하고자 했던 뉴딜정책의 성공으로 국가개입이 확대되었으며 1935년 사회보장법이 제정되었다. 사회보장법은 노령연금, 실업보험, 공공부조 등으로 구성되었으나 의료보험을 포함하지 않은 점에서는 한계점으로 지적된다. 사회보장법은 국민의 생활보장에 대한 연방정부의 책임을 명백히 밝혔으며 미국 사회권의 발전에 획기적인 계기를 마련하였고 그 영향은 미국 내의 사회보장 발전뿐만 아니라 많은 다른 국가들에도 영향을 미쳤다고 평가된다.

세계대전에 참전 중이던 1941년, 영국의 연립내각은 베버리지를 위원장으로 하여, 노동자의 보상을 포함하여 국민보험과 관련 서비스의 기존 제도를 조사하여 권고하도록 위원회를 임명하였는데, 그 1년 후 베버리지 보고서가 발표되었다. 베버리지 보고서는 전쟁 이후 새로운 시대에 대한 청사진으로서 대중들로부터 환영받았으나 당시 수상이던 처칠을 비롯한 보수당은 베버리지 보고서를 현실성이 없다고 간주하였다. 이후 1945년 노동당이 집권하면서 베버리지 보고서를 현실화하고 사회보장제도의 완성을 위해 노력하여 가족수당법, 국민부조법[4]을 성립시키면서 복지국가 성립의 기초를 다졌다.

표 4-1 베버리지의 사회보장 계획

주축제도 (main methods)	보조제도 (subsidiary methods)
• 강제적 사회보험 (Compulsory Social Insurances) 기본원칙 1. 균일생계비 지원(flat rate of subsistence benefit) 2. 균일갹출(flat rate of contribution) 3. 행정책임의 통일(unification of administrative responsibility) 4. 급여의 적절성(adequacy of benefit) 5. 포괄성(comprehensiveness) 6. 피보험자의 분류(classification)	• 국가부조 (National Assistance) • 임의보험 (Voluntary Insurance)
3개의 전제 • 아동수당(Children's Allowances) • 포괄적 의료 및 재활서비스(Comprehensive Health and Rehabilitation Service) • 완전고용(Maintenance of Employment)	

출처: Beverige Report, para. 17, pp. 300-309에 근거하여 작성(박광준, 2002 재인용).

4) 1948년 제정된 국민부조법은 300여 년이 넘도록 지속된 빈민법 체제의 해체를 의미한다. 전후 베버리지의 새로운 사회보장체제 하에서는 공적 부조제도가 사회보험제도를 보충하는 보조적인 제도로서 규정되었다. 빈곤에 대처하는 제1선의 중요한 제도로서의 빈민법은 새로운 사회보장시스템의 구축에 따라서 자연스럽게 해제되어 300년 이상의 역사에 종지부를 찍게 된다.

5) 복지국가의 확충 및 재편

(1) 복지국가의 확충

제2차 세계대전이 끝난 후부터 세계적인 불황의 신호탄이 되었던 1973년의 오일쇼크를 전후한 시기까지 세계는 복지국가체제의 실현을 위해 경주하였다. 다양한 정치정당들이 모두 복지국가체제의 필요성과 중요성을 인정하고 복지제도의 유지와 확충을 위해 노력해야 함에 합의를 이룬 상태였다.

복지국가에 대한 합의가 이루어질 수 있었던 중요한 요인 중 하나는 이 시기가 경제적으로 호황기였다는 사실이다. 전쟁 이후 지속적인 경제성장과 실업률의 하락 등은 GDP 대비 복지지출을 높이는 요인으로 작용하였다. 또 다른 요인은 정치적 안정이다. 즉, 국가–자본–노동 간에 안정적 관계가 유지되면서 복지국가 실현이라는 합의에 기반을 둔 사회복지 확충이 이루어졌다. 그뿐만 아니라 친노동 정당이 정권을 잡음으로써 복지 확대의 양상을 보였다. 그 외에도 리처드 티트무스(Richard Titmuss) 등 사회개량의 필요성과 사회문제 해결을 초점을 두는 학자들의 활약도 복지국가 실현에 힘을 보탰다.

이 시기에 영국은 노동당과 보수당이 번갈아가며 집권했으나 실제로 사회복지의 확충에 있어 두 정당 모두 좋은 결과를 보이며 양적 팽창뿐만 아니라 질적 성장도 도모하였다. 미국의 경우 메디케어[5)]와 메디케이드[6)]로 기존 사회보장 시스템의 약점이던 의료보장을 보완하는 제도를 마련하였다. 뿐만 아니라 1964년 민주당의 존슨(Johnson) 대통령이 선포한 대규모의 빈곤정책

5) 65세 이상의 고령자와 장애인을 대상으로 하는 공적 의료보험이다. 강제적 가입분인 파트A와 부가적으로 선택 가능한 파트B라는 두 개의 프로그램을 가지고 있다.
6) 저소득자에 대한 의료보호제도

으로서 빈곤의 원인을 제거하자는 대규모의 시도도 행해져 다양한 지역사회 행동 프로그램과 고용기회 프로그램이 실행되었다.

(2) 복지국가의 위기 및 재편

경제성장과 정치적 합의를 바탕으로 성장하던 복지국가는 1970년대 중반부터 위기를 맞이하게 된다. 복지국가에 대한 합의가 무너지고 복지국가체제를 약화시키거나 해체하려는 징후들이 나타나게 된다. 1973년 오일쇼크 이후로 스태그플레이션이 시작되면서 경제성장이 멈추고 대량실업이 발생하게 되면서 정부세입은 감소하지만 재정지출은 증가하는 위기 상황에 봉착하게 되었다. 이로 인해 사회서비스 예산이 삭감되면서 복지국가체제는 위기에 처하게 되었다.

뿐만 아니라 케인즈식 경제체제의 한계들이 드러나면서 자유방임주의로의 회귀를 주장하는 사람들의 도전을 받게 되었다. 신자유주의(Neo Liberalism)는 경제 불황의 주된 원인을 국가개입으로 인한 경제체제의 오작동으로 인식하고 국가재정의 건전화를 위해서는 정부의 개입을 최소화하고 많은 부분을 시장체제로 이양해야 할 것을 주장하였다. 결국, 신자유주의 노선을 표방한 영국의 대처(Margaret Thatcher) 총리와 미국의 레이건(Ronald Reagan) 대통령의 집권으로 민간 부분의 효율성을 높이고 국가에 대한 의존성을 낮추겠다는 목적하에 국가개입을 줄이고 다양한 복지서비스들의 민영화 등 복지축소의 길에 들어서게 되었다.

2. 한국의 사회복지발달사

적어도 사회복지(social welfare)라는 용어의 사용이 서양에서 시작된 용어라는 점에서, 사회복지학의 역사가 영국을 중심으로 정리되고 있다는 것은 부인할 수 없는 사실이다. 하지만 사회구성원들의 행복과 안녕이라는 주제는 시대와 장소를 불문하고 모든 사회에서 중요하게 생각한 내용으로, 모습과 용어의 차이가 있을지언정 보편적인 활동으로 볼 수 있다. 이와 같은 이해에 따라 본 절에서는 우리나라의 사회복지발달을 살펴볼 것이다.

1) 근대 이전의 구빈제도

서양의 구빈사상이 주로 종교적 자선과 상호부조에 뿌리를 두고 있다면 우리나라의 구빈사상은 바로 책기와 상호부조를 그 뿌리로 볼 수 있다고 할 수 있다. 책기(責己)란 자신을 책한다는 것으로 백성의 굶주림과 고통에 대해 국왕이 자신의 책임을 느끼는 것이라 해석할 수 있다. 삼국시대부터 조선시대에 이르기까지 백성을 고루 잘살게 하고 평안하게 하는 것이 왕의 할 일이라 생각했다.

삼국시대에는 환과고독(鰥寡孤獨: 홀아비, 과부, 고아, 노인)의 빈민을 군주들이 친히 방문하여 위로하고 의류, 곡물 및 관재들을 급여하고 구제하였으며 각종 재해가 발생했을 시 조세를 감면해주거나 관곡을 무이자로 대여하거나 지급하기도 하였다. 고려시대에도 왕의 은혜로서 조세를 탕감하는 은면지제(恩免之制), 천재지변이나 질병으로 인한 이재민의 조세나 부역을 감면해주는 재면지제(災免之制) 등이 있었으며 상설 구빈기관으로 흑창, 의창, 상평창 등을 설치하여 곡식의 매매를 통해 물가도 조절하고 궁민들을 돕는 기능도 수행하였다. 조선시대에는 상평창과 의창이 국가에 의해 운영되었으며 사창은 시민의 공동저축으로 상부상조하며 의창과 동일한 목적으로 운영되었다.

한편 계, 두레, 품앗이, 향약 등은 지역주민들이 스스로 만든 부조활동으로, 계는 친목이나 회의, 종교 등 다양한 목적을 가진 주민 상호 간의 협동조직으로 존재하였다. 두레는 촌락 단위로 조직된 농민들의 상호협동체로서 농번기에 공동노동을 위한 조직이며, 품앗이는 상시적으로 노동력을 차용하고 교환하는 노동협력 양식이다. 향약은 양반계층에 의하여 동원된 사회질서를 유지하기 위한 하나의 방법[7]으로 환난상휼(患難相恤)의 덕목에 따라 재해, 질병, 곤궁을 서로 구제하였다.

2) 근현대 사회복지의 전개

(1) 일제강점기

일제강점기의 구빈정책은 식민정책의 일부로서 황국신민사상을 주입하고 충성을 하게끔 하려는 정치적 목적을 가지고 행해졌다고 할 수 있다.

1944년에는 조선구호령이 시행되는데, 이는 일본에서 1932년부터 실시하던 구호법을 원용하여 만들어진 것이다. 일본의 구호법을 기초로 하여 모자보호법과 의료보호법을 가미한 근대적 의미를 둘 수 있는 공공부조의 출발로 볼 수 있다. 구호는 신청주의를 원칙으로 하며, 이를 심사하기 위해 자산조사를 실시하였다. 그러나 구호의 질적인 면에서 일본인과 한국인 사이에

7) 향약의 4대 덕목은 덕업상권(德業相勸)・과실상규(過失相規)・예속상교(禮俗相交)・환난상휼(患難相恤)이다. 덕업은 서로 권하고, 과실은 서로 타이르며 예스러운 풍속은 서로 사귀고 재앙과 어려운 일은 서로 구휼하라는 의미이다.

차별적인 급여가 이루어졌고 빈민의 기본적 욕구해결보다는 식민지 지배질서의 안정에 주안점을 둔 정치적 성향이 강하여 전시동원체제하의 식민지 통치의 효율성 제고를 위한 것이라고 볼 수 있을 뿐 실질적인 구호를 위한 제도로 볼 수는 없다.

(2) 외국원조의 시대

해방 이후 미군정시대(1945~1948)와 정부수립 이후 1950년대까지는 미국 등 외국의 원조활동과 민간사회복지활동이 본격적으로 시작되었다. 유엔구호계획에 의하여 많은 외국구호물자가 도입되었으며, 외국 민간원조기관의 구제활동이 적극적으로 이루어졌다. 또한, 시설 수용을 요구하는 요구호자가 증가하여 육아시설, 양로시설, 모자시설 등 사회복지시설이 증가하여 민간사회복지활동의 주류를 형성하였다. 또한, 이 시기에는 미국식 사회복지 실천방법과 관련 이론이 국내에 도입되어 사회복지교육이 시작되기도 하였다(오정수 외, 2010).

외형적으로는 외국계 원조단체의 자선구호활동, 전문사회사업교육기관의 설치, 각종 복지 직능단체의 설립 등으로 민간활동은 활발했으나 국가의 사회복지정책은 응급구호사업 중심이었다.

(3) 사회복지제도의 도입

1960년대 초 쿠데타에 의해 성립된 제3공화국의 출범 이후 국가 주도의 산업화정책을 추진한 시기로서 급속한 공업화와 도시화가 진행되었다. 경제성장으로 절대빈곤이 크게 감소하였으나 이로 인해 빈부격차가 심해지고 산업화에 따라 새로운 사회문제들이 등장하면서 사회복지적 개입의 필요성이 증가하였다.

군사정부는 이전 정부와의 차별성을 나타내기 위해 다양한 사회복지 관련 법들을 제정하였다. 「공무원연금법」(1960), 「생활보호법」, 「아동복리법」, 「입양특례법」(1961), 「재해구호법」, 「국가유공자특별구호법」(1962), 「군인연금법」, 「산업재해보상보험법」, 「의료보험법」(1963), 「직업안정 및 고용촉진법」(1967) 등이 제정되었다. 그러나 이러한 법들을 시행할 수 있는 경제적 여건이 이루어지지 않아서 많은 법들이 제정만 되고 시행되지 못하는 경우가 많았다. 그러나 형식적으로나마 사회복지체제의 틀을 마련했다는 의의가 있으며 기존의 구빈이나 단편적인 원조에서 벗어나서 근대적 성격의 제도를 도입했다는 의의가 있다.

1972년 대통령의 권한을 대폭 강화하는 유신헌법이 통과되면서, 정부는 국가 주도형 산업화와 경제성장에 더욱 박차를 가하였으며 한편으로는 체제의 정통성을 확립하고 국민으로부터 지지와 인정을 획득하기 위해 다양한 유인들을 제공하게 되었다. 「사회복지사업법」(1970), 「사립학교교원연금법」, 「국민복지연금법」(1973), 개정 「의료보험법」(1976), 「공무원 및 사립학교교직원의료보호법」(1977), 「월남귀순자 특별보상법」(1978) 등이 제정되었다.

(4) 사회복지제도의 확대

1980년 군사 쿠데타로 전두환 대통령이 집권하면서 제5공화국은 복지사회의 건설을 국정목표로 제시하였다. 「사회복지사업 기금법」(1980), 「아동복지법」, 「심신장애자복지법」, 「노인복지법」, 「산업안전보건법」(1981) 등이 제정되었고 「사회복지사업법」을 전면 개정(1983)하여 사회복지사 국가자격제도를 도입하였다. 한편 한국형 복지국가 모형의 필요성이 제기되어 입소 위주의 사회복지에서 벗어나 지역사회복지나 재가서비스를 강조하는 모델이 등장하였다.

1988년 출범한 노태우 대통령의 제6공화국 당시에는 사회복지정책이 중요한 정치현안으로 떠올랐다. 입법 이후 시행되지 않았던 국민연금, 전 국민 의료보험제도, 최저임금제도 등이 시행되었으며 1989년 「지방자치법」이 제정되면서 지방정부의 역할을 강화하였다. 이 시기에는 「모자복지법」(1989), 「장애인복지법」(1989), 「노인복지법」 개정, 「장애인고용촉진 등에 관한 법률」, 「의료보호법」 개정, 「영유아보육법」 제정, 「고령자고용촉진법」 제정, 「사회복지사업법」 개정 등이 있었다.

1993년 등장한 문민정부는 사회복지 부문에서 우리나라 7차 경제사회발전 5개년 계획 복지정책의 기본방향을 국가발전 수준에 부응하는 사회복지제도의 내실화에 두고 국민복지를 증진할 것을 제시하였으나 소극적으로 대처하다가 1995년 초에 와서야 성장 위주의 정책에서 벗어나 삶의 질과 생산적인 국민복지에 적극적인 관심을 기울여야 할 것을 강조하였다(오정수 외, 2010).

1997년 이후 IMF 구제금융 하에서 산업화 이후 경험하지 못한 경제위기와 대량 실업, 빈곤의 문제에 직면하여 1998년 출범한 김대중 대통령의 국민정부는 생산적 복지를 표방하면서 빈곤 및 실업대책, 사회보험 통합에 노력을 기울였다. 또한 민간 부문에서 시 · 도 사회복지협의회의 독립법인화가 이루어지고 사회복지공동모금제도가 이루어져 민간사회복지의 자율성이 강화되었다. 문민정부와 국민정부 시절, 「고용보험법」(1993)이 제정되었고 「국민연금법」, 「국민건강보험법」, 「산업재해보상보험법」, 「국민기초생활보장법」, 「의료급여법」, 「정신보건법」, 「사회복지공동모금법」, 「사회보장기본법」 등이 제 · 개정되면서 기존의 사회복지 관련법들을 재정비하고 사회복지의 권리적 성격을 강화하였다.

2003년 출범한 노무현 대통령의 참여정부는 참여복지를 표방하였으며 「저출산 · 고령사회기본법」, 「노인장기요양보험법」, 「기초노령연금법」 등 저출산

고령화라는 이슈에 대응한 정책을 마련하였다. 뿐만 아니라 사회투자 국가를 근간으로 하는 복지개혁과 서비스 강화전략을 추진하고 상당수 사회복지사업을 지방정부로 이양하였다. 또한 기존 사회보장의 내실화 기반을 다지고 취약계층의 복지를 강화하였다는 평가를 받는다.

하지만 복지부담의 형평성과 복지지출의 효율성에 대한 비판에 직면하였고 2008년 보수정당인 이명박 정부가 출범하였다. 이명박 정부는 능동적 복지를 국정지표의 하나로 정하고 위험에 미리 대비하는 예방형 복지, 국민의 복지욕구에 폭넓게 대응하는 보편형 복지, 생애주기별 맞춤형 복지를 표방하였으나 그 효과와 실제적인 사업수행 의지에 있어서는 상당한 논란이 일었다.

CHAPTER

제5장 전문직으로서의 사회복지

1. 전문직과 사회복지사

현대사회는 전문가의 시대라고 볼 수 있을 만큼 다양한 분야의 전문가들이 많으며, 스스로를 어느 특정 분야의 전문가라고 공공연하게 말하는 사람들도 많다. 사회복지사도 그러한 전문직 중의 하나이나, 사회복지사들은 '사회복지직은 전문직인가' 또는 '사회복지사는 전문가인가'라는 질문을 많이 받게 된다. 의사, 변호사 등과 같은 전통적 전문직이 아니라 사회복지사를 비롯하여 전문 직업으로 인정받은 지 오래되지 않은 전문직들은 비슷한 질문을 받을 것이다.

1) 전문직의 개념

국어사전에 의하면 전문직이란 '전문지식이나 기술이 필요한 직업'(민중서림편집국, 2006)이라고 명시되어 있다. 전문직을 설명하는 대표적인 이론적 모델로는 속성 모델, 과정 모델, 권력 모델 등이 있으며, 일반적으로 전문직에게는 그 전문직만의 고유한 지식과 기술 그리고 윤리강령을 구축할 것이 요구된다. 전통적인 전문직들은 이러한 이론적 모델을 적용하여 설명되기 쉬웠으나, 근래에는 이러한 모델을 적용하여 정의내리기 어려운 전문직종들이 발생하고 있다.

그러나 법률을 중심으로 사회 전체가 유지·발전되고 있는 대부분의 현대 국가들은 전문직에 대하여 이론적 모델에 근거해서가 아니라, 관련 법률을 통하여 국가자격으로 규정하고 있다. 즉, 법률(자격기본법 또는 개별법)에 따라 국가가 전문직에 대한 국가자격을 신설하여 관리·운영하고 있는 것이다. 우리나라에서도 대부분의 전문직은 국가자격으로서 국가 또는 법률에 의해 전문직으로서 인정받고 직업활동을 보장받는다. 관련 법률 내에 해당 전문직의 분야 및 활동 범위를 명시하고 있으며, 전문직의 분야와 활동 범위에 따른 국가자격의 종류 및 발급, 관리 등에 관한 사항을 규정하고 있다. 이러한 측면에서 보면 특정 분야에 대한 전문적인 지식이나 기술이 요구되는 전문직에 대하여 자격증주의와 독점이라는 측면에서 설명할 수 있을 것이다.

프라이드슨(Freidson, 2001)은 독점과 자격증주의는 전문직의 필수 불가결한 요소이며, 프로페셔널리즘의 이념형적 직업적 노동시장에서 공식 자격증명서는 진입을 위한 강제적 관문이라고 하였다(박호진 역, 2007). 자격증을 소지한 사람만이 자격증이 인증하는 노동시장에서 그 일을 수행할 수 있고, 인증받을 수 있는 것이다. 의사, 간호사로 의료활동에 종사하고자 한다면 의사 또는 간호사 자격증을 취득하여야만 하며, 법정과 관련된 일에 종사하고자 한다면 검사, 판사, 변호사 등과 관련된 자격증을 취득하여야 한다. 또한 운수업과 관련된 직업에 종사하기 위해서도 관련 운전면허를 취득하여야 한다. 그리고 현대사회의 전문직에서 자격증은 개인이 임의로 발급, 취득하는 것이 아니라 법적인 절차와 규정에 의하여 취득하여야만 하며 사회복지사 자격증 또한 법에서 정한 절차와 규정에 의하여 취득하여야만 인정받을 수 있다.

그리고 맥도널드(MacDonald, 1995)에 의하면 독점은 배타성과 같은 의미로 해석이 가능하며, 배타성은 전문직의 필수적인 부분이다. 전문직의 전문성은 해당 지식의 훈련을 받지 않고 자격을 갖추지 못한 사람의 손에 들어가면 사회적으로 위험한 지식이 될 수도 있다는 것을 입증할 필요가 있다. 또한 전문직의 지식으로 서비스를 제공할 수 있다고 믿는 시장에 여타 직업집단이 침범해 들어오지 못하게 막을 필요가 있다(권오훈 역, 1999). 의사, 간호사 자격증이 없는 사람 또는 개인적으로 임의로 발급한 자격증을 가진 사람이 의료행위에 종사한다면, 1종 대형 면허가 없는 사람이 대형 트럭을 운행한다면 사회적으로 위험한 상황이 발생하게 된다. 이는 불법의료행위 등으로 피해가 발생한 언론 기사를 통해 쉽게 알 수 있다. 우리가 의사, 간호사에게 의료행위를 맡기는 것은 그들의 행위에 대한 전문성을 인정하고 의료 관련 자격증이 아닌 다른 자격증을 가진 사람은 그러한 직업에 종사하지 못하도록 사회적으로 합의하고 인정하고 있는 것이기 때문이다. 이는 의료 관련 전문직뿐 아니라 사회복지직 등에 있어서도 같은 의미로 해석할 수 있다. 전문직은 전문 영역의 고객뿐 아니라 일반 대중과 국가에 대하여 자신의 영역에 대한 배타성과 독점을 인정받아야 한다. 이는 어떠한 전문적인 과업과 활동을 수행하는 데 필요한 권위와 승인·허가를 의미하는 사회적 재가(sanction)를 받아야 한다는 것을 뜻한다.

2) 전문직의 국가자격

전문직에 대한 국가자격은 법률에 의해 제한된 영역에서 자격을 운영하고 있으며, 대개의 경우 해당 분야에서의 관련 업무 행위의 '허가'의 의미로서 자격증을 활용하고 있다. 국가자격에 대한 해당 법률에서 규정한 내용을 근거로 국가자격을 4가지 유형으로 분류할 수 있다. 즉, 사업면허형, 의무배치형, 직무허가형, 행위허가형으로 분류할 수 있는데, 이러한 분류에 따른 국가자격 유형별 정의와 관련 자격의 예를 정리하면 〈표 5-1〉과 같다(김미숙, 2012).

표 5-1 법률에 기반한 면허형 국가자격 유형별 정의

유형	정의	자격 예
사업 면허형	• 해당 자격 취득자에 한하여 직업을 선택할 수 있고, 개업이 가능한 자격 • 법 조항: "~업을 설치 운영할 수 있다" 혹은 "법인을 설립할 수 있다" 등으로 제시	• 공인노무사 • 변호사 • 수의사 • 약사
의무 배치형	• 고용을 전제로 하며, 사업주가 업을 하기 위해 반드시 자격 취득자를 고용하도록 규정 • 법 조항: "~가 아니면 이를 할 수 없다" 혹은 "~를 두어야 한다", "~를 행할 수 없다", "~시켜야 한다" 등으로 제시	• 사회복지사 • 농산물품질관리원 • 물리치료사 • 원자로조종사
직무 허가형	• 피고용인의 입장에서 그 행위를 하려는 사람이 지녀야 할 자격. 의무배치형과의 차이는 고용을 전제로 의무배치를 규정하고 있지는 않다는 점임 • 법조항: "~를 고용할 수 있다", "~를 하려는 사람은 자격증(등록)을 받아야 한다", "~이 할(둘) 수 있다", "~를 채용하도록 권장한다", "~가 아니면 행위를 할 수 없다" 등으로 제시	• 간호사 • 정신보건사회복지사 • 문화재수리기술자 • 주류제조관리사
행위 허가형	• 해당 자격을 취득한 경우 법률에서 규정한 우대 조건을 취업에 활용 가능하거나 해당 행위에 대한 허가	• 직업능력개발훈련교사 • 자동차운전면허

표 5-2 면허형 국가자격 유형 분류

유형	자격증
사업면허형 (32개/21.6%)	가맹거래사, 감정평가사, 건축사, 경영지도사, 공인노무사, 공인중개사, 공인회계사, 관세사, 기술지도사, 법무사, 변리사, 변호사, 보험중계사, 산업안전지도사, 산업위생지도사, 세무사, 손해사정사, 수산질병관리사, 수의사, 안경사, 안마사, 약사, 외국세무자문사, 의사, 전문의, 치과기공사, 치과의사, 한약사, 한약업사, 한의사, 행정사, 화물운송종사자격
의무배치형 (46개/31.1%)	가축인공수정사, 감정사, 검량사, 검수사, 경기지도사, 경매사, 경비지도사, 구명정수, 기관사, 농산물검사원, 농산물품질관리사, 도선사, 말조련사, 무대예술전문인, 무선통신사, 보건교사, 보육교사, 보험계리사, 사서,

유형	자격증
	사회복지사, 산림기술자, 산림치유지도사, 생활체육지도사, 소방시설관리사, 소형선박조종사, 수면비행선박조종사, 아마추어무선기사, 언어재활사, 요양보호사, 운항사, 응급구조사, 의료관리자, 의지・보조기기사, 자동차운전전문학원강사, 자동차운전전문학원기능검정원, 장제사, 재활승마지도사, 정수시설운영관리사, 주택관리사, 청소년상담사, 청소년지도사, 통신사, 평생교육사, 항공운항관리사, 항해사, 화재조사관
직무허가형 (58개/39.2%)	간호사, 경량항공기조종사, 경주선수, 경주심판, 교통안전관리자, 군항공교통관제사, 동력수상레저기구조종면허, 문화재수리기능사, 문화재수리기술자, 물류관리사, 물리치료사, 박물관・미술관 학예사, 방사선사, 방사성동위원소취급자일반면허, 방사성동위원소취급자특수면허, 방사성취급감독자면허, 보건교육사, 보세사, 부조종사, 사서교사, 사업용조종사, 소방안전교육사, 실기교사, 영양교사, 영양사, 운송용조종사, 원자로조종감독자면허, 원자로조종사면허, 위생사, 의무기록사, 임상병리사, 임상영양사, 자가용조종사, 작업치료사, 전문간호사, 전문상담교사, 정교사, 정신보건간호사, 정신보건사회복지사, 정신보건임상심리사, 조산사, 주류제조관리사, 준교사, 철도안전전문기술자, 철도운행안전관리자, 철도차량운전면허, 치과위생사, 택시운전자격, 한국어교원, 한약조제사, 항공교통관제사, 항공기관사, 항공사, 항공정비사, 핵원료물질취급감독자면허, 핵원료물질취급자면허, 환경측정분석사, 환지사
행위허가형 (12개/8.1%)	간호조무사, 관광통역안내사, 국내여행안내사, 국외여행인솔자, 사회환경교육지도사, 유통관리사, 자동차운전면허, 장례지도사, 직업능력개발훈련교사, 호텔경영사, 호텔관리사, 호텔서비스사

주: 75개 자격 관련 개별법
출처: 김미숙(2012). p. 98.

3) 사회복지사의 유래

사회복지사는 영어로 'Social Worker'이며 보통 사회복지사라고 해석하지만 우리나라에 사회복지가 학문적으로 도입된 초기에는 사회사업가라고 칭하였다. 사회복지사가 「사회복지사업법」에서 지칭하는 공식적인 명칭이 되었지만 지금도 사회복지사, 사회사업가를 혼용하는 경우가 종종 목격된다. 'worker'는 보통 '근로자, 노동자'로 해석할 수 있어 사회복지사의 영어 명칭이 'Social Worker'라는 것을 일반적으로는 사회복지에 종사하는 사람 이외에는 잘 모르는 사람이 아직도 많다.

이처럼 사회복지사는 전문직의 이미지가 강조되는 시대에서 의사, 간호사, 변호사, 교사 등의 타 전문직에 비해 명확한 이미지가 결여된 명칭이다. 외국의 어느 교과서에서는 한때 사회복지사가 청소를 하고 있는 이미지로 그려진 적도 있었다고 한다. 'work'라는 용어는 사회복지와 어울리지 않는 것처럼 보인다. 많은 사회복지사들은 'Social Worker'라는 명칭이 처음에 어떻게 시작되었는가를 이해하지 않은 채 사용해 왔다.

제프리 브래킷(Jeffrey Brackett, 1860~1949)이 사회복지의 명칭에 영향을 주었다. 볼티모어 자선조직화협회의 자원봉사자였던 브래킷은 30년 가까이 매사추세츠 자선협회의 이사로 활동했으며, 이후 시몬스(Simmons) 사회복지대학의 첫 학장이 되었다. 1900년대 초기에 브래킷은 'social'이라는 용어가 발전하는 전문직 명칭의 한 부분이 됨을 주장하였다. 왜냐하면 이 용어는 가족성원 · 친구 · 문화 · 인종집단 · 학교 · 직장 · 이웃 · 지역사회 등을 포함하여 많은 다른 요소들과 같이 생활을 형성하는 중요한 힘과 사람들의 상호성에 초점을 두고 묘사할 수 있기 때문이다. 따라서 그는 전문직의 활동을 준비하지 않은 채 호기심에서 이루어지기보다는 책임과 훈련을 강조하는 전문직의 명칭으로 'work'를 포함시켜야 한다고 믿었다. 브래킷이 누구나 받아들일 수 있는 명칭을 제시하지 못했다고 할지라도, 사회복지(social work)는 사회문제에 역점을 둔 훈련과정을 통하여 원조기법을 적용하는 전문직을 가리키는 명칭이 되었다(김혜란 외 역, 1998). 이러한 명칭은 미국을 거쳐 사회복지학이 우리나라로 건너오면서 우리나라에서도 자연스럽게 사회복지에 종사하는 전문직을 'Social Worker'라 칭하게 되었고 이를 사회복지사라 부르게 되었다.

4) 사회복지사의 전문성

사회복지사는 우리나라에서는 앞에서 다룬 것과 같이 법률에 의한 국가자격에 속하며, 「사회복지사업법」 제11조 제1항의 규정에 의하여 "사회복지에 관한 전문지식과 기술을 가진 자"를 사회복지사로 규정하고 있다. 1970년 「사회복지사업법」에 의해 사회복지사업종사자 자격증제도가 처음 도입된 후 사회복지사업종사자 자격을 사회복지사 자격으로 개정하고자 하는 사회복지계의 노력으로 1983년 「사회복지사업법」 개정을 통해 사회복지사 자격증제도가 신설되고 3등급 체제로 자격증을 발급하였다.

그 후에도 3등급 체제인 사회복지사 자격 제도의 개선과 사회복지사의 전문성 향상을 위한 노력이 계속되어 왔다. 그 결과, 2003년부터 사회복지사 1급 국가시험제도가 도입되었으며, 2008년도에 사회복지사업법 개정을 통하여 2009년부터 사회복지사 보수교육제도가 시행되었다.

「사회복지사업법」의 법적 근거와 전문직에 대한 자격증주의 측면에서 다른 전문직과 마찬가지로 사회복지직도 자격증제도와 보수교육제도 등의 실현과 발전을 위한 사회적 노력을 통하여 사회에서 전문직의 필수 요소인 자격증제도와 전문직 영역의 독점을 실현하였으며, 법적인 위치를 점하게 되었다. 면허형 국가자격으로서 법률적 기반을 다졌으며, 전문성에 대하여 사회 및 국민들로부터 인정받게 되었다. 하지만 자격증과 독점은 사회의 변화, 대중의 인식 변화 그리고 다른 전문직의 침범으로부터 사회복지 영역을 지켜주는 영원히 변하지 않는 보증수표는 되지 못할 것이다. 전문적 지식과 실천 능력이 사회의 변화와 대중의 요구에 부응할 수 있어야 하며, 사회의 변화에 선제적으로 대응하여야 사회 내에서 그 전문직의 영역과 위치가 보다 공고하게 다져질 수 있을 것이다. 사회복지직 또한 자격증 취득을 위한 제도의 정비뿐 아니라 자격증 취득 이후의 현장에서의 지속적인 지식과 기술의 습득 및 개발을 위한 보수교육의 발전을 통하여 전문직으로서의 위치를 지속적으로 유지할 수 있을 것이다.

또한 사회복지사들은 클라이언트(client)에게 정서적이고 실질적인 도움을 주기 위하여 훈련을 받고 다양한 실천현장에서 클라이언트의 복지 향상을 위하여 다양한 활동을 하고 있다. 예를 들면, 지적장애인의 보호시설에서 보모 역할을 하기도 하고 성폭력이나 학대를 당하고 경찰이나 시설에 보호된 어린 아이들을 돌보기도 한다. 육체적 질병을 앓고 있는 사람들을 관리해 주기도 하도 폭력이 발생한 가정을 돌보기도 한다. 보육센터나 주간보호센터 등에서 활동하기도 한다. 또는 학교에 나가 부모와 자녀 간의 의사소통을 돕기 위해 상담과 교육을 하기도 하고 자살과 같은 위기에 개입하기도 한다(이윤로 외, 2003).

법률에서 정한 자격증 취득 기준을 충족한다고 이러한 다양한 활동들을 전문적으로 만족스럽게 수행하기에는 어려움이 있을 수 있다. 따라서 사회복지직도 다른 전문직과 마찬가지로 사회복지직만의 전문적인 지식과 실천기술을 대학 등의 교육과정을 통하여 습득하게 하고 있으며, 사회복지사 윤리강령을 마련하여 실천 행위의 지침으로 삼고 있다. 또한 대학 교육과정이나 졸업 후 보수교육 등을 통하여 사회복지사로서의 갖추어야 할 지식과 기술을 배우고 발전시키도록 대학의 전공 학과와 사회복지사협회 등에서 지속적으로 교육·훈련하고 있다. 클라이언트와의 실천현장에서도 윤리강령을 준수할 것을 요구하고 만약 이를 위배하거나 침해하는 행위를 한 사회복지사가 있을 경우에는 사회복지윤리위원회를 통해 대처하도록 하고 있다.

또한 어떤 사회복지사는 석사, 박사를 획득하여 보다 전문성을 살려 일하기도 한다. 여러분의 미래 계획이 어떻든 간에 여러분의 최대 목적은 도움이 필요한 이에게 여러분이 가진 인간에 대한 존경과 신뢰를 가지고 비심판적이고 친절하게 도움을 주는 것이다. 사회복지사들은 "마음으로부터의 언어"로 말하는 기술이 있어야 한다(Borkman, 1990).

2. 사회복지사의 실천 영역

오늘날 사회복지사들이 활동하는 영역은 다양하다. 해방과 한국전쟁 후 사회복지 태동기에는 주로 아동, 장애인, 노인 등을 수용 보호하는 생활시설이 사회복지사의 주요 활동 영역이었으나, 지역사회복지의 발전, 공공 영역의 발전 등으로 사회복지사의 활동 영역은 점차 확대·발전해오고 있다.

사회복지사의 활동 영역은 크게 공적 영역과 민간 영역으로 나누어 볼 수 있다. 민간 영역에서는 클라이언트의 문제 해결 및 욕구 충족을 위한 서비스 제공을 주된 사업으로 하는 사회복지시설(이용시설 및 생활시설)과 서비스 제공이 주된 사업은 아니지만 실제 사회복지업무가 이루어지고 있는 사회복지 영역으로 나눌 수 있을 것이다.

1) 공적 영역

「사회복지사업법」 제14조에 의하면 사회복지사업에 관한 업무를 담당하기 위하여 시·도, 시·군·구 및 읍·면·동 등에 사회복지사 자격증을 가진 사회복지전담공무원을 두도록 규정하고 있다. 사회복지전담공무원은 그 관할 지역 안의 사회복지를 필요로 하는 사람 등에 대하여 그 생활실태 및 가정환경 등을 파악하고, 사회복지에 관하여 필요한 상담과 지도를 행한다.

서울, 부산, 대구, 광주, 대전, 경기도, 경상남도 등의 광역지방자치단체뿐만 아니라 서울 은평구, 노원구 등과 부산의 부산진구, 사상구 등과 대전의 서구, 유성구 등과 광주의 남구, 광산구 등과 대구의 수성구, 중구 등과 경기도 수원시, 하남시 등과 경상남도 진주시, 고성군 등의 각 광역지방자치단체의 기초지방자치단체인 시·군·구에도 사회복지사들이 사회복지전담공무원으로 업무를 수행하고 있다. 그리고 기초지방자치단체(시·군·구)의 하부 조직 단위인 읍·면·동에도 사회복지전담공무원들이 배치되어 있다. 사회복지전담공무원들은 초기에는 주로 공공부조와 관련된 업무를 전담하였으나, 공공조직 내에서 사회복지직의 인원 증가와 업무 다양성 등으로 공공부조 관련 업무뿐 아니라 행정 업무 영역 등에서 일반 행정직 공무원과 같이 배치되어 일하는 경우가 많았다. 최근에는 업무의 전문성을 위해 사회복지 관련 업무에 별도로 배치·활동할 수 있도록 해야 한다는 의견이 높아지고 있다.

2) 민간 영역

(1) 사회복지기관 및 시설

아동복지, 노인복지, 청소년복지, 장애인복지, 저소득층 대상 복지 및 지역사회복지사업을 수행하는 민간사회복지 기관 및 시설에서 많은 사회복지사들이 활동하고 있다. 전체 사회복지실천 영역 중 가장 오래되고 가장 많은 사회복지사들이 활동하고 있는 영역이라 할 수 있다.

이에 해당되는 기관 및 시설로는 사회복지관, 노인복지관, 장애인복지관, 아동·청소년복지관, 지역자활센터, 노인·장애인 주간보호센터 등 사회복지 서비스를 필요로 하는 사람(주민, 노인, 아동, 청소년, 장애인, 저소득층 등)이 자신의 집과 지역에 살면서 서비스를 이용할 수 있는 이용시설과 노인, 장애인, 아동, 모자가정, 미혼모 등이 복지시설에 입소하여 생활하는 생활시설 등으로 구분할 수 있다.

(2) 보건의료 영역

의료사회복지사는 병원 등에서 임상치료팀의 일원으로 질병의 원인이 되며 치료에 장애가 되는 환자의 심리·사회적인 문제들을 해결하도록 지원해주는 활동을 한다. 의료사회복지사는 환자의 입원 초기부터 서비스 제공을 시작하여, 치료 및 퇴원한 후에도 정상적인 사회적 기능을 발휘할 수 있도록 환자와 그 가족에게 경제적·심리적인 부분에서 전문적인 복지서비스를 제공한다.

그리고 정신보건사회복지사는 정신보건 분야의 전문적인 지식과 기술을 갖추고 정신보건팀의 일원으로 정신질환자에 대한 사회복지적 서비스를 제공한다. 클라이언트의 개인력 및 조사, 사회사업지도 및 방문지도, 사회복귀 지원을 위한 생활훈련 및 직업훈련 등을 제공한다. 정신보건사회복지사는 정신과병동, 지역사회정신보건센터, 클럽하우스 등에서 활동하며 정신질환자뿐 아니라 그 가족에 대한 교육·지도 및 상담 업무와 정신질환 예방 활동 및 정신보건에 관한 조사연구도 수행한다.

(3) 학교사회복지 영역

학교사회복지사는 학교 현장에서 학생 개개인의 사회적·정서적 욕구와 문제 해결에 관심을 갖고 도와주면서, 이를 통하여 학생들의 학교 부적응 등의 문제를 해결하고 학생 개개인이 학교생활에서의 문제를 해결·완화하고 적응력을 향상시킬 수 있도록 다양한 전문적 기술과 지식을 활용한다. 학교사회복지사는 중·고등학교에 주로 배치되어 활동하고 있다.

(4) 자원봉사활동 관리 영역

자원봉사센터 등에서 주로 활동한다. 자원봉사자들을 모집, 배치, 상담, 훈련하고 자원봉사자 활용 프로그램을 개발, 시행 및 평가하는 활동을 주로 한다.

(5) 관련 단체 영역

사회복지사협회, 사회복지협의회, 공동모금회, 기타 사회복지단체 및 협회 등에서도 사회복지사들이 그 단체의 고유 사업을 위한 활동을 하고 있다. 사회복지사협회는 사회복지사의 권익 옹호 활동을 주로 하고, 사회복지협의회는 사회복지시설의 발전과 지역복지발전을 위한 활동을 주로 하며, 공동모금회는 모금사업 및 배분사업을 주로 한다. 각 단체에서 사회복지사들은 중심적인 역할을 수행하고 있다.

(6) 기타 영역

이러한 영역 이외에도 군대에서는 군사회복지사가, 법무부 산하 교정시설에서는 교정사회복지사가, 기업체 및 산업체에서는 산업사회복지사가 활동하고 있다. 또한 기업체 부설 사회공헌팀 등에서도 사회복지사가 활동하고 있다.

사회복지사의 활동 영역은 점차 확대되어 왔으며, 사회가 발전・분화될수록 더욱 많은 영역에서 활동하게 될 것이다.

3. 사회복지사와 보수교육

사회복지현장에서 근무하는 대부분의 사회복지사는 매년 사회복지사협회에서 실시하는 보수교육을 이수한다. 보수교육은 「사회복지사업법」의 법적 근거를 바탕으로 의무교육으로 실시되고 있다. 하지만 보수교육이 법적 의무인지, 사회복지사의 전문성 향상을 위한 권리 측면의 교육인지는 사회복지사들 사이에서도 의견이 나뉘고 있다. 이는 법 조항의 문구만으로 이해하기가 모호하며, 보수교육의 법제화 추진과정, 법 규정에 대한 해석 및 다른 전문직의 보수교육 규정과의 비교 등을 통하여 살펴보아야 한다.

1) 보수교육 법제화 추진과정

사회복지사 보수교육의 법제화 추진과정을 살펴보면, 사회복지사 보수교육 법제화는 2004년부터 실천현장의 사회복지사들의 요구를 반영하여 한국사회복지사협회 산하에 보수교육법제화 추진위원회를 구성하면서 공식적으로 시작되었다. 그 후 추진위원회의 사회복지사업법 개정 논의와 공청회, 연석회의, 국회의원과의 협력을 통한 개정 법률안 발의 그리고 사회복지사 서명운동 등의 4년 여의 노력을 통하여 2008년도에 보수교육이 법제화되었다(〈표 5-3〉 참조).

표 5-3 사회복지사 보수교육 법제화 추진 과정

2004. 5. 10	한국사회복지사협회 산하 보수교육 법제화 추진위원회 구성
2004. 6. 15	추진위원회 1차 회의: 사회복지사업법 개정(안) 논의
2004. 7. 5	추진위원회 2차 회의: 분과 구성(법개정소위/교육운영소위)

2004. 8. 30	협회 주최 "사회복지사의 보수교육제도 개정방향" 공청회 실시
2004. 9~11	연석회의 총 4회 실시: 추진위원회, 정화원 의원실 공동주최(9.16, 10.6, 10.26, 11.9): 사회복지사업법 개정안 검토(보수교육 규정(안) 중심)
2005. 6~7	연석회의 총 2회 실시: 추진위원회, 정화원 의원실 공동주최(6.29, 7.7): 사회복지사업법 개정안 검토(보수교육 규정(안) 중심)
2005. 10. 13	사회복지사업법 일부개정법률안 정화원 의원 대표 발의
2006. 5. 14	국회 보건복지위원회 전문위원실 검토보고서 발표
2006. 7. 19	국회 보건복지위원회 법안심사소위원회 1차 심의
2006. 5~12	보수교육 법제화 추진 운동 전개: 사회복지사 서명운동 등
2007. 2. 26	국회 보건복지위원회 법안심사소위원회 2차 심의
2007. 4~12	간담회 총 7회 실시: 한국사회복지사협회 주최(4.18, 5.10, 6.2, 7.9, 9.20, 11.18, 12.9) "전문사회복지사 자격제도와 보수교육 운영방안"
2007. 5. 29	(유승희 의원) "보수교육법제화 및 사회복지사 처우개선방안" 확대 간담회
2007. 11. 2	"전문사회복지사 자격제도와 보수교육 운영방안" 공청회 실시
2007. 11. 15	복지부/협회 "보수교육 운영방안, 사회복지사 자격제도 개선" 간담회
2007. 11. 22	사회복지사업법 일부개정법률안 국회 의결
2007. 12. 14	사회복지사업법 일부개정법률안(법률 제8852호) 공포
2008. 1. 3	사회복지사업법 시행규칙 개정안 제안서(1차) 제출
2008. 5. 27	사회복지사업법 시행규칙 개정안 제안서(2차) 제출
2008. 7. 3~22	사회복지사 보수교육 의무화를 주 내용으로 하는 사회복지사업법 시행령, 시행규칙 개정안 입법예고
2008. 10. 28	사회복지사업법 시행령 일부개정령 개정(대통령령 제21093호)
2008. 11. 5	사회복지사업법 시행규칙 일부개정령 개정(보건복지가족부령 제73호)
2009. 1. 1	보수교육 시행

출처: 홍선미(2013).

〈표 5-3〉에서 나타난 보수교육 법제화 추진과정을 살펴보면 보수교육 법

제화는 사회복지계 외부에서의 강제나 요구에 의한 것이 아니라 사회복지계 내부에서 사회복지사의 전문성 강화를 위한 법적 조항을 신설하고자 하는 자발적 동기에 의해 시작되고 추진되었다.

자발적인 법제화 운동의 실례로 2006년도에 사회복지사협회는 당시 보건복지위 법안심사소위원회 통과를 위하여 보건복지부 소속 의원 및 법안심사위원장에게 협회 소속 사회복지사들이 감사편지 발송 및 홈페이지 감사글 작성을 독려하는 운동을 전개하였다(쇼셜 워커, 2006). 이 운동에서 사회복지사협회는 운동의 제안 이유로 사회복지사의 전문성 향상을 위한 제도적 방안이 없는 실정이며, 사회복지사의 전문성 향상을 위하여 보수교육의 의무화는 필수불가결하다고 제시하였다. 또한 자율적인 보수교육은 교육 참여를 저해할 수 있으며, 무엇보다 선택 사항인 교육 형태는 사회복지 현장의 업무량, 프로그램 일정 등으로 인해 보수교육 참여를 쉽게 포기하는 상황을 다수 발생시키고 있기에 법제화가 필요하다고 제안하였다.

이러한 과정을 거쳐 사회복지사 보수교육은 「사회복지사업법」에 법제화되었고, 법 제13조 제2항의 "보건복지부장관은 사회복지사의 자질 향상을 위하여 필요하다고 인정하면 사회복지사에게 교육을 받도록 명할 수 있다. 다만, 사회복지법인 또는 사회복지시설에 종사하는 사회복지사는 정기적으로 인권에 관한 내용이 포함된 보수교육을 받아야 한다."는 조항에 근거를 두고 실시되어 왔다. 이 조항과 「사회복지사업법 시행령」의 과태료 기준 그리고 「사회복지사업법 시행규칙」의 보수교육 시간, 대상자 등의 조항에 의하면 보수교육은 법정의무교육으로 이해될 수 있다.

2) 사회복지사 보수교육의 권리성

한국사회복지사협회(2014)는 사회복지사 보수교육의 필요성으로 변화하는 사회적 욕구와 문제에 대처하여 양질의 사회복지서비스를 제공하기 위해서는 사회복지사에 대하여 직무능력의 유지 및 향상을 위한 교육을 실시하고, 이를 통하여 사회복지사의 전문성 향상 및 국민의 삶의 질 개선을 도모하는 것이 필요하다고 제시하고 있다. 또한 보수교육의 목표로 첫째, 사회복지사로서의 자질향상과 품위를 유지하기 위한 가치관 재정립, 사회복지 관련 지식에 대한 이해도 향상, 둘째, 사회복지실천현장에서 적용 가능한 교육을 실시하여 사회복지사의 인성과 업무 전문성 측면에서 긍정적인 효과 창출을 목표로 설정하고 있다. 즉, 사회복지사협의회는 사회복지사의 전문 지식 향상과 실천현장에서의 업무 전문성 향상을 위한 제도적 방안으로 보수교육을 실시한다고 밝히고 있는 것이다.

법적인 조항에 의하면 보수교육은 의무교육이나 사회복지사협회의 보수교육 목표는 사회복지사의 전문성 향상에 있다. 여기에서 보수교육이 법에 의한 의무인지, 전문성 향상을 위한 권리인지의 문제가 부딪치게 된다. 일반적으로 보수교육을 법정의무교육으로 이해하고 있으나, 보수교육 법제정 과정과 처벌조항 그리고 윤리강령과의 관련성 등을 살펴보는 것이 보수교육이 단순히 의무교육인지 또는 권리적 측면의 교육인지를 판단하는 데 도움이 될 것이다.

보수교육 법제화는 기존 사회복지 시설 및 기관에서 사회복지사들에게 제공되었던 직무 관련 교육 및 자율 선택 교육의 문제점을 인식하고 이를 해결하려는 노력의 일환으로 법제화를 도입한 것이다. 업무 과중으로 인한 외부 직무교육 참여의 어려움과 현장 업무에 도움이 되는 실질적인 교육의 미비, 생활시설 및 오지 사회복지시설 근무 사회복지사의 직무교육 참여 접근성의 문제(김종해 외, 2013) 등에 따른 교육의 차별성을 해결하고 사회복지사가 우리 사회에서 전문가로서의 위상을 인정받기 위한 제도로서 보수교육제도를 사회복지계 스스로 선택하고 법제화한 것이다.

그리고 보수교육 의무 위반자에 대한 처벌조항을 살펴보면, 다른 전문직의 보수교육 처벌조항과 차이가 있음을 알 수 있다. 「의료법」에서는 모든 의료인(의사, 치과의사, 한의사, 조산사, 간호사)에게 연 8시간의 보수교육 이수의무를 부여하고 있으며, 보수교육을 이수하지 않은 의료인에 대하여는 면허신고를 반려할 수 있도록 규정하고 있다. 이는 의료인들의 보수교육 이수율이 43% 수준으로 낮아, 보수교육의 실효성을 제고하기 위하여 최초 면허 발급 후 매 3년마다 면허를 신고하도록 하고, 보수교육 미이수 시 신고 반려를 가능하게 하여(보건복지부, 2013) 의료인 보수교육에 강제성을 부여한 것이다.

보육교사는 「영유아보육법」에 현직 보육교직원(어린이집 원장, 보육교사, 특수교사 등)에게 보수교육을 이수하도록 규정하고 있으며, 보수교육을 직무교육과 승급교육으로 구분하고 있다. 보수교육을 연속하여 3회 이상 받지 아니한 경우에는 1차 위반 시 자격정지 1개월, 2차 위반 시 자격정지 4개월, 3차 위반 시 자격정지 6개월의 처벌을 규정하고 있으며, 승급교육을 이수하지 않은 경우 승급을 제한하고 있다(보건복지부, 2014).

이에 비하여 사회복지사 보수교육의 경우에는 「사회복지사업법」에 보수교육 의무 위반자에 대한 과태료 부과만을 규정하고 있다. 보수교육을 받지 아니한 자 및 보수교육을 이유로 불이익한 처분을 한 자에 대하여 과태료를 부과하는 규정만 있을 뿐 사회복지사 자격 및 사회복지시설 면허에 대한 별도의 처벌 규정은 없다. 사회복지사 보수교육 미이수에 대하여는 의료인, 보육교사와 같이 자격증의 권리 제한의 처벌은 부과되지 않고 단순히 과태료 부과에 그치고 있다.

과태료 부과 역시 보수교육을 받지 아니한 사회복지사뿐만 아니라 사회복지법인·시설을 운영하는 자로서 보수교육을 이유로 사회복지사에게 불이익한 처분을 한 자에게도 부과되고 있으며, 부과 금액은 사회복지사는 20만 원, 불이익한 처분을 한 자는 100만 원의 과태료를 부과하고 있다. 이는 사회복지사의 보수교육 권리를 보장받도록 하기 위한 장치로서 과태료 규정을 도입한 것으로 해석할 수 있을 것이다. 즉, 사회복지법인·시설에서 상대적으로 불리한 위치에 있는 사회복지사들이 법인·시설의 업무 또는 관리자들의 의사에 의해 보수교육 참석의 권리가 침해당하는 것을 예방하고 보수교육 참석을 강화하기 위한 법적 장치로 볼 수 있는 것이다.

보수교육의 법제화를 전문직의 자격증주의 측면에서 접근할 때, 이수의무와 처벌조항이 자격증 유지 등 전문직의 유지에 초점을 둔다면 의무로서의 법제화로 해석될 수 있을 것이다. 반면에 자격증 유지가 아닌 전문직의 전문성 향상을 위한 측면에 초점을 둔다면 권리로서의 법제화로 해석될 수 있을 것이다. 이런 점에서 사회복지사 보수교육 조항을 단순히 의무교육으로만 해석하기에는 무리가 있을 수 있다. 보수교육 미이수자 과태료 조항을 살펴보면 보수교육 법제화는 보수교육의 의무적인 강제화가 목적이 아님을 알 수 있다. 사회복지사들에게 전문적 교육의 기회를 보장하고 이를 통해 실천현장에서 전문직으로서의 전문성을 향상시키기 위해 의무교육의 법제화 방식을 선택한 권리로서의 교육으로 해석하는 것이 바람직할 것이다.

또한 사회복지사 윤리강령과의 관계에서 보수교육의 권리적 측면을 살펴보고자 한다. 직업윤리란 '어떤 직업에 종사하는 사람들이 지켜야 하는 행동규범'이다(민중서림편집국, 2009). 사회복지사의 직업적 윤리는 사회복지 자격의 핵심요소이며 이는 사회복지사 윤리강령으로 나타난다. NASW 윤리강령에서는 6가지 윤리적 원칙들과 가치 중 역량가치를 제시하고 있는데, 이는 사회복지사들이 그들의 직업적 전문지식을 발전시키고 강화시켜야 하며, 사회복지실천 영역에서 자신들의 역량을 최대한으로 강화시켜야 한다는 윤리적 원칙으로 해석된다(Reicheit, 국가인권위원회 사회복지연구회 역, 2005).

우리나라의 사회복지사 윤리강령에는 사회복지사의 기본적 윤리기준을 가장 먼저 제시하고 있다. 사회복지사의 기본적 윤리기준에는 전문성 개발을 위한 노력이 포함되어 있는데, 전문에는 "사회복지사는 클라이언트에게 최상의 서비스를 제공하기 위해, 지식과 기술을 개발하는 데 최선을 다하며 이를 활용하고 전파할 책임이 있다."고 명시하고 있다. 이 또한 NASW의 역량가치처럼 사회복지사의 전문성 발전과 강화를 의미한다고 해석할 수 있다.

다른 모든 전문직도 전문성 강화를 위하여 보수교육을 실시하는 것으로 인식되기 쉽겠지만, 김미숙 외(2012)의 연구에 의하면 면허형 국가자격을 가진 모든 전문직이 법적 보수교육을 받는 것은 아닌 것으로 나타났다. 148개 국가자격과 관련한 75개의 개별법을 분석한 결과 보수교육 조항이 있는 자격은 66개(약 45%)이며, 보수교육에 관한 언급이 없는 자격은 82개로 나타났었다. 보수교육 조항이 있는 66개 자격 중에서, 의무를 명시한 자격은 48개이며, 보수교육이 권고 정도인 자격은 16개, 그리고 일부 대상자만 의무로 한 경우는 2개였다.

이는 사회복지사협회가 보수교육을 법제화한 것은 사회복지사와 같은 다른 면허형 국가자격증 모두가 보수교육을 법적 의무화하여 어쩔 수 없이 법제화한 것은 아니라는 것이다. 일반 대중과 국가 및 사회에 대하여 사회복지사 자격증 및 사회복지 전문직의 전문 영역에 대한 배타성과 독점을 인정받기 위한 장치로서 보수교육 법제화를 선택한 것으로, 보수교육 법제화는 윤리강령에서 제시하고 있는 전문성 개발 및 전문성 강화의 윤리기준을 제도적으로 보장하기 위한 법적 장치라고 해석될 수 있다.

사회복지사 보수교육은 사회복지사 자격의 주요한 구성 요소인 지식, 기술 및 윤리규정에 대한 지속적인 교육·훈련을 제도적으로 보장받고, 사회복지직의 전문성을 강화, 발전시켜 국가와 사회에서 전문직으로서의 위치를 지속적으로 보장받기 위해 자발적인 노력으로 만든 법적 의무 장치인 것이다. 보수교육의 명시적인 법 문구에 치중하여 단순히 의무교육이라고 해석하기보다는 법에 의해 부여되고 법에 의해 보호되는 이익이라는 관점에서 의무보다는 권리성의 의미에서 해석하고 접근하는 것이 타당할 것이다.

3) 사회복지사 보수교육 대상

「사회복지사업법」 제13조 제2항에는 사회복지사 보수교육 대상자로 사회복지법인[1] 또는 사회복지시설[2]에 종사하는 사회복지사로 규정하고 있다. 이를 구체적으로 살펴보면, 첫째, 사회복지법인에 종사하는 사회복지사로서 사회복지업무에 종사하는 자이며, 둘째, 사회복지시설에 종사하는 사회복지사로서, 「사회복지사업법」 제2조 제1호 각 목의 법률 또는 사업 지침의 종사자 자격 및 배치기준에 사회복지사 자격증 소지자로 명기되어 있거나 「사회복지사업법 시행령」 제6조 제1항[3]에서 정한 사회복지업무에 종사하는 자이다. 단, 위의 경우라도 주 5일 40시간 이상 근무하는 경우로 기간제근로자는 포함하되 단시간근로자는 제외된다. 그리고 사회복지사인 사회복지법인 상임이사와 사회복지시설의 시설장도 교육대상에 포함된다.

사회복지사 보수교육 대상자는 〈표 5-4〉와 같으나, 의무대상이 되더라도 사회복지사 자격증 미소지자는 보수교육 대상에서 제외된다. 또한 노인일자리전담기관(노인인력개발기관, 노인취업알선기관), 아동보호전문기관, 가정위탁지원센터, 중증장애인자립생활지원센터, 정신보건센터, 정신의료기관, 광역자활센터, 보육정보센터, 보육개발원, 성매매방지중앙지원센터의 경우에는 사회복지시설의 종류에 포함되지는 않으나 사회복지법인에서 위탁받아 운

1) 사회복지사업을 행할 목적으로 사회복지사업법 제2조 및 동법 제16조에 의거 허가를 받은 법인을 말한다.
2) 사회복지사업법 제2조 및 동법 제34조에 의거 사회복지사업을 행할 목적으로 설치된 시설을 말한다.
3) 제6조 (사회복지사의 채용) ①법 제13조 제1항 본문에 따라 사회복지법인 또는 사회복지시설을 설치·운영하는 자는 해당 법인 또는 시설에서 다음 각 호에 해당하는 업무에 종사하는 자를 사회복지사로 채용하여야 한다. 다만, 법 제2조 제1호 각 목의 법률에서 따로 정하고 있는 경우에는 그에 의한다. 〈개정 1999.10.30, 2008.10.28〉
   1. 사회복지프로그램의 개발 및 운영업무
   2. 시설거주자의 생활지도업무
   3. 사회복지를 필요로 하는 사람에 대한 상담업무

영하는 경우 사회복지법인의 종사자 기준으로 보수교육 의무 대상에 포함된다. 위 시설들이 사회복지법인의 위탁을 받지 않는다면 해당 기관의 사회복지사들은 의무교육 대상에서 제외된다(김종해 외, 2013). 또한 사회복지시설에 근무하며 사회복지사 자격을 가지고 있더라도 사회복지업무에 종사하지 않는 사회복지사는 보수교육 희망대상으로 의무교육 대상에서 제외된다.

표 5-4 사회복지사 보수교육 의무대상자

관련법	시설종류	직종 및 직급
		보수교육 의무대상
사회복지사업법	사회복지관	관장, 사무분야의 책임자 (부관장, 사무국장, 부장, 과장, 팀장, 대리, 주임)
노인복지법	노인주거복지시설(양로시설, 노인공동생활가정, 노인복지주택)	시설장, 사무국장, 직원
	노인의료복지시설(노인요양시설, 노인요양공동생활가정)	시설장, 사무국장, 직원
	재가노인복지시설(방문요양(가정봉사원파견시설) 주·야간보호, 단기보호, 방문 목욕, 재가노인지원서비스, 재가노인지원센터)	시설장, 직원
	노인여가복지시설(노인복지관, 경로당, 노인교실)	시설장, 사회복지사, 상담지도원
	노인보호전문기관(학대피해노인쉼터)	기관장, 직원, 상담원
	노인일자리지원기관	기관장, 직원, 상담원
아동복지법	아동양육시설	시설장, 사무국장, 보육사, 생활복지사, 직업훈련교사, 상담지도원, 자립지원전담요원
	아동일시보호시설	
	아동보호치료시설	
	자립지원시설	
	공동생활가정	

<table>
<tr><th rowspan="2">관련법</th><th rowspan="2">시설종류</th><th>직종 및 직급</th></tr>
<tr><th>보수교육 의무대상</th></tr>
<tr><td rowspan="3"></td><td>아동상담소</td><td rowspan="2"></td></tr>
<tr><td>아동전용시설</td></tr>
<tr><td>지역아동센터</td><td>시설장, 보육사, 생활복지사, 상담지도원, 자립지원전담요원, 직업훈련교사, 아동복지교사(아동청소년지도교사, 지역사회복지사)</td></tr>
<tr><td rowspan="5">장애인복지법</td><td>장애인거주시설(장애유형별 거주시설, 중증장애인 거주시설, 장애영유아 거주시설, 장애인 단기거주시설, 장애인공동생활가정)</td><td rowspan="5">시설장(관장), 사무국장, 총무, 사회재활교사, 시설훈련교사, 생활지도원, 직업훈련교사(직업재활사), 1~5급 직원</td></tr>
<tr><td>장애인지역사회재활시설(장애인복지관, 장애인 주간보호시설, 장애인체육시설, 장애인 수련시설, 장애인 심부름센터, 수화통역센터, 점자도서관, 점자도서 및 녹음서출판시설, 장애인 재활치료시설)</td></tr>
<tr><td>장애인직업재활시설(장애인 보호작업장, 장애인 근로사업장)</td></tr>
<tr><td>장애인의료재활시설</td></tr>
<tr><td>장애인생산품판매시설</td></tr>
<tr><td rowspan="2">정신보건법</td><td>정신요양시설</td><td>시설장, 사무국장, 작업지도원, 생활지도원(생활복지사), 전문요원</td></tr>
<tr><td>정신질환자사회복귀시설(정신질환자생활시설, 정신질환자 지역사회재활시설, 정신질환자 직업재활시설, 중독자재활시설, 정신질환자 생산품 판매시설, 정신질환자종합재활시설)</td><td>시설장, 직원, 재활활동요원, 전문요원</td></tr>
</table>

관련법	시설종류	직종 및 직급 보수교육 의무대상
국민기초 생활보장법	지역자활센터	시설장, 1~5급 직원
한부모 가족지원법	모자가족복지시설	시설장, 사무국장, 생활복지사, 생활지도원
	부자가족복지시설	
	미혼모자가족복지시설	
	일시지원복지시설	
	한부모가족복지상담소	
영유아 보육법	국공립어린이집	시설장, 직원
	사회복지법인어린이집	
	법인·단체등어린이집	
	직장어린이집	
	가정어린이집	
	부모협동어린이집	
	민간어린이집	
성매매방지 및 피해자보호 등에 관한 법률	지원시설(일반지원시설, 청소년지원시설, 외국인여성지원시설, 자활지원센터)	시설 및 상담소장, 사무국장, 직원, 상담원, 직업훈련교사
	성매매피해상담소	
성폭력방지 및 피해자보호 등에 관한 법률	성폭력피해자보호시설	상담소·보호시설장, 직원, 상담원
	성폭력피해상담소	
	성폭력피해자통합지원센터(여성폭력피해자원스톱지원센터), 아동성폭력전담센터(해바라기아동센터)	센터장, 총괄팀장, 직원
가정폭력방지 및 피해자보호 등에 관한 법률	가정폭력피해자보호시설(단기보호시설, 장기보호시설, 외국인보호시설, 장애인보호시설)	상담소·시설장, 직원, 상담원
	가정폭력 관련 상담소	
	긴급전화센터	

관련법	시설종류	직종 및 직급 보수교육 의무대상
다문화 가족지원법	다문화가족지원센터	센터장, 직원
노숙인 등의 복지 및 자립지원에 관한 법률	노숙인복지시설(노숙인일시보호시설, 노숙인자활시설, 노숙인재활시설, 노숙인요양시설, 쪽방상담소)	센터장, 상담요원, 생활복지사(지도원), 정신보건전문요원, 직원
	노숙인종합지원센터 (상담보호센터)	

출처: 한국사회복지사협회(2014). 사회복지사 보수교육 운영지침.

PART 02

사회복지의 접근방법

CHAPTER

제6장 사회복지서비스: 중범위 및 거시적 방법

사회복지는 핵심적으로도 궁극적으로도 사회의 구성원인 개인의 복지를 증진하기 위한 활동이라고 할 수 있다. 개인이 가족, 소집단, 조직, 지역사회, 국가사회를 구성하고 있고 그 개인이 구성하는 각각이 사회복지의 대상이 되지만, 결국은 각 대상의 핵심에는 개인이 있다. 이러한 관점에서 보면 개인은 개인을 둘러싸고 있는 사회체계(social system)나 환경에 영향을 미치고 또한 다른 체계도 개인의 복지에 직접 또는 간접적으로 영향을 미치게 된다. 따라서 사회복지의 실천대상은 개인과 개인의 복지에 직접 또는 간접적으로 영향을 미치는 사회체계나 환경을 변화시켜 개인의 복지를 향상시키는 활동이라고 할 것이다. 여기서 개인과 개인을 둘러싼 사회체계는 바로 사회복지에서 개입하여 변화시키려는 대상이 되는 것이다.

1. 사회체계의 구분과 사회복지의 실천대상

사회체계는 수준에 따라 2가지, 3가지 등으로 구분하고 있으며 이는 사회복지실천대상을 구분하고 구조를 구분하는 요소가 된다. 이를 구분하는 예를 표로 제시하면 〈표 6-1〉과 같다. 이 중 3차원 구분이 일반적이라고 할 수 있으며, 미시체계(microsystem), 중간체계(mezzosystem), 거시체계(macrosystem)

로 구분할 수 있다. 미시체계에는 개인이 속하고 중간체계에는 가족, 소집단이 속하고 거시체계에는 조직, 지역사회, 국가사회가 속하는 것으로 볼 수 있다.

표 6-1 체계의 수준 구분의 예

<table>
<tr><th colspan="2">2차원 구분</th><th colspan="2">3차원 구분</th><th colspan="2">3차원 구분</th></tr>
<tr><th>구분</th><th>예</th><th>구분</th><th>예</th><th>구분</th><th>예</th></tr>
<tr><td rowspan="2">미시체계</td><td rowspan="2">개인, 가족, 소집단</td><td>미시체계</td><td>개인</td><td>미시체계</td><td>개인, 가족, 소집단, 직장</td></tr>
<tr><td rowspan="2">중간체계</td><td rowspan="2">가족, 소집단</td><td rowspan="2">중간체계</td><td rowspan="2">(미시체계 간 관계) 가정-학교, 가정-직장, 학교-이웃</td></tr>
<tr><td rowspan="2">거시체계</td><td rowspan="2">조직, 지역사회, 국가사회</td></tr>
<tr><td>거시체계</td><td>조직, 지역사회, 국가사회, 사회제도, 문화</td><td>거시체계</td><td>국가사회, 사회제도, 문화</td></tr>
</table>

출처: 김상균 외(2001).

2. 사회복지접근방법

사회복지의 접근방법은 크게 두 가지 기준으로 구분할 수 있는데, 하나는 대상체계에 따른 방법이고 다른 하나는 적용지식과 기술에 따른 방법이다.

대상에 따른 접근방법은 위에서 제시한 사회체계에 따른 접근방법이다. 미시체계에의 접근은 직접적으로 서비스대상에게 접근하여 문제와 욕구를 해결하는 것이고(임상사회사업 또는 사회복지실천), 지역사회복지, 사회복지행정과 사회복지정책은 서비스 대상에게 간접적으로 접근하는 방법이다. 그리고 사회복지조사는 직접적 또는 간접적으로 서비스 대상을 조사하거나 이들에 대하여 자료를 수집하므로 직접/간접적 접근방법이라고 할 수 있을 것이다. 이를 〈표 6-2〉로 제시하고 그 하나하나에 대하여 간략히 설명하기로 하겠다.

표 6-2 사회체계에 따른 사회복지접근방법

사회체계	접근방법	서비스의 형태(주로)
개인, 가족, 소집단	사회복지실천, 사례관리, 임상사회사업	직접적
조직, 지역사회	지역사회복지, 사회복지행정	간접적
국가사회	사회복지정책	간접적
모든 체계	사회복지조사	직접/간접

1) 지역사회복지

지역사회복지(community welfare)는 지역사회주민의 복지에 관계되는 활동을 하는 주민조직, 다양한 복지 관련 단체, 일반사회단체, 행정조직 등에 개입하여 주민들의 문제나 욕구를 직·간접적으로 해결해주는 접근방법이다. 즉, 지역사회복지는 중간체계인 지역사회주민 개개인이 아니라 지역사회(지역공동체) 전체 또는 일부를 대표하는 사람에게 개입하는 것이다. 지역사회복지는 지역사회 수준에 개입하여 지역사회에 존재하는 각종 제도에 영향을 주고 지역사회의 문제를 해결하고 예방하고자 하는 일체의 사회적 노력을 말한다. 지역사회복지는 원래 전통적 사회복지방법인 지역사회조직(community organization)이 확대된 개념과 방법이다. 사실 지역사회조직은 지역사회복지를 위한 전문 기술적 개입지식과 기술에 초점을 둔 방법론적 용어라고 할 수 있다.

지역사회복지의 접근방법은 크게 두 가지로 볼 수 있다. 하나는 과업중심모델과 과정중심모델이다. 과업중심모델은 지역사회 주민의 일부 또는 전체의 일상생활상의 당면문제와 욕구를 해결하기 위하여 지역사회 수준에서 지역사회 내의 공적 및 사적 주민조직에 개입하여 주민들의 문제나 욕구를 해결하는 접근방법이다. 과정중심모델은 지역사회의 당면한 문제의 해결보다는 지역사회 전체의 기능강화 또는 지역사회 내의 조직들의 기능강화를 위해 지역사회 내 여러 집단들과 협동관계를 유지하고 지역적 구조를 결성하고 역량기반을 향상시키며 주민들의 적극적 참여를 격려하는 지역사회의 일반적 기능들을 향상시키는 데 초점을 둔 접근모델이다.

지역사회복지는 결국 지역주민들 개개인이 전체적으로 모여 문제나 욕구를 해결하는 것이 아니라 주민들을 대표하는 여러 조직을 통하여 문제해결에 대한 역량을 향상시키는 것으로 볼 수 있다.

현재 한국에서 지역사회복지를 수행하는 대표적인 지역사회복지조직은 지역사회복지관이다. 여기서는 지역사회복지관에서 수행하는 사업 중 위에서 설명한 과업중심모델과 과정중심모델을 잘 보여준다고 생각하는 지역조직화사업의 표를 제시하고자 한다(표 6-3).

표 6-3 지역사회복지관의 지역조직화사업 설명

지역 조직화 기능	복지 네트워크 구축	• 지역 내 복지기관·시설들과 네트워크를 구축함으로써 복지서비스 공급의 효율성을 제고하고, 사회복지관이 지역복지의 중심으로서의 역할을 강화하는 사업 −지역사회연계사업, 지역욕구조사, 실습지도
	주민 조직화	• 주민이 지역사회 문제에 스스로 참여하고 공동체 의식을 갖도록 주민 조직의 육성을 지원하고, 이러한 주민협력강화에 필요한 주민의식을 높이기 위한 교육을 실시하는 사업 −주민복지증진사업, 주민조직화사업, 주민교육
	자원 개발 및 관리	• 지역주민의 다양한 욕구충족 및 문제해결을 위해 필요한 인력, 재원 등을 발굴하여 연계 및 지원하는 사업 −자원봉사자 개발·관리, 후원자 개발·관리

출처: 보건복지부. 사회복지사업법 시행규칙.

2) 사회복지행정

사회복지행정(social welfare administration)은 사회복지서비스를 전달하는 공적 및 사적 조직체라는 사회체계에 개입하여 서비스 대상자에게 서비스를 효율적이고 효과적으로 전달할 수 있도록 하는 사회복지의 한 실천방법이다. 사회복지행정에서는 그 실천대상이 사회복지조직은 사회복지서비스를 전달하는 업무를 하는 공공조직은 물론 민간조직도 그 대상이 된다.

사회복지에서 대상자(클라이언트 또는 소비자)에게 전달하는 서비스, 다른 말로 급여(benefit)에는 무형의 기회(opportunity)로부터 비물질적 사회서비스(social services), 물품교환권, 현금까지 다양한 것이 포함되고 이러한 서비스 가운데 사회서비스를 제공하는 경우가 가장 많다. 그러므로 사회복지행정에 공공사회복지기관뿐만 아니라 민간사회복지조직을 포함하는 것은 당연하다.

사회복지행정은 행정학, 경영학, 조직학 및 다른 사회과학의 이론을 적용하여 조직의 서비스 전달업무를 기획하고 조직의 운영에 필요한 요원을 채용하고 서비스와 조직의 운영에 필요한 재원을 확보하여 관리하며, 또한 조직에서 제공한 서비스에 대한 평가를 하는 등의 활동을 다루게 된다.

사회복지행정의 주요 과정

사회복지행정은 사회복지조직이나 조직체계가 서비스를 잘 기획하여 전달할 수 있도록 하는 관리·운영적 기술과 지식이라고도 할 수 있는데, 중요한 행정적 과정은 ① 기획과 의사결정, ② 인사관리, ③ 재정관리, ④ 정보관리, ⑤ 사업평가 등이다. 이에 대하여 간략히 설명하면 다음과 같다.

첫째, 기획 및 의사결정이다. 사회복지조직은 그 목표라고 할 수 있는 서비스의 효율적이고 효과적인 전달을 위해서 기획과 의사결정 과정이 필수적이다. 기획은 목표를 달성하기 위한 장래의 행동에 관하여 계속적인 의사결정을 하는 과정이다. 다시 말해서 사회복지조직이 향후 일정한 기간(1년, 2년 또는 그 이상의 기간) 동안 달성할 목표를 설정해 놓고 이를 달성하기 위한 방법을 모색하고 결정하는 과정이라고 할 수 있다.

기획은 사회복지조직의 불확실성을 감소시키고, 활동의 리더십, 서비스의 효율성과 효과성, 책임성을 증진하기 위해 그리고 조직 구성원의 사기를 높이기 위해 필요한 과정이다. 기획은 대체로 다음과 같은 6단계를 거쳐 진행된다.

① 목표설정: 사회복지조직의 구체적이고 측정 가능한 목표설정
② 관련 정보 수집 및 가용자원 검토: 목표달성과 관련한 정보 및 동원 가능한 자원을 검토함
③ 목표달성을 위한 대안적 방법 모색: 목표달성을 위해 가능한 여러 가지의 대안을 찾아 냄
④ 대안의 시행조건 및 기대효과 평가: 각각의 대안을 현실적 시행 가능성과 시행했을 경우 기대되는 부정적 및 긍정적 효과를 비교 검토함
⑤ 최종대안 선택: 여러 가지 대안을 비교 검토한 결과에 의하여 우선순위를 정하여 최종적으로 최적의 대안을 선택함
⑥ 구체적 실행계획 수립: 결정된 대안을 시행하기 위하여 필요한 시간계획과 활동계획을 세움

둘째, 인사관리이다. 인사(人事)가 만사(萬事)라는 말이 있다. 이 말은 조직은 목표달성을 위하여 일하는 사람들의 집합체인 만큼 조직에 필요한 사람을 직원으로 채용하고, 직원을 훈련·개발하고, 직원들에게 동기를 부여하고, 직원을 조직 속에 유지시키는 것은 사회복지행정가의 가장 중요한 과업 중의 하나라는 것을 말한다.

직원은 모집, 선발, 임명을 통해서 채용된다. 모집의 방법은 다양하나 우리나라의 일반적 방법은 공개모집이다. 직무와 자격요건들을 명시하여 채용 공고를 내는 것이 일반적이다. 선발은 서류심사, 필기시험, 실시시험, 면접 등을 통하여 이루어지고 임용후보자가 결정되면 일정한 직위와 직무에 임명함으로써 채용이 마무리된다. 직원이 채용되면 그 직원이 맡은 업무를 잘 수행할 수 있도록 하기 위하여 여러 가지 직원역량개발 프로그램을 실시하고 있는데, 신규채용훈련, 일반직원훈련, 관리감독자 훈련 및 교육 등이 이에 속한다.

직원의 업무효율성과 효과성은 교육훈련만으로는 부족하고 업무에 대한 동기부여도 중요하다. 그러므로 행정가는 동기부여에 대한 지식과 기술을 갖추어야 할 것이다. 채용된 직원을 사회복지조직 속에서 계속 유지하기 위해서는 직무수행을 평가하여 승진도 시키고 보수도 조정하여야 할 것이다.

셋째, 재정관리이다. 사회복지조직을 운영하기 위해서는 재정자원은 필수적이다. 극단적으로 자원봉사자만 모여 있는 조직이라 해도 이들을 관리하기 위한 재정자원은 필요하다. 사회복지조직은 사무를 보는 사무실과 사무집기가 필요하고 조직을 운영하고 서비스를 전달하는 인원이 필요하다. 재정자원 없는 사회복지조직은 상상하기가 어렵다.

재정관리는 재무관리 또는 재무행정이라고 하는데 조직이 목표달성에 필요한 재정자원은 합리적이고 계획적으로 동원하고 배분하고 효율적으로 사용하고 관리하는 과정을 말한다.

재정관리는 예산을 수립하고, 예산상의 수입과 지출활동을 관리하고 수입과 지출에 관한 사항을 기록 정리하고, 재정관리의 전반적 절차를 평가하는 절차로 이루어진다. 재정관리는 사회복지조직에서 가장 많은 문제가 발생하는 관리부문이기도 하다.[1)]

사회복지조직의 재정자원은 공공조직이든 민간조직이든 거의 세금이나 후원금으로 충당되고 있기 때문에 그 관리는 철저하고 투명하게 집행되어야 한다.

예산은 어떤 독립적 실체가 장래 일정 기간 동안의 계획된 지출과 그 지출을 위한 자금조달 계획을 서술해 놓은 것이라고 할 수 있는데, 수립예산과 지출예산으로 구분할 수 있다. 예산은 품목별예산, 성과주의 예산, 계획예산, 영기준예산 등 여러 가지 형식으로 수립될 수 있다. 최근에는 성과주의 예산이 널리 활용되고 있다.

예산수립은 일반적으로 ① 조직의 단기적이고 구체적인 목표 설정, ② 조직운영에 대한 자료수집, ③ 운영대안 고려, ④ 조직 활동의 우선순위 결정, ⑤ 잠정적 예산 결정, ⑥ 재정원천에 대한 재확인, ⑦ 예산안 수정 및 확정의 절차를 거치게 된다. 예산은 사업과 직결되기 때문에 기획과정과 연계하여 이루어지는 경우가 상당히 많으며, 이와 같은 모습은 꽤 바람직한 예산수립 방법으로 보여진다. 이러한 판단은 기획예산처, 기획예산실, 기획예산국 등의 명칭을 통해서도 예상할 수 있다.

예산집행에서는 예산통제의 원칙과 기술을 구비하는 것이 바람직하다.

회계감사는 조직의 수입과 지출에 관한 사실을 확인 검증하고 이에 관한 보고를 하기 위하여 회계장부 및 기타 기록을 체계적으로 검사하는 것을 말한다. 회계감사는 조직의 재정관리에서 빼놓을 수 없는 중요한 활동으로 사회복지조직이나 법인 내부에서 하는 내부감사와 외부감사가 있다. 재무관리의 마지막 절차는 재정관리 전반에 대한 평가를 하는 것인데 이 평가를 통하여 사회복지조직의 재정관리절차를 개선해 나갈 수 있다.

1) 최근까지도 신문지상에서 많이 나타나는 문제가 시설에서의 공금횡령, 후원금 유용 등의 문제이다.

넷째, 정보관리이다. 정보관리는 조직이 목표달성을 위해 필요한 각종 형태의 공식적 및 비공식적 자료와 정보를 입수하고, 기록·분석하고, 전달·배포하고 보관하는 활동을 말한다. 사회조직의 발전에 따라 정보관리는 더욱 복잡해지고 더욱 주의를 요하는 중요한 활동이 되고 있다. 그리고 인터넷과 빅데이터 시대로 일컬어지는 현대와 미래에 더욱 더 중요시될 것이다.

정보관리는 사회복지조직에서 관리자들이 의사결정과 직원들의 직무수행에 필요한 정보를 제공하여 조직의 목표달성에 기여한다는 점에서 중요성을 부여할 수 있다. 정보기술의 발달로 인쇄매체의 필요성이 줄어들고는 있지만 기록된 문서의 중요성은 앞으로도 상당 시간 계속될 것이다.

사회복지조직의 정보체계는 클라이언트 정보체계, 조직정보체계, 업적정보체계의 3가지의 하위정보체계로 나누어진다(김영종, 1998).

클라이언트 정보체계(client information system)란 클라이언트 및 클라이언트와 프로그램의 상호작용에 관한 정보를 생성, 조직, 보급하는 데 관련된 정보체계를 말한다. 여기에는 클라이언트 명단, 개인과 가족에 관한 개인력 자료, 수급자격 심사에 관한 자료, 문제와 욕구에 대한 기록, 서비스 제공에 관한 기록, 평가 종료에 관한 모든 정보를 포함한다. 다음으로 조직정보체계(organizational information system)로서, 조직정보체계는 전통적으로 기획, 예산, 회계, 보고 등에 관한 정보로서 주로 외부 재정지원자에 의해 요청되어 필요하게 된 것이다. 조직정보체계에 의해 지원되는 조직의 전형적 기능은 욕구조사, 시설 및 운영계획, 연구조사, 직원 및 임금대장, 회계 및 비용통제, 통계보고 및 예측 등이 있다. 마지막으로 업적정보체계(performance information system)이다. 이는 결정의 향상이나 프로그램의 생산성 및 효과성의 다양한 측면들을 평가하기 위하여 요구되는 정보를 말한다.

다섯째, 사업평가이다. 사회복지서비스는 전달로서 끝나는 것이 아니라 서비스가 전달된 후나 서비스가 전달되는 가운데도 각각의 서비스 프로그램에 대한 평가를 하여 서비스가 과연 효과적·효율적으로 전달되었는지를 확인할 수 있다. 평가조사는 대부분의 경우 목표달성 정도를 확인하는 효과성 평가와 서비스 전달의 경제성을 따지는 효율성 평가가 주를 이루지만 서비스 및 프로그램 과정 평가 및 노력평가 등도 있다.

평가는 일반적으로 어떤 서비스가 일정 기간 동안 제공된 후나 어떤 프로그램이 시행된 후에 하는 것(총괄평가)이 일반적이지만, 서비스 제공이나 프로그램 시행 중에 개입활동이 제대로 이루어지고 있는가를 확인하여 프로그램 진행이나 개입을 수정하려고 하는 형성평가도 있다.

프로그램이나 서비스 평가는 사회조사방법론의 기본적 이론을 적용하여 시행하지만 평가척도의 신뢰도와 타당도 문제, 평가에 대한 이해와 협조 문제, 평가결과에 대한 수용 여부 문제 등이 제기되고 있어 항상 사업평가에 대해서는 상당한 논란이 발생하고 있다. 그렇다 하더라도 평가는 필요한 절차이므로 평가방법이 계속 연구되고 발전되어야 할 것이다.

3) 사회복지정책

정책이라는 말은 분명한 행동노선, 특정 목적을 달성하기 위해 필요한 행동에 관한 원칙, 정해진 계획이라는 의미를 갖는다. 사회복지는 사회문제(다수의 개인, 가족, 소집단, 조직 및 지역사회의 사람들에게 많은 피해를 주고 있어 집단적 차원에서 해결해야 할 필요가 있는 것) 또는 이를 해결하는 국가사회의 어떤 행동방침, 즉 대책, 개선책, 예방책을 세우는 것이다.

그러므로 사회복지정책(social welfare policy)은 국가사회 수준에서의 사회문제에 대한 계획은 물론 국가사회보다 하위체계(지역사회 또는 지방정부)의 사회문제에 대한 계획도 포함될 수 있다. 그러나 대부분의 경우는 국가사회 전체에 영향을 미치는 것에 한정하여 사회복지정책을 이해하는 경우가 일반적이다.

사회복지정책은 여러 가지 단계를 거쳐 형성되고 그 정책의 구체적 내용은 누구에게 무엇을, 어떤 방법으로, 어떻게 재원을 마련하여 전달할 것인가를 고려하여 계획되고 분석하는 것이 바람직하다. 이러한 사회복지정책을 형성하는 데 사회복지사의 적극적 참여와 역할이 중요하고, 참여하여 영향을 미치게 하기 위해서는 여러 가지 지식과 기술을 갖추는 것이 바람직하다.

(1) 정책형성과정

이러한 사회복지정책의 형성과정을 기술하면 다음과 같다(송근원과 김태성 모델: 1995).

첫째, 정책문제의 형성이다.

사회복지문제에서 다루어야 할 문제는 대체로 사회문제라고 할 수 있다. 사회복지는 어떤 의미에서 사회문제를 해결하기 위한 제도라고 할 정도로 사회복지는 사회문제를 해결하는 가장 대표적인 제도이다. 사회복지정책으로 해결해야 될 사회문제는 사회적 가치에 위배되고, 상당수의 사람들이 그 현상으로 부정적인 영향을 받고, 다수의 사람 또는 영향력 있는 사람들이 문제라고 판단하고 있고, 사회가 해결이나 개선을 원하고 있고, 해결이나 개선을 위해 집단적 차원의 사회적 행동이 요청되는 사회적 현상을 말한다(최성재 · 남기민, 2000).

여기서 문제란 충족되지 못한 욕구와 같은 의미로 사용되고 있으며, 따라서 정책문제는 사회문제나 사회적으로 충족되지 못한 욕구라고 할 수 있다.

그러나 실제로 모든 사회문제가 사회복지의 문제로 인식되고 이슈화되는 것은 아니다. 사회문제가 정책적 관심의 영역에 들어오기 위해서는 사회문제가 논점으로 부각되어 이슈화되어야 한다.

둘째, 정책 어젠다의 형성이다.

사회문제가 정책문제로 이슈화되면 그 문제는 일반 국민들이나 정책가들에 의해 관심의 대상이 되어 논의되기 시작한다. 이슈화된 정책문제가 정책결정자들에 의해 논의될 수 있는 상태에 있게 되는 의제들의 항목에 들어가게 되는 것을 정책 어젠다(agenda)의 형성이라고 한다. 여기서 의제는 어젠다와 구별되어야 한다. 의제는 정책가들에 의해 정책문제로 논의되는 문제나 이슈를 말하고, 어젠다는 의제들의 도움이나 묶음을 말한다. 다시 말해서 정책의제의 목록이라 할 수 있다.

사회문제가 사회복지의 문제로 이슈화되고 사회복지정책의 어젠다로 발전되는 것은 단순하게 이루어지는 것이 아니라, 여러 가지의 단계를 거쳐 이루어지고 있으며, 아젠다 형성에는 형성의 참여자(이슈 전문가, 이해당사자, 클라이언트, 사회복지전문가, 일반국민), 정치체제 자체, 다른 이슈들의 존재, 기타 상황적 요인들이 영향을 미치게 된다.

셋째, 정책대안의 형성이다.

사회복지의 문제가 정책 어젠다에 오르게 되면 그 문제를 해결할 수 있는 대안과 방법들을 연구하고 찾아야 한다. 그리고 여러 가지 대안이 있을 경우 대안들을 비교하여 각각의 기대효과와 장점과 단점들을 생각해야 한다. 어떤 사회복지문제는 해결대안이 전혀 없거나 대안이 분명하지 않아 이 단계에서 특별히 연구하여 찾아내어야 하는 경우도 있지만, 대부분의 경우 이미 사회복지의 문제들이 연구되고 그 대안들이 많이 제시되어 있고, 또는 그 대안들이 비교 검토되어 이를 활용하면 된다.

이미 해당문제에 대한 대안이 많이 연구되고 논의되어 있는 경우가 아닌 경우는 대체로 해당 어젠다의 대안은 다음과 같은 절차를 거쳐 형성할 수 있다.

① 사회복지 문제의 상황파악: 문제나 욕구의 원인 규명, 문제의 영향, 문제의 인지범위, 문제의 해결능력, 문제의 성격
② 미래의 예측 및 목표의 설정: 장애의 변화를 예측하여 바람직한 미래의 상태인 목적을 설정함
③ 대안의 탐색 및 개발: 과거의 정책과 외국의 정책사례를 참고하고 사회과학적 지식과 직관적 방법을 활용하여 정책대안을 개발함
④ 대안의 비교분석: 기술적 실현 가능성, 정치적 실현 가능성, 효율성, 효과성, 사회적 형평성 등을 기준으로 대안을 비교 분석함

어떤 사회문제가 정책 어젠다에 처음 오르고 이에 대한 대안들이 개발되지 않은 상황에서는 사회복지의 다른 어젠다 혹은 사회복지 이외의 다른 어젠다가 상대적으로 빠르게 다루어지거나 정치적 여건이 급변하여 정책논의를 위해 열려 있던 정책의 창문이 닫히게 되어 기회를 놓칠 수도 있다(Kingdon, 1995)는 점을 유의하여야 할 것이다.

넷째, 정책의 결정이다.

여러 가지 정책대안들이 개발되었다 하더라도 이러한 대안들이 모두 정부당국에 의해 채택되는 것은 아니다. 어떤 것은 채택되고 어떤 것은 채택되지 못한다. 정책결정은 권위 있는 정책결정권자가 문제해결을 위한 여러 대안들 가운데 하나를 선택하는 행위나 과정을 말한다. 정책결정과정에서 가장 중요한 것은 다양한 정책대안들에 대한 우선순위를 정하는 것이다. 다시 말

해서 정책결정과정은 바로 우선순위를 결정하는 것이라 해도 과언은 아니다.

정책결정과정의 특성으로는 권위 있는 정책결정자가 하는 행위라는 점, 행위의 결과를 통해 잠정적 해결방안이 채택된다는 점, 정책결정 행위는 사회 공익적 관점에서 이루어져야 한다는 점, 문제를 보다 거시적 관점에서 볼 필요가 있다는 점을 들 수 있을 것이다.

다섯째, 정책의 집행이다.

사회복지정책이 결정되면 정책 그 자체는 사실상 행동노선, 방침 또는 계획에 불과한 상태이므로 이러한 방침과 계획은 사회복지의 공적 및 사적 일선기관을 통해 구체화되어야 한다. 이와 같이 결정된 정책을 구체화시켜 나가는 과정이 정책집행과정이다. 정책집행을 가치적 요소가 배제된 단순한 관리 기술적 과정으로 보면 정책집행은 과학적 합리성에 의해서만 이루어지게 되기 쉽다.

그러나 정책집행과정은 정치적 성격을 인정하느냐 하지 않느냐에 따라 집행과정이 달라질 수 있다. 정책집행과정에는 여러 참여자들 사이에 상호작용이 일어나고 이들 사이에 협상과 타협이 이루어지고 이로 인하여 정책목표가 왜곡되거나 정책집행이 지연되거나 심지어는 정책목적을 전혀 달성시키지 못하는 경우도 발생할 수 있다. 정책집행은 여러 참여자들의 세력관계 속에서 이루어지는 것이 일반적이므로 정책집행과정은 정치적 성격을 띠는 것이 그 특징이라고 할 수 있다.

정책집행에는 정책 환경적 요인(정치적 상황변화, 경제적 상황변화, 사회적 상황변화 등)과 정책 내재적 요인(정책문제의 정의와 관련된 변수, 정책수단 및 절차의 확보와 관련 변수, 정책산물 관련 변수, 정책 행태적 요인 등)이 크게 영향을 미치는 것을 고려할 필요가 있다.

여섯째, 정책의 평가이다.

정책이 집행되면 집행절차와 집행결과에 대한 평가가 이루어지는 것이 타당하다. 정책평가는 좁게는 정책집행과정에 대한 평가, 즉 정책이 원래 의도한 문제의 해결에 얼마만큼 영향을 미쳤는가를 평가할 수도 있고, 넓게는 정책형성과정 전반(정책의제, 정책결정과정, 정책집행과정, 정책결과, 정책의 영향 등)에 대해 평가할 수도 있다. 정책평가는 사회복지정책의 효과성 증진, 책임성 확보, 정책연구의 기초를 마련하는 의미에서 필요하지만 평가에는 여러 가지 이슈(질적 평가의 문제, 시간의 적절성, 정책담당자의 의지, 환류(feedback) 장치의 문제 등)가 있어 정책평가의 유용성에 논란이 제기되기 한다. 그러나 정책의 평가기술이 크게 발전하고 있고, 평가의 긍정적 측면이 훨씬 크다고 판단되어 평가는 당연한 과정으로 인정되는 추세이다.

사회복지 정책평가는 ① 평가의 목표설정, ② 평가의 범위설정, ③ 정책프로그램의 내용 파악, ④ 평가조사설계, ⑤ 자료수집 및 측정, ⑥ 분석 및 해석의 절차를 거치게 된다. 이러한 사회복지정책 평가에는 인적요인, 시간적 요인, 기술적 요인, 제도적 요인, 정책 자체 요인들이 영향을 미치게 된다.

(2) 정책실천의 기술과 과제

사회복지정책을 실천하는 사회복지전문가 또는 사회복지사는 다음과 같은 네 가지 기술이 필요하다.

첫째, 분석기술이다. 정책대안의 개발과 대안들 간의 비교 및 결정의 최종안을 건의하기 위하여 분석하는 기술이 필요하다.

둘째, 정치적 기술이다. 정책결정의 현실적 가능성을 검토하고, 권력관계를 파악하고, 정치적 전략을 개발하고 구사하기 위하여 정치적 기술이 필요하다.

셋째, 상호작용기술이다. 영향력 있는 관계자 접촉, 지지망 구축, 개인적 관계 구축, 교우 관계망 구축, 정책목표 달성을 위한 집단과정의 활용을 위한 상호작용의 기술, 즉 대인관계 및 사교기술이 필요하다.

넷째, 가치표현기술이다. 정책의제 또는 어젠다 형성과 특정 정책에 대한 지지를 위한 도덕적 정당성을 확보하기 위하여 가치적 근거를 분명히 제시하고 가치적 판단을 유능하게 하는 기술이 필요하다.

4) 사회복지조사

사회복지조사(social welfare research)는 사회복지의 학문적 연구는 말할 필요도 없고 실천을 위해서도 필요한 기본적 기초지식과 기술이라고 할 수 있다. 사회복지조사는 사회체계 및 사회체계 간의 관계에 관하여 논리적 가설을 설정하고 자료를 수집하고 분석하고 해석하여 가설을 입증하거나(연역적 방법) 또는 많은 사회체계와 사회체계 간의 관계를 관찰하고 분석하여 일정한 원칙을 찾아내는 방법(귀납적 방법)인데 바로 사회복지의 이론과 실천을 과학적인 수준으로 제시하고 발전시키는 기본적 지식과 기술이라고 할 수 있다.

여기에서는 과학에 대한 연역적 방법과 귀납적 방법에 대해 좀 더 설명하고자 한다(황성동, 2014).

연역적 접근은 일반적인 것에 구체적인 것으로 결론을 내리는 방식을 취한다. 어떤 이론에서 질문을 만들어내고 그 질문은 조사과정을 통해 관찰된 것과 비교 검토된다. 예를 들어, 피아제(Piaget)의 인지발달이론은 서로 다른 문화에서도 동일하게 적용될 수 있는지 관찰을 통해 검증된다. 이 관찰결과는 다시 이론으로 반영된다.

귀납적 접근은 특정한 현상을 연구하기 위해 관찰을 하고, 그 결과 특정

현상 내의 관계를 기술하거나 설명하는 일반적 사실(generalization)이 개발된다. 귀납적 추론은 어떤 현상에 대한 일정한 유형을 발견하게 되는 것으로 이론은 관찰에서 도출된다. 예를 들어 근거 이론적 방법(grounded theory)이 전형적인 경우이다.

CHAPTER

제7장 사회복지서비스: 미시적 방법

1. 사회복지실천

사회복지실천은 사회복지사가 도움이 필요한 사람들에게 전문적인 서비스를 제공하는 활동이다. 사회복지실천에 대한 이해를 돕기 위해 먼저, 사회복지실천의 개념과 대상을 제시하였고, 클라이언트를 바라보는 다양한 관점, 면접과 의사소통기술, 실천과정 등을 살펴보도록 하겠다.

1) 사회복지실천의 개념

미국사회복지사협회(NASW)는 사회복지실천의 개념을 다음과 같이 제시하고 있다(NASW, 1958: 5-6). 첫째, 개인과 집단이 환경 간의 불균형 상태가 일어났을 때 문제를 정확히 발견하고 그 정도를 경감시키거나 해결할 수 있도록 도와주는 일이다. 둘째, 개인 또는 집단과 환경 간의 상호작용 과정에서 발생할 수 있는 잠재적 문제를 확인함으로써 양자 간에 불균형 상태가 발생하는 것을 사전에 예방하는 것이다. 셋째, 개인과 지역사회 내의 잠재력을 찾아내고 확인하여 이를 강화시켜 준다.

양옥경 등(2005: 30)은 사회복지실천을 사람의 삶의 질 향상을 위해 개인, 소집단, 가족 또는 지역사회의 문제 및 요구에 권한부여적(empowering) 문제

해결 접근방법(problem-solving method)으로 개입하는 종합적(generic) 전문활동(professional activity)이라고 정의하였다.

이러한 개념들을 종합해 보면 사회복지실천은 사회복지사가 현장에서 구체적인 서비스들을 제공하는 행위이며, 이를 위해 필요한 다양한 방법들을 연구하고 익히는 영역이라고 할 수 있다.

2) 사회복지실천의 대상

사회복지실천의 대상자는 대개 개인, 집단, 가족과 지역사회로 구분된다. 일반적으로 사회복지사는 대상자와 일대일로 만나 문제를 확인하고 이에 적합한 서비스를 제공하게 되는데, 개인과 더불어 특정 욕구와 문제를 지닌 집단과 가족도 실천의 대상이 될 수 있고, 더 넓은 의미에서 사회복지사들은 지역사회가 내포하고 있는 다양한 욕구와 문제를 해결하기 위해서 노력을 하기도 한다. 여기서는 각 대상별 접근방법에 대해 살펴보도록 하겠다.

(1) 개인

개인을 대상으로 하는 사회복지실천은 사회복지사가 일대일로 클라이언트를 만나 원조활동을 하는 것으로 개별사회사업이라고 한다. 일대일 방식의 원조 유형은 19세기 말 빈민층을 원조하는 기관의 자원봉사자들과 함께 실천가들의 활동에서 출발하였다. 리치몬드(Richmond)는 '개별사회사업이 개별적 · 의식적으로 개인과 그의 사회환경 간의 조정을 통해 그 사람의 인격을 발달시키는 과정'이라고 하였고(Richmond, 1922: 98), 개별사회사업은 다음과 같은 일반적인 특징을 가지고 있다(전재일 외, 2004: 232).

① 개별사회사업의 대상은 문제를 가진 개인이다.

② 개별사회사업의 주체는 문제에 대한 과학적 지식과 전문적 기술을 가진 전문가이다.
③ 그 방법은 대상에 따라 달라지는 개별적(case by case)인 것이다.
④ 개별사회사업은 성격의 성장, 발달과 환경에의 적응을 다루는 의식적인 노력이다.
⑤ 개별사회사업은 사회복지사와 클라이언트 간의 인간관계를 중요시하는 협동적인 활동이다.
⑥ 개별사회사업은 과정(process)이며 예술이다.
⑦ 예방보다는 치료적 입장에서 문제해결 및 재조정을 중요시한다.
⑧ 개인과 그의 사회환경과의 상호작용을 중요시하는 개인의 내면을 강화하고 환경조정을 한다.
⑨ 클라이언트의 주체성을 인정한 측면에서 도움이 된다.
⑩ 기관의 기능을 중시한다.

즉, 개별사회사업은 개인이 경험하고 있는 개인적이고 사회적인 문제를 해결할 수 있도록 돕는 데 그 목적이 있다고 할 수 있다. 개인 수준에서 사회복지사들이 개입할 수 있는 조건으로는 연령이나 발달 단계에 따른 변화, (정신)건강, 장애, 적응능력, 생활경험과 양식, 경제적 상황 등이 있다. 예를 들어 65세 이상이 되면 신체적·사회적 상실을 경험하게 되는데, 사회복지사들은 노년에도 양질의 삶을 지속할 수 있도록 다양한 서비스(소득과 건강보장, 재취업, 정신건강서비스 등)를 제공해야 한다.

(2) 집단

집단을 대상으로 하는 사회복지실천은 사회복지사가 다수의 클라이언트를 만나 원조활동을 하는 것으로 집단사회사업이라고 한다. 19세기 동안 종교 및 자선조직의 실천 모델로 개발되었고, 초기에는 YMCA와 YWCA에서 집단 프로그램과 다양한 활동을 제공하였다. 집단사회사업은 구조화된 집단 상호작용을 통해 좀 더 적응적인 사회적 기술과 기능을 수행하도록 지지하고 자극하는 활동이다. 특히, 집단을 통한 개인의 변화는 시간과 비용을 줄일 수 있다는 이점과 함께 청소년을 비롯한 비자발적인 클라이언트에게 효과적인 개입방법이라고 할 수 있다.

인간은 태어나면서부터 자연발생적으로 가족이라는 집단에 소속이 되지만, 그 외에도 인위적 집단에 포함될 수 있다. 집단은 구체적 목적에 따라 다양한 유형으로 구분될 수 있는데 토슬랜드와 리바스(Toseland & Rivas, 1995)는 치료집단(therapeutic groups)을 교육집단(educational), 사회화집단(socialization), 성장집단(growth), 치료집단(remedial)으로 분류하여 치료집단의 개념을 폭넓게 제시하였다.

일반적인 집단사회사업의 순기능적 측면을 살펴보면 다음과 같다.

① 집단구성원들에게 관심을 보여야 한다.
② 지도 능력을 보이는 리더가 나타날 수 있다.
③ 자기 자신을 명백하게 표현하는 행위가 가능하다.
④ 집단유지에 초점을 맞출 수 있다.
⑤ 감정을 개방적으로 진지하게 표현할 수 있다.
⑥ 개방적인 반응과 건설적인 피드백을 기대할 수 있다.
⑦ 집단 내의 지침에 따라 행동해야 한다.
⑧ 타인의 장점에 대한 긍정적인 피드백이 가능하다.
⑨ 자신의 강점에 대한 확신을 가질 수 있다.

다음으로 집단사회사업의 역기능적 측면을 살펴보면,

① 다른 성원의 이야기를 방해하는 행동을 할 수 있다.
② 본인의 이야기는 하지 않고, 다른 사람에 대해서만 이야기할 수 있다.
③ 비난이나 공격적인 말투는 다른 성원에게 피해를 줄 수 있다.
④ 신뢰감이 형성되기 전의 서투른 충고는 관계 형성에 악영향을 미칠 수 있다.
⑤ 성원의 산만한 움직임은 집단활동에 피해를 줄 수 있다.
⑥ 집단 내 하위집단을 만드는 것은 집단에 해를 줄 수 있다.
⑦ 자신의 문제에 초점을 맞추지 않을 수 있다.

이러한 역기능적 측면을 감소시키기 위해서는 집단의 규모, 지속기간, 빈도, 성원의 구성과 같은 철저한 사전준비가 필요하다.

(3) 가족

가족을 대상으로 하는 사회복지실천은 사회복지사가 가족관계의 문제해결을 위하여 물리적 · 정서적 지지를 제공하는 것이다. 제2차 세계대전 이후 전쟁으로 인한 개인의 심리적 · 정서적 문제가 가족의 해체, 청소년 비행 등의 가족문제를 야기하면서 가족의 구조 변화를 통해 개인의 행동과 태도에 변화를 주려는 가족치료에 관심을 가지기 시작했다(양옥경 외, 2005: 245-246). 특히, 가족은 생애주기(family life cycle)에 따라 발달하며, 각 단계마다 수행해야 하는 발달적 과업이 발생하게 되는데, 듀발(Duvall)이 제시한 일반적인 가족의 생애주기와 단계에 따른 발달적 과업은 〈표 7-1〉과 같다(Duvall, 1977; 전남련 · 김혜금, 2006: 131-136).

표 7-1 듀발(Duvall)의 가족생애주기 단계

단계	발달적 과업
1. 가족형성기 (신혼가족, 자녀가 없는 부부)	• 상호 만족스러운 결혼생활의 확립 • 임신과 부모역할에 대한 적응 • 친족망과 조화 • 미래 부모역할 정하기
2. 출산가족 (첫 자녀의 출생부터 30개월까지)	• 의사소통 효율화하기 • 유아의 발달에 적응, 격리 • 부모와 유아가 만족하는 가정의 확립
3. 학령 전 아동가족 (첫 자녀가 2세부터 6세까지)	• 취학 전 자녀의 욕구와 관심을 격려하고 성장을 증진하도록 적응 • 에너지 고갈과 프라이버시 부족에 대처 • 가족구성원과 의사소통 유형에 적응하기
4. 학령기 아동가족 (첫 자녀가 6세부터 13세까지)	• 학령기 가족의 지역사회와의 조화 • 자녀의 교육 성취에 대한 격려 • 재정적 지급능력 유지하기
5. 십대 자녀 가족(청소년가족) (첫 자녀가 13세부터 20세까지)	• 자유와 책임의 조화 • 부모역할을 마친 후의 관심과 진로 확립 • 청소년과 성인 사이의 의사소통 중재하기
6. 성인자녀를 가진 가족 (첫 자녀의 독립부터 막내 자녀의 독립까지)	• 적절한 의례와 지원으로 초기 성인 독립 • 지지적 가정기반의 유지 • 자녀가 가정을 떠날 때 책임 재할당하기
7. 중년기 가족 (빈 둥지부터 은퇴까지)	• 텅 빈 보금자리 적응하기 • 결혼관계의 재확립 • 노인 및 젊은 세대와의 친족관계 유지
8. 노년기 가족 (은퇴부터 양쪽 배우자의 사망까지)	• 사별과 혼자 사는 것에 대한 대처 • 노년에 대한 적응 • 은퇴에 대한 적응 • 배우자의 죽음에 적응하기

출처: Nichols & Schwartz(1995); 김혜란 외(2006: 160).

가족치료는 가족에 초점을 두는 치료방법을 통칭하는 용어로서 가족체계의 역기능적인 상호작용 패턴과 관계구조를 변화시킴으로써 문제해결과 스트레스 대처를 돕고, 건강하고 기능적인 개인과 가족이 되도록 돕는 접근방법이다(송정아 · 최규련, 1997: 3). 가족치료에는 다양한 이론적 배경을 가진 모델들이 포함되어 있는데, 이와 관련한 내용은 10장에서 구체적으로 살펴보겠다.

(4) 지역사회

사회복지사들은 지역사회가 가진 문제를 해결하기 위해서 지역사회 수준에서도 사회복지실천을 실시하고 있다. 특히, 개인이나 집단, 가족을 이해하고 원조하기 위해서는 클라이언트가 위치하고 있는 지역사회의 자원을 발굴하고 동원하여, 연결시키는 것이 필요하다. 지역사회 수준 실천의 가장 중요한 목적은 지역주민들의 복지를 증진시키기 위해서 적절한 환경을 제공하는 것이기 때문에 개입의 범위가 상대적으로 넓다. 우리나라의 경우 1970년대 새마을운동, 사회복지관 등을 중심으로 한 활동들이 이후 지역사회복지활동으로 발전되어 왔다.

지역사회를 대상으로 한 다양한 실천방법들 중 사회복지관에서 주로 활용하고 있는 실천방법들을 살펴보면(양옥경 외, 2005: 264-273; 김혜란 외, 2006: 76-286), 사회적 지지체계의 개발, 서비스 조정, 프로그램 개발, 집단 옹호활동, 지역사회 내 기관 간 협력, 자원 개발 등이 있다.

첫째, 사회적 지지체계를 개발하기 위해서는 공적 자원(병원, 보건소, 사회복지기관, 상담센터)과 자연적 지지체계(학부모 집단)를 활용하는 방법이 있다.

둘째, 다양한 문제를 가진 클라이언트에게 복합적인 서비스를 제공할 때에는 서비스 간 조정이 필요하다.

셋째, 클라이언트의 욕구와 문제를 해결하기 위한 서비스가 지역 내에 없을 때에는 프로그램과 자원을 개발해야 한다.

넷째, 사회복지사는 불평등한 사회적 · 법률적 · 제도적 기능이 있다면 클라이언트 개인이나 집단을 위해 옹호활동을 해야 한다.

다섯째, 다양한 클라이언트의 욕구를 효과적으로 충족시키기 위해서는 여러 기관이나 전문가의 노력과 협력이 필요하다.

여섯째, 자원은 크게 인적 자원과 물적 자원으로 구분할 있는데, 이러한 자원은 복지재원의 총량을 확대시켜주고, 지역사회주민들의 사회복지에 대한 자발적인 참여의 촉진과 공동체 의식 함양에도 기여한다.

3) 사회복지실천의 관점

사회복지사는 클라이언트의 욕구와 문제를 해결하기 위해 다양한 이론과 관점에 대해 이해하는 것이 필요하다. 이 장에서는 다양한 관점들 중에서 사회체계이론, 생태체계이론, 강점관점에 대해서 살펴보도록 하겠다.

(1) 사회체계이론

사회체계이론적 접근방법은 일반체계이론(Bertalanffy, 1967)에 기반하고 있다. 이 이론에서 체계(system)는 상호 의존적이고 상호작용하는 부분들로 구성된 전체, 즉 '부분 간에 관계를 맺고 있는 일련의 단위들'로 정의된다(양옥경 외, 2005: 113). 따라서 개인과 사회의 문제를 바라볼 때 상호 연결된 전체로 파악하게 되는데, 학교탈락과 같은 문제를 가진 학생들의 경우 그들의 정적 행동에 관심을 가지기보다는 환경과의 상호 역동적인 교류에 관심을 가지게 된다.

(2) 생태체계이론

생태체계이론은 일반체계이론과 생태이론을 접목시킨 이론이다. 인간과 환경은 분리된 존재가 아니라 지속적으로 상호 교류하면서 존재하기 때문에 클라이언트의 문제를 해결하기 위해서는 인간과 환경을 모두 이해하고, 그들 간의 상호작용을 살펴보아야 한다. 이 이론에서는 개인을 둘러싸고 있는 체계를 미시(micro), 중간(meso), 외적(exo), 거시(macro)체계로 구분하고 있다. 먼저, 미시체계는 개인이 면대면으로 마주하면서 상호작용을 할 수 있는 체계로 가족이 대표적인 예이다. 중간체계는 개인이 참여하는 둘 이상의 환경 간의 상호관계로 이루어지는데, 학생의 경우 가정생활이 학교생활에도 영향을 미칠 수 있게 된다. 다음으로 외적체계는 개인이 적극적으로 참여하지는 않지만, 그가 속한 환경에서 일어나는 상황에 영향을 주고받는 것을 의미한다. 아버지가 직장생활에서 불쾌한 감정을 경험했다면, 자녀에게도 이러한 감정이 영향을 줄 수 있다. 마지막으로 거시체계는 법, 문화, 종교와 같은 광범위한 사회적 맥락을 의미하는 것으로 우리는 이러한 맥락들과 매 순간 마주하는 것은 아니지만, 영향을 받고 있는 체계임은 분명하다.

(3) 강점관점

강점관점은 클라이언트의 문제와 병리현상보다는 강점에 초점을 두고, 긍정적인 성장 가능성에 관심을 두는 관점이다. 강점관점의 가장 중요한 특성은 사회복지사가 그들의 능력과 자질을 보는 것이다. 김융일 외(1995: 47)는 강점관점의 특성을 다음과 같이 제시하였다.

첫째, 문제가 아닌 도전을 강조한다. 문제는 사회복지실천개입에서 클라이언트로 하여금 수치감, 비난, 죄책감, 낙인을 수반하며, 부정적 전제를 불러

냈다. 그러나 강점관점에서 사회복지사가 클라이언트의 문제를 도전, 전환점, 성장의 기회로 바라볼 때, 그들은 자신의 관점을 의미 있게 변화시킨다.

둘째, 병리가 아닌 강점을 강조한다. 병리에 초점을 두는 것은 강점을 드러낼 클라이언트와 실천가의 능력을 덮어 버리고, 병리로 진단하는 것은 개인의 강점을 덮어버리게 된다.

셋째, 과거가 아닌 미래를 중시한다. 의료모델에 초점을 둔 개입과정은 언제, 어떻게, 왜 클라이언트체계가 잘못되기 시작했는지 과거를 탐색한다. 그러나 강점지향적 사회복지실천은 미래의 성장을 위해 이용될 수 있는 자원을 발견하기 위해 현재를 탐색한다.

4) 사회복지실천을 위한 면접과 의사소통기술

(1) 사회복지실천면접의 기술

사회복지실천에서 면접은 전문적 관계에 바탕을 두고 정보수집, 과업수행, 클라이언트의 문제나 욕구해결 등과 같은 목적을 수행하는 시간제한적 대화이다(Johnson, 1989: 187). 면접은 사적 대화 이상의 것으로 클라이언트의 욕구나 문제를 해결하기 위해 다양한 정보를 수집하는 것이다. 콤튼과 갤러웨이(Compton & Galaway)는 사회복지실천에서 면접의 특성을 다음과 같이 제시하였다(Compton & Galaway, 1994: 274; 양옥경 외, 2005: 153).

첫째, 맥락이나 세팅을 가지고 있다. 클라이언트에게 서비스를 제공하는 특정한 기관이 있고, 면접의 내용은 특정 상황에 한정되어 있어 관련되지 않은 요인들은 제거된다.

둘째, 목적과 방향이 있다. 면담은 우연히 만나 정보를 교환하는 것이 아니라 구체적인 목표를 달성하기 위해 수행되는 과정이다.

셋째, 계약에 의한다. 면접은 클라이언트와 사회복지사가 목적달성을 하기 위한 일련의 과정을 상호 합의한 상태에서 진행한다는 것을 의미한다.

넷째, 면담에서는 관련자들 간의 특정한 역할관계가 규정된다. 즉, 면담인과 피면담인에게 각각 정해진 역할이 있고, 그 역할에 따라 상호작용을 한다.

면접을 시작할 때 사회복지사는 자기소개 및 기관에 대한 소개를 하고, 첫 면접의 목적을 소개하는 것이 필요하다. 특히, 추후 원활한 면접을 진행하기 위해서는 클라이언트와 라포(rapport)를 형성하는 것이 중요하다. 그리고 클라이언트와 면접을 할 시에는 개인의 연령이나 상황에 맞는 언어를 선택하는 것이 필요하고, 초기에는 폐쇄형 질문을 통해서 클라이언트와 대화를 이끌어 가는 것이 필요하며, 차츰 개방형 질문을 사용해야 한다. 폐쇄형 질문은 사실에 대한 구체적인 정보를 얻는 방법으로 '나이가 어떻게 되십니까?'와 같이 질문하는 것이다. 그에 반해 개방형 질문은 클라이언트가 자신의 생각을 자유롭게 표현할 수 있는 방법이기 때문에 다양한 이야기를 이끌어 낼 수 있는데, '부부불화의 이유가 무엇이라고 생각하십니까?'와 같이 질문을 하는 것이다.

면접 시 주의해야 할 사항으로는 사회복지사가 클라이언트에게 '왜'라고 묻는 것이다. '왜'라는 질문을 받은 클라이언트는 사회복지사가 자신을 비난하는 것으로 느낄 수 있기 때문에 방어적인 태도를 취할 수 있다. 그러므로 질문시에는 '왜'보다는 '무엇'을 사용하는 것이 좋다. 또한 클라이언트가 질문에 대한 대답을 할 수 있도록 충분한 시간을 주는 것이 필요하고, 때로 클라이언트가 질문에 대하여 침묵을 하는 것 역시 일종의 의사표현이라는 것을 이해해야 한다. 그러므로 사회복지사들은 무엇을, 어떻게 질문하는가에만 초점을 두고 면접을 진행하는 것이 아니라 클라이언트의 감정이 어떻게 표현되는지 잘 듣는 방법에 대해서도 관심을 가지는 것이 필요하다.

(2) 언어적 · 비언어적 의사소통기술

의사소통이란 사람들 간에 생각이나 감정들을 교환하는 총체적인 행위이다. 의사소통을 하는 대표적인 방법은 대화를 하는 것, 즉 언어적 의사소통이라고 할 수 있다. 사회복지사와 클라이언트 간의 의사소통을 증진시키는 언어적 기법은 다음과 같다(Kirst-Ashman & Hull, 1993: 58-66; 김융일 외, 2000: 200-204; 엄명용 외, 2006: 240-242; 이종복 외, 2006: 184-186).

① 클라이언트에 대한 지지적 언어반응

클라이언트가 말을 하는 사이에 긍정적인 언어반응으로 '아 그랬군요, 알겠어요, 으음, 예' 등의 간단한 반응을 해 줌으로써 클라이언트로 하여금 사회복지사가 자신에게 관심을 갖고 경청하고 있음을 알려주는 것이다.

② 클라이언트 언어의 재구성

클라이언트가 말한 것을 다른 단어를 사용하여 재구성하는 기법으로 클라이언트의 의도를 제대로 파악했는지 알아보거나 클라이언트에게 자신의 말을 한번 생각해 볼 여유를 주기 위해, 클라이언트의 말을 경청하고 있다는 것을 보여주기 위한 목적으로 사용된다.

③ 클라이언트의 감정에 대한 성찰적 반응

클라이언트가 자신의 감정을 충분히 이해하지 못하거나 표현력 부족 등으로 자신의 감정을 표현하려다 중단하는 경우 사회복지사가 클라이언트의 감정을 읽어서 언어로 표현해 줌으로써 클라이언트와의 감정의 대화를 가능하게 할 수 있다. 이 기법은 감정이입적 의사소통에 매우 효과적인 기법이다. '이혼으로 인해 매우 상심해 있군요.', '실직하여 가족을 볼 낯이 없다고 생각했군요.' 등으로 감정을 표현하는 것이다.

④ 클라이언트 인식의 명료화

명료화란 클라이언트가 말하는 것을 확실하게 이해하기 위해 사용되는 기법으로 클라이언트에게 자신이 말한 것을 좀 더 분명하게 인식시킴과 동시에 사회복지사 자신의 이해를 분명하게 하기 위한 목적으로 사용된다. 예를 들면, 클라이언트가 사회복지사에게 '나는 이혼을 했어요. 모든 것이 암담해요. 어떻게 하면 좋죠?'라고 말을 했다면 사회복지사는 '당신은 이혼으로 인해 자녀양육 문제, 위자료 문제 등을 어떻게 해결해야 될지 모르겠다는 말씀인가요?'라고 반응을 명료화하는 것이다.

⑤ 클라이언트 말의 해석

해석의 명료화보다 한 단계 더 진전하여 클라이언트가 말한 것에서 결론을 이끌어 내고 말 자체보다 그 의미를 도출해 내는 기법을 말한다. 클라이언트가 말한 것을 해석함으로써 클라이언트가 자신과 자신의 문제를 심층적으로 이해할 수 있도록 돕고, 상황에 대한 인식력을 높여 준다.

⑥ 클라이언트의 간접적 표현의 직접적 언어화

원조와 변화에 대한 양가감정과 방어, 클라이언트의 문제가 사회적 금기인 경우, 사회복지사의 권위에 대한 두려움 등의 이유로 클라이언트는 의사표현을 은유와 비유를 사용하여 간접적으로 하는 경우가 있다. 이럴 때 사회복지사는 자신의 판단과 추측으로 간접적으로 반응하여 클라이언트가 의미하는 바를 명확하게 언어화하는 기술이 필요하다. 이런 기술을 통해 클라이언트와 사회복지사는 원조관계를 호전시킬 수 있는 대화의 영역을 열 수 있다.

⑦ 클라이언트에게 정보제공

클라이언트가 때로는 구체적 사항에 대해 직접적으로 물어 올 때가 있다. 왜 사회복지사에게 자신의 이야기를 털어놓아야 하는지, 필요한 자원을 어디서 얻을 수 있는지 등에 대해 물어 보면 이에 대해 정확한 설명이나 정보를 제공하는 것을 말한다.

⑧ 클라이언트의 장점 강조

대부분의 클라이언트는 많은 문제를 지니고 있기 때문에 삶에 대하여 비관적이며 희망을 잃는 경우가 많다. 따라서 클라이언트의 장점을 찾아 강조해 주면 클라이언트 자신에 대한 자존심과 가치를 회복시킬 수 있고, 자신의 문제에 대해 희망적이게 되며, 동시에 장점을 활용한 문제해결의 가능성을 모색할 수 있게 된다.

⑨ 사회복지사의 자기노출

사회복지사가 어느 정도 자기노출(self-disclosure)을 하는 것은 클라이언트와의 관계 형성을 증진시킨다고 한다. 그러나 지나치게 자신에 대해 얘기하면 클라이언트는 신뢰감을 갖지 못하기 때문에 다음과 같은 판단지침에 의해 사회복지사가 자기노출을 해야 한다. 첫째, 사회복지사를 위한 것이 아니라 클라이언트에게 도움이 되어야 하며, 둘째, 클라이언트의 상황에 적합해야 하고, 셋째, 짧고 간결해야 한다.

⑩ 요약

면접의 내용을 요점만 간추려서 간결하고 분명하게 재구성하는 것으로 클라이언트에게 면접의 중요 사안을 이해시키며 동시에 면접의 방향을 정위치로 잡는 데 도움이 되는 기법이다. 요약하기 위해서 사회복지사는 가장 중요한 사실, 쟁점, 주제를 지적할 줄 아는 능력을 갖추어야 한다.

의사소통에는 언어적인 방법과 함께 몸짓이나 동작, 얼굴 표정, 자세, 행동, 옷차림 등으로 의사를 표현하는 비언어적 의사소통기술도 있다. 비언어적 의사소통은 언어적 의사소통과 수반될 때 월등한 의사소통 효과를 낼 수 있는데, 비언어적 의사소통기술로는 눈맞춤, 표정, 자세, 손과 팔 등의 몸동작, 어조, 옷차림과 외양 등이 있다. 면접 시 사회복지사는 클라이언트의 언어적 표현과 함께 비언어적 표현에도 관심을 가지는 것이 필요하다.

5) 사회복지실천과정

사회복지실천과정은 사회복지사가 전문적인 지식과 실천기법에 기반하여 클라이언트를 둘러싸고 있는 다양한 환경을 변화시키기 위한 개입과정이라고 할 수 있다. 학자들에 따라서 다양하게 분류하고 있지만 본 장에서는 초기, 사정, 계획, 수행, 종결 및 평가의 5단계로 구분하여 살펴보겠다.

(1) 초기

접수(intake) 단계에서는 사회복지기관을 찾아 온 사람의 욕구와 문제가 무엇인지를 확인하고, 기관에서 그에게 적합한 서비스를 제공할 수 있는지 여부를 판단하게 된다. 그러므로 사회복지사는 기관에서 서비스 제공 여부를 판단하기 위해 가장 먼저 클라이언트의 실제적인 문제를 확인하는 것이 필요하다. 만약 기관에서 개입하는 것이 적절하지 않거나 문제해결에 더 적합한 기관이 있을 경우 클라이언트를 다른 기관으로 의뢰(referral)하는 것이 필요하다. 그리고 본 기관에서 서비스를 제공하기로 결정했다면, 사회복지사는 클라이언트와 관계 형성을 위해 노력해야 한다. 즉, 라포는 타인의 감정, 사고, 경험을 이해할 수 있는 공감대를 형성하는 것으로 이를 통해 클라이언트는 사회복지사가 자신을 이해하고 있다고 느끼게 된다. 특히, 초기단계에서 관심을 가져야 될 것은 클라이언트가 기관을 찾아온 것이 자발적이었는지, 비자발적이었는지를 살펴보아야 한다. 비자발적 클라이언트의 경우에는 기관과 사회복지사에 대하여 부정적인 감정을 가지고 있을 수 있고, 이러한 감정이 줄어들지 않는다면 이후 단계에서도 클라이언트의 적극적인 참여와 변화를 기대하기 어렵기 때문이다.

(2) 사정

초기 단계를 통해 클라이언트가 자신의 문제에 대한 이야기를 할 준비가 되었다면 구체적으로 문제를 파악해야 한다. 이를 위해서 클라이언트의 문제와 관련한 자료를 수집하는 것이 필요하다. 자료수집을 위해서는 초기 면접지(클라이언트의 기본 정보, 가족관계, 주요 문제, 기관에 오게 된 동기, 의뢰 이유, 이전의 사회복지서비스 경험 등이 기록되어 있음)를 활용하거나 클라이언트의 이야기와 비언어적인 행동, 심리검사결과지 등이 활용될 수 있다.

자료수집이 끝나면 이를 바탕으로 사정(assessment)을 하게 되는데, 사정은 문제가 무엇인지, 어떤 원인 때문인지 그리고 그 문제를 해결하거나 줄이기 위해 무엇이 변화되어야 하는지에 대해 답하는 사회복지실천과정의 핵심적 단계이다(양옥경 외, 2005: 178-179). 특히, 정보는 바뀔 수 있기 때문에 사정은 종결될 때까지 계속 이루어지며, 클라이언트의 역기능뿐만 아니라 순기능 측면도 찾는 것이 필요하고, 다차원적으로 이루어진다. 다면적 사정은 첫째, 문제에 대한 분석을 하는 것으로 문제의 본질과 지속성, 심각성을 살펴보는 것이다. 둘째, 클라이언트를 분석하는 것으로 욕구, 대체능력, 정서적 특징, 클라이언트의 동기수준 등을 확인하는 것이다. 셋째, 생태학적 맥락(환경)을 분석하는 것으로 다양한 체계 중 강화되어야 할 체계와 클라이언트로부터 분리되어야 할 체계, 개발되어야 할 체계를 탐색하는 것이다.

이러한 내용을 살펴보기 위해서는 가계도(genogram)와 생태도(eco-map)를 활용할 수 있다([그림 7-1], [그림 7-2] 참고).

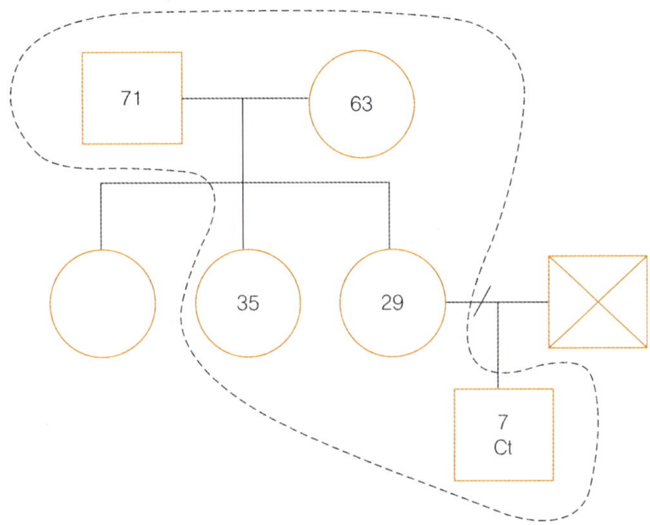

그림 7-1 가계도

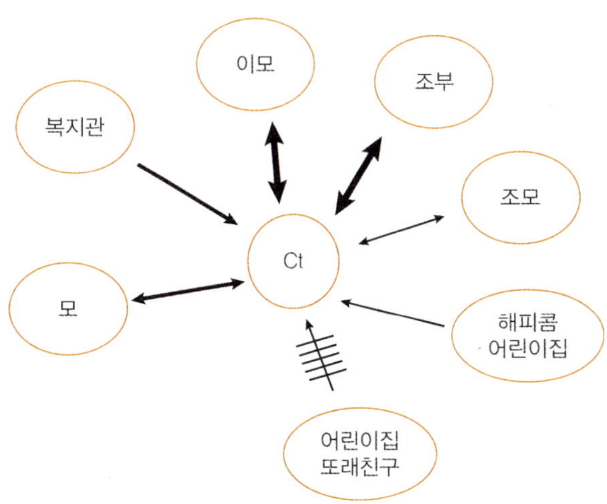

그림 7-2 생태도

(3) 계획

문제에 대한 분석이 끝나면, 사회복지사는 클라이언트와 함께 문제에 대한 우선순위를 결정해야 한다. 이는 여러 가지 문제가 동시다발적으로 발생하고 있을 때, 먼저 해결해야 할 문제들의 순위를 설정하는 것으로 클라이언트와 함께 결정하는 것이 필요하다. 특히, 문제해결을 위해서는 현실적인 목표를 세워야 한다. 목표는 목적을 세분화한 것으로 단기적이며 구체적이라는 특징을 가지고 있다. 사회복지실천과정에서 목표 설정이 중요한 이유는 사회복지사와 클라이언트에게 개입의 명확한 방향을 제시해 주고, 종결 시 결과에 대한 평가를 가능하게 해주기 때문이다.

목표가 설정되면 서로 간의 의무와 역할을 약속하는 계약을 하게 된다. 최근 사회복지실천현장에서도 계약서를 많이 사용하고 있는데, 그 이유는 사회복지사와 클라이언트 간에 동의한 내용을 명확히 할 수 있고, 각자의 책임성에 대해서도 제고해 볼 수 있기 때문이다. 계약서와 관련한 예는 [그림 7-3]에서 확인할 수 있다.

(4) 수행

수행 단계에서는 사회복지사와 클라이언트가 이미 설정한 목표를 달성하기 위한 활동을 실시하게 된다. 클라이언트의 목표를 달성하기 위해서는 개인의 변화도 필요하지만, 때로는 클라이언트를 둘러싸고 있는 다양한 체계의 변화가 요청되기도 한다. 먼저, 개인의 변화를 중심으로 한 개입방법에 대해서 살펴보겠다.

대부분의 클라이언트는 문제를 가지고 기관을 찾아오기 때문에 스스로 취약한 존재로 인식할 수 있는데, 사회복지사는 문제해결을 위한 장점 역시 클

계 약 서

1. 서비스 종류

2. 서비스 조정 · 중단 · 종결

서비스 조정	• 본인에게 적절하지 않거나 서비스 제공 목적에 어긋날 때 • 서비스 제공자에게 부적절한 서비스 요구가 있을 때
서비스 중단	• 본인이 서비스 중단의 의사가 있을 경우 • 다른 지역으로 이주하였을 경우 • 3개월 이상 연락이 끊겼을 경우 • 타 기관과 서비스가 중복되었을 경우
서비스 종결	• 본인과 서비스 제공자가 합의하여 종결시점을 정하도록 함

3. 본인의 권리
: 본인은 자신과 관계된 모든 서비스를 스스로 결정할 수 있는 자기결정권을 가진다.

4. 본인 및 서비스 제공자의 의무

〈 본인의 의무 〉	〈 서비스 제공자의 의무 〉
• 본인은 ____년 ____월 ____일부터 기관에서 제공되는 상기와 같은 서비스 이용에 동의하며, 적극적으로 변화의 노력에 동참할 것을 약속합니다. ……………………………………(　　　)	• 본 사회복지관의 사업 및 사례관리 서비스에 대해 설명해드리겠습니다.
• 귀하의 개인정보에 대해 비밀보장을 원칙으로 하며, 보다 나은 서비스 제공을 위해서 본인 및 자녀에 대한 정보를 협력 기관과 공유하는 것에 대해 충분이 이해하였습니다. …(　　　)	• 본 사회복지관은 귀하의 사회복지 요구를 해결하기 위해 최선의 사례관리 서비스를 제공하도록 노력하겠습니다.
• 서비스 제공에 있어 문제 및 어려움이 있을 경우 본인과 담당자와의 상호 협의를 통해 조정할 것을 동의합니다. ………………………(　　　)	• 아래의 목적 이외에 귀하의 개인적인 정보가 노출되지 않도록 하겠습니다.
성　　명:　　　　　　　　(인)	○○종합사회복지관:　　　　(인)

그림 7-3 서비스 계약서

라이언트가 가지고 있다는 것을 인식할 수 있도록 도와주어야 한다. 클라이언트의 행동을 수정하는 대표적인 방법은 강화(reinforcement)를 사용하는 것이다. 강화는 사회복지사가 클라이언트의 어떤 행동이 다시 일어날 수 있도록 가능성을 높이는 것인데, 대표적인 예가 칭찬이다.

그러나 개인의 문제를 해결했더라도 특정 집단이나 환경으로 돌아가게 되면 다시 문제가 발생할 수 있기 때문에 때로는 클라이언트를 둘러싸고 있는 다양한 체계에 대한 개입이 필요하다. 예를 들어, 가출청소년의 경우 가출의 원인이 개인적인 요인에 의한 것일 수도 있지만, 양육환경이나 부부-자녀 관계상의 문제일 수도 있기 때문에 이들 영역에 대한 개입이 필요하게 된다. 또한 수행 단계에서는 개입활동에 대한 점검(monitoring)이 동반되어야 한다. 점검을 하는 이유는 개입방법의 효율성과 효과성을 평가하기 위한 것으로 예상하지 못한 결과가 나타난다면, 개입방법을 변경하는 등의 노력이 필요하기 때문이다.

(5) 종결 및 평가

종결은 목표달성에 대한 내용을 평가하는 단계로서 좋은 결과든지 나쁜 결과든지 모든 것을 학습 기회로 삼는 것이 필요하다. 평가와 함께 중요한 것이 원조관계의 효과적인 마무리이다. 사회복지사와 클라이언트는 계약에 의해 서비스 제공과 참여를 해왔으나, 서비스가 종결될 경우 클라이언트는 불안감이나 상실감을 느낄 수 있다. 이를 예방하기 위해서 사회복지사는 원조관계의 빈도나 횟수를 줄여가면서 종결에 대한 준비를 미리 하는 것이 필요하다. 또한 관계는 종결이 되었지만, 사후지도(follow-up)에 대한 여지를 남겨두어야 한다. 그리고 종결 단계에서는 문제해결과정 전반에 대한 평가를 해야 하는데, 평가 시에는 결과에 대한 평가(부작용도 고려), 과정에 대한 평가, 사회복지사 자신에 대한 평가 등의 다면적인 평가를 실시해야 한다. 이 과정에서 다른 기관에 대한 의뢰가 일어날 경우 이에 대한 결정은 클라이언트의 자기결정의 원리에 입각해야 한다.

2. 사회복지실천기술

사회복지실천기술은 사회복지사가 클라이언트에게 서비스를 제공할 때 전문지식과 기술을 적용하는 것이다. 특히, 전문적 서비스를 제공하기 위해서는 사회복지사와 클라이언트의 관계 형성이 중요하기 때문에 관계 형성에 대한 원칙과 함께 서비스 제공에 따른 기록과 평가에 대해서 살펴보도록 하겠다.

1) 사회복지실천기술의 개념

사회복지실천기술은 "클라이언트와의 관계에서 사회복지실천의 가치와 지식에 기초하여 클라이언트와 관련된 특별한 상황의 변화를 위하여 심리・사회적 개입을 할 수 있는 사회복지사의 능력을 의미한다."고 하였다(전재일・이성희, 2004: 19). 미국사회복지사협회(NASW)에서는 사회복지실천을 위한 필수적인 기술을 다음과 같이 제시하고 있다(전재일・이성희, 2004: 22).

① 이해와 목적을 가지고 다른 사람을 경청하는 기술
② 정보를 끌어내고, 사회력(social history), 사정(assessment) 및 보고서를 준비하기 위한 적절한 사실을 모으는 기술

③ 전문적인 관계를 만들고 유지하며, 관계 안에서 자신을 활용하는 기술
④ 언어적 · 비언어적 행동을 관찰하고 해석하며, 성격이론과 사정방법에 관한 지식을 활용하는 기술
⑤ 클라이언트가 자신의 문제를 해결하는 노력과 신뢰를 얻도록 하는 기술
⑥ 비위협적인 지지적 방식(manner)으로 민감한 정서적 주제들을 토의하는 기술
⑦ 치료적 관계의 종결과 어떻게 종결할 것인가를 결정하는 기술
⑧ 조사연구의 결과와 전문적 문헌을 해석하는 기술
⑨ 갈등부분을 화해시키거나 협상하는 기술
⑩ 조직 간의 연락서비스를 제공하는 기술
⑪ 후원자, 시민 또는 법률가들에게 사회적 욕구를 해석하고 전달하는 기술

특히, 사회복지실천에서는 사회복지사와 클라이언트 사이에 관계 형성이 전제되어야 이후의 과정들도 원활하게 진행될 수 있기 때문에 다음 절에서는 관계 형성을 위한 기본원리들을 살펴보도록 하겠다.

2) 관계의 기본원리

비에스텍(Biestek, 1957)은 『개별사회사업의 관계(*Casework Relationship*)』라는 책에서 사회복지사와 클라이언트 간의 관계에 대한 기본원칙을 다음과 같이 제시하고 있다.

(1) 개별화

클라이언트는 동일한 환경 속에 있을지라도 상황과 객관적 사실에 대해서

개인이 가지고 있는 기분이나 반응이 제각기 다르다. 개별화(individualization)는 그러므로 개인이 가진 차이를 두고 클라이언트를 대해야 한다는 원리이다. 이를 위해 사회복지사는 편견이나 선입관에서 벗어나는 것이 필요하고, 클라이언트의 문제를 돕기 위해서는 객관성을 가지고 대상을 바라보는 것이 중요하다.

(2) 의도적 감정표현

의도적 감정표현(purposive expression of feeling)은 클라이언트가 자신의 느낌과 감정을 자유롭게 표현하는 것이다. 특히, 사회복지사는 이러한 감정의 표현을 때로는 조정하거나 저지하지 않고 사회복지서비스의 일부로서 치료상 유용할 때는 클라이언트의 감정을 적극적으로 자극하거나 격려하면서 의도적으로 경청한다(Biestek, 1973: 35). 이를 위해 사회복지사는 클라이언트가 자유롭게 감정표현을 할 수 있도록 편안하고 허용적인 분위기를 만들어 주어야 하고, 클라이언트가 표현하는 내용에 대해서는 비난하지 말아야 한다.

(3) 통제된 정서적 관여

통제된 정서적 관여(controlled emotional response)는 클라이언트가 자신의 감정을 표현하였을 때, 사회복지사가 클라이언트의 이야기에 민감하고, 적절하게 반응하는 것을 의미한다. 이를 통해 클라이언트는 자신의 문제가 이해되고 있다는 것을 느낄 수 있기 때문에 심리적인 안정을 찾을 수 있게 된다. 이때 사회복지사는 클라이언트의 언어적인 표현 이외에도 얼굴 표정이나 자세, 억양, 복장 등과 같은 비언어적인 표현에도 관심을 가져야 한다.

(4) 수용

수용(acceptance)은 사회복지사가 클라이언트의 강점과 약점을 비롯한 그가 가진 있는 그대로의 모습을 현실적으로 받아들이고 이해하는 것을 의미한다. 왜냐하면 클라이언트는 문제를 가지고 있지만, 인간으로서의 존엄과 가치를 가지기 때문이다. 여기서 주의할 점은 수용한다는 것이 클라이언트의 일탈적이거나 반사회적인 행동까지 받아들인다는 것은 아니다. 이를 위해 사회복지사는 본인의 가치관을 클라이언트에는 적용시켜서는 안 되고, 가치관 차이를 줄이기 위해 노력해야 한다.

(5) 비심판적 태도

비심판적 태도(nonjudgmental attitude)는 문제의 원인이 클라이언트의 잘못 때문인지 아닌지, 어느 정도 클라이언트에게 책임이 있는지 등을 심판하지 않으며, 클라이언트의 특성 및 가치관을 비난하지 않는다는 원칙이다(양옥경 외, 2005: 141). 즉, 사회복지사가 클라이언트의 행동에 대하여 중립적인 태도를 유지하는 것이다. 만약, 사회복지사가 클라이언트를 심판하고, 비난하게 되면 사회복지사가 일반인들과 다를 바가 없다고 간주될 수 있다. 이를 위해 사회복지사는 특정 행동에 대한 편견이나 선입견을 지양하도록 하고, 본인의 비심판적 태도가 클라이언트에게 전달되도록 노력해야 한다.

(6) 클라이언트의 자기결정

클라이언트의 자기결정(client self-determination)은 클라이언트 스스로 선택하고 결정할 수 있는 원리를 의미한다. 이때 사회복지사는 클라이언트가 더 적절한 선택을 할 수 있도록 다양한 정보를 제공하고, 선택 이후 발생하게 되는 여러 가지 상황에 대하여 안내를 해주는 역할을 할 수 있다. 그러나 스스로 결정할 능력이 없는 클라이언트이거나 클라이언트 자신이나 타인에게 해로운 결정을 할 때에는 클라이언트의 자기결정에 제한을 가할 수 있다. 이를 위해 사회복지사는 클라이언트가 실천과정에 적극적으로 참여할 수 있도록 돕고, 자신의 문제에 대해서 깊이 이해할 수 있도록 해야 한다.

(7) 비밀보장

비밀보장(confidentiality)은 사회복지사가 클라이언트의 동의 없이는 클라이언트에 대한 정보를 누설하지 않는다는 원칙이다. 문제해결과정에서 클라이언트가 자신의 정보가 타인에게 알려질 수 있다는 우려를 하게 된다면, 사회복지사에게 본인의 개인적인 이야기를 하지 않을 것이다. 그러므로 사회복지사는 면접이 시작되는 초기부터 비밀보장에 대한 내용을 클라이언트에게 설명해주는 것이 필요하다. 그러나 자기결정과 마찬가지로 비밀보장에서도 이 원칙에 제한을 가할 수 있는 상황이 존재한다. 클라이언트 자신이나 타인에게 해로운 결정을 하거나 적절한 서비스 제공을 위해 기관 내·외부 전문가들과 정보를 공유해야 할 때에는 비밀보장의 원칙이 깨어질 수 있다.

3) 사회복지실천의 기록과 평가

사회복지사들은 클라이언트에게 서비스를 제공함과 동시에 서비스의 목적, 과정 및 영향에 대한 기록을 해야 한다. 특히, 기록을 통해 사회복지사들은 자신의 업무에 대한 책임성을 가질 수 있고, 기록을 바탕으로 평가를 할 수 있기 때문이다.

(1) 기록의 목적과 특징

사회복지사들은 클라이언트를 만나는 시점부터 종결까지 그에게 제공되는 모든 서비스의 내용과 과정, 성과 등을 기록으로 남긴다. 문서화를 통해 기관에서 제공한 서비스가 무엇인지, 사회복지사가 클라이언트를 위해 어떠한 일을 했는지 알 수 있게 된다. 좋은 기록은 사회복지실천에서 유용한 정보를 제공하고 읽는 사람에게도 편의를 제공하며 보관에도 용이하다. 케이글(Kagle)이 제시한 좋은 기록의 특징은 다음과 같다(Kagle, 1991; 김혜란 외, 2006: 327).

① 서비스의 결정과 행동에 초점을 둔다.
② 사정, 개입, 평가의 기초가 되는 클라이언트의 상황에 관한 정보가 들어 있다.
③ 각 단계에서 목적, 목표, 계획과정과 진행을 포함하여 서비스 전달에 관한 정보가 들어 있다.
④ 상황묘사와 사회복지사의 견해가 명확하게 분리되어 별도의 제목하에 쓰여져서 읽는 사람들이 사회복지사의 관찰사항과 해석을 구분하여 이해할 수 있다.
⑤ 구조화되어 있어서 효과적으로 문서화할 수 있고, 쉽게 색출해 낼 수 있다.
⑥ 서비스 전달이 잘 묘사되고 모든 문서가 정확하여 유용하다.
⑦ 기록이 간결하고, 구체적이며, 타당하고, 명확하며, 논리적이고, 시기적절하며, 의미 있고, 사실에 근거한다.
⑧ 전문가적 윤리를 바탕으로 한다.
⑨ 수용된 이론에 기초해 있다.
⑩ 전문가의 견해를 담으면서도 클라이언트의 관점을 무시하지 않는다.

사회복지사는 정확하고 효율적으로 기록을 하기 위해 다양한 기록방법들을 사용할 수 있는데, 대표적인 방법은 과정기록, 이야기체 기록, 문제중심

기록 등이 있다. 먼저, 과정기록은 언어적 · 비언어적 표현들을 모두 기록하는 방법인데, 시간이 많이 소요되기 때문에 최근에는 거의 사용하지 않는다. 대신 클라이언트의 동의를 얻어 녹음이나 녹화를 활용할 수 있다. 이야기체 기록은 시간대별로 서술한다는 특징이 있기 때문에 서비스의 연속성과 전문가 간의 의사소통 시에 매우 유용하지만, 시간이 지난 후 기록을 할 때에는 정확도가 낮아지기 때문에 면담 후 바로 기록을 해야 한다. 그리고 문제중심 기록은 병원에서 유래된 방법으로 현재 제시되고 있는 문제를 중심으로 기록하고, 문제에 대하여 어떻게 접근할 것인지에 대한 계획을 기록하는 것이다. 다양한 기록방법들 중 사회복지사들은 클라이언트의 상황과 문제에 적합한 기록방법을 선택해서 사용해야 한다.

(2) 평가의 개념과 유형

사회복지실천에서 평가란 사회복지프로그램 혹은 기관의 계획, 수행, 활동 등 포괄적인 활동들을 체계적으로 판단하는 것을 의미한다(Rossi & Freeman, 1993). 최근 사회복지 영역에서 평가가 중요시되고 있는데, 그 이유는 한정된 자원을 효과적으로 사용하고 있는지에 대한 검증이 요구되고 있기 때문이다. 또한 사회복지기관은 객관적인 평가를 받음으로써 기관의 효과성을 증명할 수 있게 된다.

평가는 일반적으로 성과에 집중하지만 궁극적으로는 투입 노력, 적절성, 효과성, 과정 등에 대한 전반적인 측면들을 모두 고려하는 것이 바람직하다(Suchman, 1967). 사회복지실천에서 평가는 자료의 속성, 평가시기, 개입대상에 따라서 다양하게 분류된다(윤현숙 외, 2001: 354-355).

첫째, 평가되는 자료의 속성에 따라 양적평가와 질적평가로 분류된다. 양적평가는 자료의 속성이 계량화가 가능한 측정을 말하며, 많은 사례를 대상으로 실시할 수 있다. 반면 질적평가는 자료의 속성상 계량화가 곤란한 경우로 현상의 정도와 수준을 평가하는 것이다.

둘째, 평가의 시점에 따라 형성평가와 총괄평가로 분류된다. 형성평가는 사회복지사의 개입과정을 사정하는 것이고, 총괄평가는 개입방법의 성과나 효과를 연구하는 것이다.

셋째, 총괄평가의 방법에 따라 결과평가와 평가적 연구로도 분류된다(Thoman, 1978). 결과평가는 대상에 대한 개입결과를 평가하는 것이고, 평가적 연구는 사회복지사의 개입으로 결과가 성취된 것인가를 밝히기 위해 개입과 결과의 인과적 관계를 파악하고자 하는 것이다.

넷째, 개입대상에 따라 개인, 가족, 집단을 대상으로 하는 실천평가와 지역사회를 단위로 하는 프로그램 평가가 있다. 실천평가는 사회복지사의 개입노력을 사정하고, 프로그램 평가는 프로그램의 효과성과 효율성을 평가하는 것이다.

사회복지사는 평가를 통해 프로그램의 내용을 수정하거나 보완하는 자료로 활용할 수 있고, 교육적인 목적으로 사용할 수 있다. 특히, 사회복지실천에서는 클라이언트를 대상으로 서비스를 제공하기 때문에 단순한 양적 결과 이외에도 질적 성과까지 평가에 포함시켜야 한다.

3. 사례관리

사례관리는 복합적인 욕구를 가지고 있는 클라이언트에게 효과적인 서비스이다. 전통적인 실천방법이 존재함에도 왜 사례관리가 필요한지를 이해한 후, 사례관리의 구성요소를 살펴보도록 하겠다.

1) 사례관리의 개념과 목적

사례관리(case management)는 1990년대에 접어들면서 대인서비스 분야에서 가장 빈번하게 사용되고 있는 전문적인 용어 중의 하나이다. 미국 사회사업 백과사전(1987)에서 사례관리의 정의를 살펴보면, 복잡한 여러 가지 문제와 장애를 가지고 있는 클라이언트가 적합한 형태로 적절한 시기에 그들이 필요로 하는 모든 서비스를 받을 수 있도록 보장하는 것이며, 따라서 포괄적 서비스를 제공하기 위한 방법으로 정의하고 있다. 로스만(Rothman, 1991: 520)은 사례관리를 정신보건, 노인복지, 아동복지, 보건, 발달장애 등과 같은 인간서비스 분야에서 폭넓게 사용되는 실천 모델이라고 보고, 사례관리가 만성의 심각한 문제를 가진 클라이언트에게 지역사회에서 지속적이고 폭넓은 서비스를 제공하는 전략이자 방편이라고 제시하고 있다.

사례관리의 목적은 다음과 같다(조휘일 · 이윤로, 2003: 213-214).

첫째, 외부환경에 적응할 수 있는 클라이언트의 잠재력을 최대화한다.

둘째, 클라이언트와 가족이 여러 서비스와 자원체계에 접근하여 이를 활용할 수 있는 방법을 습득하게 하여 가족, 이웃, 친구 등 비공식적 지원체계가 클라이언트를 보조할 수 있는 능력을 최대화시킨다.

셋째, 클라이언트와 가족의 욕구를 충족시키는 데 있어서 공식적 도움 체계의 능력을 최대화하는 역할을 수행한다.

2) 사례관리의 필요성

다양하고 복합적인 욕구를 가지고 있는 클라이언트에게 효과적인 서비스를 전달하기 위해서 사례관리의 필요성이 대두되었고, 여기서는 모슬리(Moxley, 1989)가 주장한 사례관리의 필요성을 중심으로 살펴보도록 하겠다(김만두 역, 2004).

첫째, 탈시설화의 영향이다. 미국은 1950년대 이후 정신장애인을 병원이나 시설에 수용하지 않고 지역사회 내에서 치료하고 관리하는 탈시설화정책을 실시하여 지역사회보호와 관리가 전개되었다. 즉, 이들이 지역사회에 거주하게 되면서 지역사회 전체에 분산되어 있는 서비스를 통합적으로 제공하는 서비스 관리체계의 필요성이 나타나게 되었고, 이들을 통합적으로 관리하는 전문적 필요성이 대두되었다.

둘째, 사회복지서비스 전달의 지방분권화에 의한 것이다. 사회복지서비스가 중앙집권적인 서비스에서 지방분권적인 서비스로 전환되면서 클라이언트와 그 가족들의 입장에서는 분산되고 단편화된 지역사회 수준의 서비스를 이용하는 것이 어렵고, 부담으로 작용하게 되었다. 따라서 사회복지서비스의 지방분권화에 따른 부정적인 측면을 보완하기 위해서 각 기관들의 서비스를 조직화하고, 클라이언트의 욕구를 통합적으로 충족시킬 수 있는 전달체계의 필요성이 나타나게 되었다.

셋째, 복합적인 욕구를 가진 대상이 증가하였다. 의료적인 문제, 심리적 어려움, 사회·경제적 어려움 등과 같은 복합적인 욕구를 가진 대상이 증가함으로써 한 기관이나 단일 서비스 체계로는 이들에 대한 서비스를 제공하는 것이 불가능하게 되었다. 따라서 이들이 지역사회에서 살아가도록 하는 모든 서비스를 조직화하고 통합하여 상호 연계되는 서비스 전달체계, 즉 사례관리가 필요하게 되었다.

넷째, 기존 서비스에 대한 조정과 통합의 요구 때문이다. 대부분의 나라에서 사회복지서비스는 범주별로 분류되고 자격요건의 측면에서 서비스 공급주체가 다원화되어 있다. 그러나 두 가지 이상의 욕구를 가진 클라이언트의 경우 서비스 공급기관 간의 상호 조정과 연계를 통한 통합적인 서비스 전달이 이루어지는 경우가 드물다. 따라서 서비스 공급자들이 범주적인 분류에서 벗어나 상호작용할 수 있는 서비스 전달체계가 필요하게 되었다.

다섯째, 사회적 지지체계와 지지망의 중요성에 대한 인식이 증가하였다. 요보호인구의 증가와 정부의 재정적 위기는 요보호수용인구에 대한 책임을 민간부문으로 이양하면서 국가의 재정위기를 극복하고자 하였다. 그 결과 비공식적인 사회적 지지체계와 사회적 지지망에 대한 관심이 증가하게 되었다. 공식적인 서비스와 비공식적인 사회적 지지체계에서 제공하는 서비스 내용에는 양적 · 질적 차이가 존재하기 때문에 이를 통합하고 조정하려는 사례관리가 필요하게 되었다.

여섯째, 비용 억제의 필요성과 비용의 효과성 추구이다. 사회복지서비스에 있어서 비용효과에 대한 인식의 증가는 결핍된 자원 내에서 서비스의 효과를 최대화하려는 측면과 서비스 전달에 소요되는 비용을 억제함을 의미한다. 따라서 사회복지서비스의 효과성, 책임성에 기초하여 서비스의 중복을 모니터링하고 서비스 전달의 최대화할 수 있는 서비스 전달체계인 사례관리가 필요하게 되었다.

3) 전통적인 실천방법과의 차이점

사례관리는 사회복지의 전통적인 실천방법 중 개별사회사업과 유사한 점이 많으면서도 상이한 특성을 가지고 있다. 전통적 사회복지실천에서는 기관의 기능에 기초한 서비스와 프로그램에 클라이언트가 참여를 하였지만, 사례관리에서는 클라이언트의 욕구를 중심으로 기관이라고 하는 공간의 경계에서 벗어나 그 범위를 지역사회까지 확장시켜 서비스를 제공할 수 있게 된다.

엄명용 외(2006)는 개별적 접근과 사례관리의 차이점을 다음과 같이 제시한다(엄명용 외, 2006: 331).

첫째, 서비스의 목적을 보면 사회복지실천의 개별적 접근은 사회복지사와 클라이언트 간의 특별한 관계를 맺고 특정한 목표를 달성하기 위해 특정한 개입 목표를 수립하고 개입을 시도하여 클라이언트를 변화시키려는 직접적 서비스의 제공을 목적으로 하고 있다. 반면, 사례관리는 직접적 서비스의 제공보다는 오히려 간접적 서비스의 제공을 통하여 보호의 연속성 보장, 비용효과성의 증대, 접근성과 책임성의 증진, 일차집단의 보호능력의 향상 및 사회적 기능의 향상을 목적으로 하고 있다.

둘째, 대상의 차원에서 보면 사회복지실천의 개별적 접근은 자기 스스로 해결하기 곤란한 문제를 가진 심리 · 사회적 문제를 가진 사람인 개인을 대상으로 하지만, 사례관리는 기능상의 심각한 문제를 지닌 복합적 욕구를 가진 노인, 만성장애인 및 발달장애아 등을 대상으로 하고 있다.

그 외에도 기존의 사회복지실천에서는 보편성을 띤 획일적 서비스를 제공하였지만, 사례관리는 대상에 따라 적용방법이 달라지는 특성이 있다.

4) 사례관리의 구성요소

사례관리를 구성하는 요소로는 사례관리가 필요한 대상자, 이들의 욕구를 충족시키는 사회자원, 사례관리를 실시하는 사례관리자, 사례관리를 실시해가는 과정 등이 있다.

첫째, 대상자인 클라이언트는 복합적인 욕구와 문제를 가지고 있으며, 그들은 본인에게 필요한 자원이나 이용방법을 모르는 경우가 많다. 대표적인 예는 저소득층, 노인, 장애인, 만성질환자와 그들의 가족들이다. 이들은 복합적인 욕구를 가지고 있기 때문에 하나 이상의 사회자원을 필요로 하고, 사회자원의 이용방법을 모른다는 특징을 가지고 있다.

둘째, 클라이언트의 문제를 해결하기 위해서는 다양한 사회적 자원을 동원해야 한다. 사회자원은 인적 · 물적 자원을 제공하는 것으로 공식적인 영역(행정기관, 공공복지시설)과 비공식적인 영역(가족, 친인척, 이웃, 자원봉사자)으로 구성된다. 특히, 사회자원의 양적, 질적 수준은 해당 지역사회의 사례관리의 효과성에 영향을 미친다.

셋째, 사례관리자는 전문적 지식과 기술을 기반으로 클라이언트의 욕구 충족과 문제해결을 위해 노력하는 전문가이다.

특히, 사례관리자는 사례관리에서 핵심적인 구성요소로서, 권진숙과 박지영(2009: 53)은 사례관리자의 역할을 직접 서비스 역할(이행자, 교육자, 안내자・협조자, 진행자, 정보전문가, 지원자)과 간접 서비스 역할(중계자, 연계자, 조정자, 옹호자, 협동자, 협의자), 통합적 역할(상담가・교육자, 조정자, 옹호자)로 나누어 제시하였고, 사례관리자는 각각의 구분된 역할 속에서 다양한 기능을 수행하게 된다고 하였다.

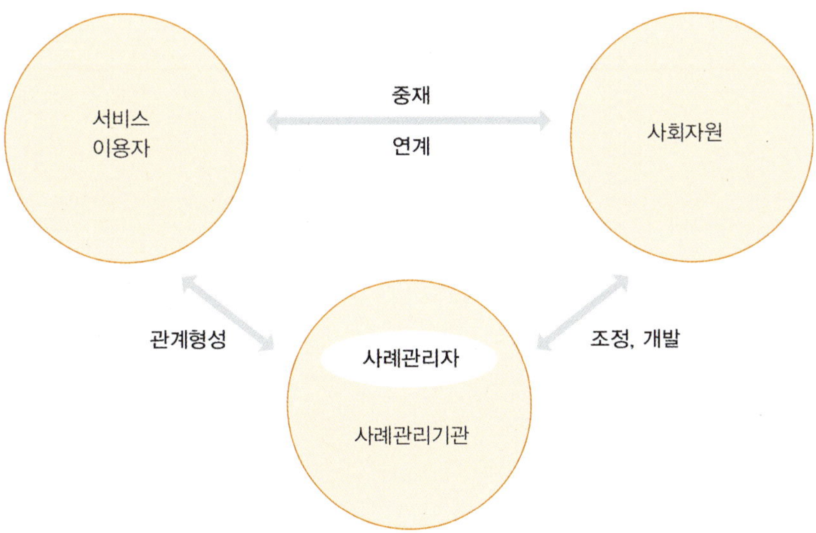

그림 7-4 사례관리의 구성요소

PART 03

사회복지의 분야

CHAPTER

제8장 사회보험

1. 사회복지와 사회보장

〈그림 8-1〉은 본 장 이후부터 나타나게 될 다양한 사회복지와 관련한 영역을 나타낸 것이다. 사회복지분야를 구분하는 다양한 기준들이 나타나고 있지만, 변화를 위한 활동분야의 주 관심대상으로 정리해보면 사회보장 영역과 사회복지서비스 영역으로 볼 수 있을 것이다. 이를 살펴보면 먼저 사회보험과 공공부조를 포함하는 사회보장 영역[1)]은 크게 경제적인 부분에 대한 지원에 많은 관심을 가지고 있는 것에 비해, 사회복지서비스의 경우 개개인들이 가지고 있는 신체적 · 심리적 부분에 대한 지원에 대한 내용이 주를 이루고 있는 것을 확인할 수 있다. 사회복지와 사회보장의 영역과 관련한 세부적인 구분에 대한 논의가 일부 아직도 진행되고 있으나, 본 내용에서 제시된 영역 구분이 상대적으로 더욱 명확한 것으로 판단된다.[2)] 또한 대상자들의

1) 이러한 영역을 사회보장(social security)으로 볼 수 있으며, 이러한 경제적 지원과 관련한 내용은 본 서에서 제시하고 있는 사회보험, 공공부조 외에도 기본소득(basic income)을 들 수 있다. 기본소득은 재산이나 소득수준 혹은 노동활동 참여 여부, 개인의 기여와 상관없이 특정 '인구사회학적 조건'을 충족시키는 모든 국민들에게 동일하게 지급되는 소득을 의미한다. 우리나라의 경우 만 65세 이상의 노인들에게 지급되고 있는 기초연금이 이와 유사한 형태로 볼 수 있겠으나, 우리나라 제도의 경우 소득수준 기준 하위 70% 이하의 노인으로 제한하고 있어 기본소득으로 해석하기에는 무리가 따른다. 유사한 의미로 사회수당(social allowance)으로 불리기도 한다.

2) 우리나라의 경우 사회복지 영역에 대한 개념은 사회보장기본법에서만 다루어지고 있으며, 그 내용을 살펴보면 포괄적 의미에서 사회보장의 영역은 사회복지의 영역과 동일한 것으

변화가 특정한 한 부분에 대한 지원으로 모두 이루어질 수 없다는 점에서 이렇게 구분된 개별적인 활동들은 상대적인 중요성을 파악하거나 비교하기보다는 상호보완적인 관계로 이해하여야 할 것이다.

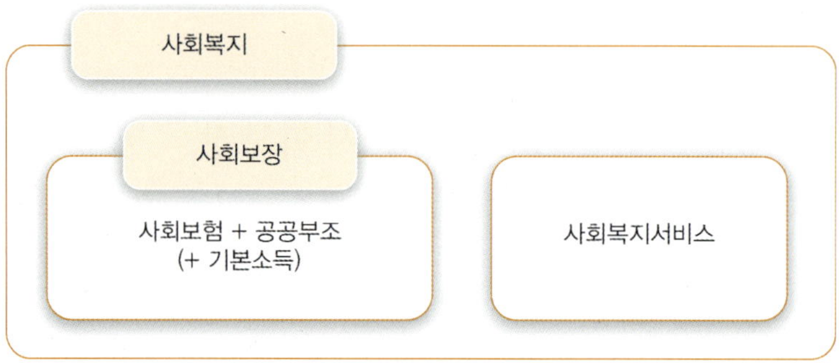

그림 8-1 사회복지의 영역

[그림 8-1]에서 확인하는 바와 같이 사회보장의 형태는 크게 사회보험과 공공부조 그리고 기본소득으로 구분될 수 있다. 이러한 사회보장 형태를 구분하는 기준으로 가장 크게 제안되는 내용은 지원근거로 볼 수 있으며, 이러한 지원근거는 기여(contributory)와 자산조사(income test)에 따르고 있다. '기여'란 자신이 받게 되는 급여에 대해 일정 정도 자신이 지속적으로 납부하였는가를 의미하며, '자산조사'란 급여를 수급받을 수 있는 자격 여부를 확인하기 위해 대상자의 소득(income)과 자산(means)을 국가에서 조사하는 것을 의미한다. 이러한 기준을 따르면 〈표 8-1〉과 같은 구분을 확인할 수 있다. 사회보험의 경우 기여-비자산조사 형태의 사회보장 유형이며, 본 장에서는 이를 자세히 살펴보도록 할 것이다.

로 정리되어 있다. 이러한 접근은 민간에 의한 사회복지서비스 전달까지 공적 서비스 영역으로 포함하고 있는 미국식 사회보장의 개념을 받아들이고 있는 것이지만, 사회보장과 관련한 다수학자들의 개념, 최근의 흐름을 확인해보면 다양한 사회적 위험에 대한 경제적 보장(economic security)을 중심으로 이해되고 있는 것을 확인할 수 있다(Whiteman, 2001).

표 8-1 사회보장의 유형

	기여	자산조사
사회보험	○	×
공공부조	×	○
기본소득	×	×

2. 사회보험의 이해

1) 사회보험의 개념

사회보험이 이론적이거나 추상적인 것에 그치지 않고, 우리 사회에 실질적으로 사용되고 있는 제도라는 점에서 이러한 이해 역시 실질적으로 적용 가능한 기준에 따르는 것이 용이할 것이다. 이러한 기준으로 길버트와 스펙트(Gilbert & Specht)[3]는 누구에게(대상체계), 무엇을(급여체계), 어떻게(전달체계, 재원체계)라는 기준으로 사회제도를 분석하고자 하였으며, 본 내용인 사회보험의 개념 역시 이러한 틀을 통해 살펴본다면 더욱 명확하게 이해할 수 있을 것이다.

- 누구에게(대상): 기본적으로 자신의 기여에 따른 수혜자격의 획득이라는

3) 사회복지 관련 교재를 확인하다 보면 길버트와 스펙트, 테렐(Gilbert, Specht & Terrell)이 정책분석틀에서 다양하게 적용되는 것을 확인할 수 있다. 이는 그들의 저서 『사회복지정책: 분석틀과 선택의 차원(*Dimensions of Social Welfare Policy*)』이 수정되면서 발생한 것으로 보인다. 1974년 초판에서는 길버트와 스펙트가 공동저자로, 1993년 3판에서는 테렐이 추가된 3인으로, 1998년 4판에서는 스펙트의 사망으로 인해 길버트와 테렐만이 남게 되어 저자들이 혼재된 상태로 보이는 것이다. 하지만 이와 같은 분석틀이 초판의 내용에서 크게 달라지지 않았다는 점에서 길버트와 스펙트의 분석틀로 하는 것이 옳을 것이다.

사회보험의 성격에 비추어보자면 사회보험의 대상은 바로 보험가입자로 볼 수 있을 것이다. 즉, 다양한 사회적 위험에 대비하여 국가에서 시행하고 있는 보험제도에 가입한 사람들이 결국은 사회보험의 수혜자가 될 수 있다는 것이다. 다만 이러한 보험제도 가입에 있어서 개개인의 선택에 맡기고 있는 것이 아니라, 국가에 의한 강제성에 의한다는 점에서 결국 사회보험의 대상은 모든 국민으로 볼 수 있게 된다.

- 무엇을(급여): 사회보험에서 가장 강조되는 급여형태는 '현금'으로 볼 수 있으며 이를 보완하기 위한 일부의 현물적 성격의 급여가 제공되고 있는 것을 확인할 수 있다. 우리나라의 「사회보장기본법」에서는 사회복지서비스까지 사회보장의 영역에 포함하고 있지만, 일찍이 근대적인 사회보장제도를 최초 제안한 베버리지 보고서(Beveridge Report)와 국제노동기구(ILO: International Labour Organization) 등의 사회보장에 대한 다수의 개념을 살펴보면 경제적인 지원을 의미하고 있는 경우가 많다. 이러한 경제적 지원에서 가장 대표되는 것이 대상자의 선택권을 높일 수 있는 현금으로 볼 수 있을 것이다. 다만 이러한 현금이 사회적 위험에 대비하기 위한 사회보험의 목적을 달성하기에는 일부 무리가 있는바, 이를 위해 일부 현물적 성격의 서비스들이 제공(건강보험)되고 있는 모습을 보이고 있다.
- 어떻게(운영): 사회보험은 그 명칭에서 확인할 수 있듯이 보험적 특성을 가지고 있는 사회제도로 볼 수 있다. 이러한 보험적 특성에서 가장 중요한 내용은 '자신의 기여'와 '기여에 따른 수급자격 획득'으로 볼 수 있다. 사회보험 역시 이러한 특성을 따르고 있으며, 보험을 운영하는 주체가 개인이 아닌 '국가'라는 사회적 체계라는 점에서 민간보험제도와 많은 차이를 가지게 된다. 즉, 강제적 징수를 행할 수 있는 국가(중앙정부)라는 주체를 통해 사회보험만이 가지는 특성을 확인할 수 있다는 것

이다. 이렇게 정리해보면 사회보험의 전달체계는 '국가(중앙정부)'가 중심이 되며, 그 재원은 보험가입 대상자들의 기여금과 국가의 일부지원으로 볼 수 있다.

이상의 내용을 통해 사회보험의 개념을 간단히 정리해보면, '다수의 사회구성원이 겪게 될 수 있는 사회적 위험에 대비하여 국가가 사회구성원들에 대해 강제적으로 보험원리를 적용시켜 소득을 보장하고자 하는 사회보장의 한 영역'으로 볼 수 있다.

2) 사회보험의 목적

사회보험이 가지고 있는 가장 기본적인 목적은 개념에서 제시한 내용처럼 경제적인 부분을 중심으로 한 사회적 위험에 대한 대비책이라 볼 수 있다. 이러한 이해는 사회보험을 가장 기본적인 개념으로 이해하는 데에 있어서는 큰 무리가 없을 것으로 보이지만, 다양한 사회제도들이 도입되거나 널리 용인되는 과정에서 보험의 기능은 더욱 다양한 이해가 필요하다는 것이 자명한바, 이를 살펴보면 다음과 같다.

(1) 경제적 목적

먼저 레이더(Rejda, 1999)를 포함한 다수의 학자들의 경우 경제적 목적으로서 사회보험의 중요성을 제안하고 있는 것을 확인할 수 있다. 이는 앞선 내용처럼 사회보험의 가장 기본적인 기능이 바로 '사회적 위험에 처한 사회구성원들을 경제적으로 지원하기 위한 제도'라는 점에서 확인할 수 있다. 동시에 사회보험은 사회적 위험에 대비한 사후지원적 성격이 아닌, 사전예방적 성격의 제도로 볼 수 있는바, 이러한 예방적 활동은 결국 사회적 위험에 의해 빈곤층으로 진입되는 것을 막는 역할을 할 수 있게 된다.

이상의 개인적 · 미시적 차원에 대한 경제적 목적과 동시에 사회보험은 대규모 자본형성을 통해 국가경제의 안정화에 기여할 수 있게 된다. 쉽게 예를 들어보면, 만약 우리나라 IMF 시절과 유사한 대규모 실업사태가 발생하게 되면 전체적으로 국가경제는 많은 어려움을 겪게 될 것이다. 실업을 경험하게 되는 가정들의 경우 소비능력이 감소하게 되고, 이러한 소비능력의 감소는 필연적으로 생산량을 조절하게 되며, 생산량의 조절은 결국 지속적인 일자리 감소로 이어지게 되는 악순환이 반복될 수 있는 것이다. 하지만 실업보험 급여가 실업자 가정에게 지원되면 일정 정도 높은 자금투입이 이루어질 수 있게 된다는 것이다.

(2) 사회적 목적

하나의 사회가 생성되고 유지됨에 있어서 다양한 환경적 요인들이 함께 작용한다는 것은 너무나 당연한 일로 볼 수 있으며, 이러한 관점에서 각 사회가 가지고 있는 사회적 가치의 추구는 사회보험에 있어서도 쉽게 예상할 수 있는 부분이다. 특히 사회복지와 관련한 다양한 활동의 궁극적 지향이 모든 국민들의 삶의 질 향상이라는 점에서 사회복지는 이러한 사회적 가치 실현과 많은 영향관계를 가지고 있는 것이 사실이다. 이러한 의미에서 사회보험이 가지는 사회적 목적이란 결국 사회적 가치 실현으로 볼 수 있을 것이다.

사회보험은 평등이라는 가치 실현을 위한 목적을 가진다. 평등에 대해서는 다양한 의견들이 현재 나타나고 있으며, 이러한 논의의 핵심은 크게 3가지로 구분되는 평등의 수준(level of equality)과 관련한 것으로 정리될 수 있다. 첫째는 우리가 일반적으로 생각하는 모든 사람들이 자신의 상황이나 욕구 혹은 능력과 상관없이 동일한 자원을 배분받을 수 있다는 평등의 개념인 '수량적 평등(numerical equality)' 혹은 '결과의 평등'이다. 이러한 수량적 평등의 경우 가장 높은 의미의 평등 수준을 나타낼 수 있겠으나, 현실적으로 완벽한 의미의 수량적 평등은 존재하기 어려운 것이 사실[4]이다. 둘째는 사회보험에서 가장 잘 드러나고 있는 평등의 개념으로 '비례적 평등(proportional equality)'[5] 혹은 '과정의 평등'이다. 이는 수량적 평등과 달리 개개인의 기여나 욕구, 혹은 능력에 따라 다르게 자원을 배분받는 것을 의미하며, 즉 자신의 기여만큼 돌려받는 것을 나타낸다. 이러한 비례적 평등은 사실상 수량적 평등이 힘든 사회구조를 이해한다면 가장 보편적으로 적용되고 있는 평등의 개념으로 볼 수 있다. 평등의 마지막 개념은 '기회의 평등(equality of opportunity)'이다. 평등의 개념은 오랜 기간 동안 자본주의 혹은 자유주의자들에 의해 비판받아 왔다. 그 핵심은 결과의 평등이 개인의 자립성을 해치게 되며, 시장의 기본원칙과 맞지 않다는 것이었다. 따라서 이러한 의미에서 평등은 기회측면에서 제공되어야 한다는 것이 그 핵심이다. 이러한 기회의 평등은 가장 소극적 의미의 평등개념으로 특히 공교육 체계의 강화 혹은 저소득 아동을 위한 교육 프로그램 제공에서 많은 지지를 확인할 수 있는 내용(미국의 헤드스타트, 한국의 드림스타트 등)으로 볼 수 있다.

사회보험은 사회적 적절성을 규정할 수 있다. 사회적 적절성에 대한 개념은 모든 사회구성원들이 육체적 · 정신적으로 인간다운 삶을 누릴 수 있는 수준을 의미하며, 이러한 사회적 적절성에 대한 기준은 다양한 사회환경적

4) 현실적으로 존재하기 어려운 수량적 평등은 다만 공공부조제도에서 일부 제한적으로 적용되고 있는 것으로 이해되고 있다. 결과의 평등을 위해 상대적으로 많은 세금을 납부한 부자들의 기여를 저소득층에게 보다 많이 할당하게 함으로써 최소한의 평등을 유지하기 위한 노력을 하기 때문이다.

5) '공평(equity)'이라는 개념으로 이해되기도 한다.

상황에 따라 다르게 적용될 수 있다. 예를 들어 사회복지제도에 대한 관심이 적을 수밖에 없었던 1960~1970년대와 조금씩의 변화가 이루어지던 1980년대 그리고 오늘날 사회복지제도를 통한 사회적 적절성은 다르게 합의되는 것이 당연한 일일 것이다. 이러한 점에서 사회보험제도는 최저생계비 수준을 제공하고 있는 공공부조에 비해 상대적으로 사회적 적절성 기준이 더욱 잘 제공될 수 있다는 것이다.

(3) 정치적 목적

사회보험은 사회통합의 목적을 가진다. 사회는 다양한 구성원들로 구성되어 있으며, 이러한 구성상에서 때로는 이해관계가 맞지 않는 구성원들 간 문제가 발생할 수 있다. 자본주의 체제 내에서 이러한 문제의 다수는 경제적 원인에 기인하고 있는 경우가 많으나, 시장체제 내에서 자연스럽게 해결될 것으로 예상하기에는 어려운 것이 사실이다. 이를 위해 국가의 개입이 일부 이루어지고 있으며 사회보험 역시 이러한 국가개입 형태의 하나로 해석할 수 있을 것이다. 같은 사회 내 다수의 사회구성원들이 겪을 수 있는 사회문제에 대해 소득수준에 따라 높은 소득을 벌게 되는 사람들의 경우 더욱 높은 기여를, 낮은 소득을 벌게 되는 사람들의 경우에는 상대적으로 낮은 기여를 제공하더라도 동일한 사회적 서비스를 얻게 되기 때문에 사회구성원들 간 분열을 예방할 수 있게 되는 것이다.

사회통합의 목적과 관련한 내용으로 사회보험을 통해 정치적 안정을 도모할 수 있게 된다. 오늘날 사회적 양극화에 대한 문제의식이 높아지고 있는데, 이는 결국 사회의 분열에 대한 위기감으로 볼 수 있을 것이다. 사회보험은 이러한 위기감을 완화시킬 수 있게 되어 다양한 이해관계자들의 정치적 상황을 안정적으로 조정할 수 있게 된다는 것이다.

3. 사회보험의 특징

사회보험의 특징을 가장 간단히 정리해보면 바로 보험의 기본적 성격과 강제성을 들 수 있다. 우리가 '법'에 대해 한 번도 동의하지 않았음에도 준수하는 이유는 법이 사회적 약속이기 때문이다. 즉, 법을 어기게 될 경우 사회적 문제를 발생시킬 수 있으며, 동시에 이로 인해 자신에게도 일정 정도의 손해가 발생할 수 있다는 것이다. 이를 사회보험에 적용시켜보면 '사회'라는 의미는 강제성으로 해석할 수 있게 된다. 다음으로 보험이 가지고 있는 가장 기본적 특성은 '기여에 따른 급여수급'으로 볼 수 있을 것이다.

사회(강제성) + 보험(기여에 따른 급여)

'강제성과 기여에 따른 급여'라는 이러한 일반적 이해는 사회보험의 특성을 가장 쉽게 이해하는 내용이기는 하지만, 동시에 더욱 다양한 특성을 살펴야 할 필요성을 가지게 한다. 이러한 필요성을 위해 사회보험과 민간보험을 비교해보면 다음과 같다.

먼저 사회보험과 민간보험은 다음과 같은 점에서 유사점을 가지고 있다.

두 보험 모두 공동의 위험을 대비 및 관리하고 있으며, 보험의 운영과 관련한 명확한 규정을 확보하고 있다. 또한 프로그램 운영을 위한 비용을 개개인의 기여금으로 충당하고 있으며, 계약 규정에 따라 이후 보험 수급에서는 추가적인 욕구를 증명할 필요가 없고, 최종적으로는 경제적 안정을 위한 긍정적 기능을 사회에 제공한다는 점이다(Rejda, 1999).

하지만 이러한 유사점과 동시에 상당한 부분에서 차이점을 가지고 있는

데, 사회보험만의 명확한 특성은 이러한 차이점에서 더욱 분명히 드러날 수 있을 것이다.

① 보험가입방식

사회보험은 '강제가입'을 원칙으로 하고 있으나, 민간보험의 경우 '임의적(자율/선택적) 선택가입'을 원칙으로 하고 있다.

② 급여수준

사회보험의 경우 '사회적 적절성'을 원칙으로 하고 있으나, 민간보험의 경우 '개인적 형평성'을 따르고 있다. 최초 사회보험의 급여수준은 최저 수준의 소득보장으로 이해되고 있는 경우가 많았으나, 오늘날 사회보험은 가입자들에게 사회적으로 용인되고 있는 일정 수준 이상의 급여를 제공하는 모습으로 정리되고 있다. 이에 비해 민간보험의 경우 더 높은 수준의 급여를 제공받을 수 있는데, 이 경우 급여수준은 개인의 기여수준에 따라 달라지게 된다.

③ 급여근거

사회보험의 급여에 대한 근거는 법적 권리에 근거하고 있으나, 민간보험의 경우 법적 계약에 근거하고 있다. 즉, 사회구성원 다수의 합의에 의해 강제되고 있는 사회보험의 경우 권리적 측면을 높이 보고 있으며, 이에 따라 보험자와 피보험자는 법적·제도적 관계가 형성되고 있다. 하지만 개개인의 계약에 의존하고 있는 민간보험의 경우 시장(market) 운영 원리인 계약에 따라서, 보험자와 피보험자의 관계 역시 사적 계약에 의한 관계가 유지되게 된다.

④ 운영주체

사회보험의 운영주체는 국가(정부)에 의해 독점되고 있으나, 민간보험의 경우 시장(민간)에 의해 경쟁되는 경우가 대부분이다.

⑤ 물가상승과 급여수준

사회보험 가입자들이 급여를 받게 될 경우 물가상승에 의한 실질가치의 변동이 어느 정도 보장되고 있는데, 이는 사회적 적절성이라는 원칙이 반영된 결과로도 볼 수 있다. 이에 비해 민간보험의 경우 최초 계약에 따라 급여수준이 결정되어, 물가상승에 대한 실질가치 변동이 보장되지 못하는 경우가 많다.

표 8-2 사회보험과 민간보험의 비교

구분	사회보험	민간보험
가입방식	강제가입	임의/선택가입
급여수준	사회적 적절성에 따름	개인적 형평성에 따름
급여근거	법적 권리 (보험자와 피보험적 법적 관계 유지)	사적 계약 (보험자와 피보험적 계약관계)
운영주체	중앙정부(국가에 의한 독점)	시장(민간에 의한 경쟁)
물가상승과 급여	물가상승에 따른 가치변동 보장	물가상승에 따른 보장이 불가능

이러한 사회보험은 다음과 같은 장점을 가진다.

① 자신의 기여에 따른 급여수급으로, 가입자들에 대한 낙인 및 가입자들 스스로의 위축이 발생하지 않는다. 즉, 권리로서의 성격이 강하게 나타나게 된다.

② 사회적 위험이 발생하였을 때, 발생 이전의 소득이 최대한 유지될 수 있도록 제공될 수 있다. 예를 들어 다른 외부적인 채무관계가 발생하더라도, 국민연금에 대해서는 채무관계를 행할 수 없다.

③ 다수의 사회구성원이 겪게 될 위험에 대해 국가가 사후발생적으로 지원하는 것이 아니라, 개개인의 기여에 따른 예방적 성격을 가지게 되므로 사회적 비용 부담이 적다.

④ 다른 제도에 비해 노동자들의 노동의지를 감소시킨다는 사회적 비판이 적다.

⑤ 빈곤감소 효과가 자산조사를 행하는 다른 프로그램들보다 높게 나타나고 있다. 미국의 경우 1996년 사회보험제도를 통한 탈빈곤 인원이 1,780만 명으로 나타난 반면, 자산조사 형태의 프로그램들을 통한 탈빈곤 인원은 720만 명의 수준으로 절반도 되지 못한 것이 확인되었다(Rejda, 1999).[6]

이에 비해 단점으로는 낮은 대상효율성(target efficiency)을 들 수 있다. 대상효율성이란 정책 및 프로그램이 가장 필요로 하는 사람들에게만 전달되는 것이 효율적이라는 내용으로 선별적 특성을 나타내는 의미이다. 사회보험이 저소득층의 가입자들에게 더욱 높은 급여를 제공하는 구조를 가지고 있다 하더라도, 자신의 기여수준에 따라 급여수준이 달라지게 되어 가난한 사람들에게만 집중적으로 급여가 제공되는 공공부조에 비해서는 대상효율성이 낮을 수밖에 없다. 이와 관련한 내용으로 사회보험은 자신의 기여에 따른 급여수급으로 인해 다른 제도들에 비해 소득재분배 효과도 낮게 나타나고 있어, (수량적 의미로) 사회적 평등을 실현시키는 데에는 한계가 나타나고 있다.

6) 이와 같은 결과를 우리 사회에 그대로 적용시키기에 한계가 있는 것은 사실이다. 이는 급여에 대한 기여를 제공할 수 있는 사회보험의 가입자와 가장 최저수준의 소득을 가지고 있을 확률이 높은 자산조사 형태의 프로그램 수급자들의 비교에서 발생하는 차이, 그리고 미국과 한국이라는 공간적/사회·문화적 차이, 시간의 차이 등 다양한 원인이 있기 때문이다. 또한 이러한 결과를 자산조사 형태의 프로그램들이 무용한(useless) 것으로 이해해서는 안 될 것이며, 제도적으로 충분히 상호 보완될 수 있어야 높은 효과를 가진다는 것 역시 인식해야 할 것이다. 본 내용은 이러한 준비가 잘 되어 있다는 가정하에서 이를 근거하기 위한 자료로서 제시된 것임을 이해해주길 바란다.

4. 사회보험의 유형

우리나라의 경우 모든 국민을 대상으로 한 본격적 의미의 사회보험은 1963년 제정된 「산업재해보상보험법」으로 볼 수 있다. 이후 1977년 강제가입방식의 「의료보험법」,[7] 1986년에 제정된 「국민연금법」, 1993년의 「고용보험법」을 통해 복지국가의 기본이라고 불리는 4대 보험을 모두 갖출 수 있게 되었으며, 2007년에는 「노인장기요양보험법」의 제정을 통해 5대 사회보험 체계를 갖추게 되었다. 이를 간단히 살펴보면 다음과 같다.

1) 국민연금

(1) 개념

국민연금제도는 노령, 장애, 또는 (가장의)사망과 같은 사회적 위험이 발생하게 되어 노인빈곤으로 연결되는 것을 방지하기 위해 가입자의 기여금과 사용주의 부담금을 주된 재원으로 한 현금급여를 제공하는 사회보험을 의미한다.

(2) 도입배경

우리나라의 경우 1960년대와 1970년대를 거치면서 급속한 경제성장을 이루게 되었으나, 이러한 성장 중심적 사회제도 변화는 내부에서 많은 사회적 위험을 해결하는 데 있어서는 큰 역할을 하지 못하고 있었다. 1980년대에 들어

7) 의료보험의 경우 1963년에 제정·시행되고 있었으나 강제적용을 전제로 하지 않아 실질적 의미로서 전 국민을 대상으로 하였다고 보기에는 무리가 있다.

서면서 경제적 성장과 동시에 민주화를 기반으로 한 시민사회의 성숙 등으로 인해 이러한 문제들에 대한 실질적인 사회제도들의 등장이 요구되었고 그 가운데 하나가 바로 국민연금제도였다. 우리나라의 경우 〈표 8-3〉에서 보듯 전 세계적으로 유사한 사례를 찾기 힘든 수준의 인구 노령화 속도를 보이고 있으며, 동시에 낮은 출산율과 젊은 층의 노인 부양의식 약화, 노후생계보장에 대한 제도적 미비 등으로 인해 「국민연금법」이 제정·시행될 수 있었다.

표 8-3 고령화 속도 국제비교

구분	프랑스	영국	미국	일본	우리나라
고령사회(A)	115년	46년	72년	24년	17년
초고령사회(B)	39년	53년	18년	11년	9년

주: A: 고령화사회(노인인구 비율 7%)에서 고령사회(노인인구 비율 14%)로 진입하는 데 걸린 시간
B: 고령사회(노인인구 비율 14%)에서 초고령사회(노인인구 비율 20%)로 진입하는 데 걸린 시간
출처: 국민연금관리공단 홈페이지(www.hps.or.kr).

(3) 도입과정

국민연금제도의 경우 1973년 12월에 「국민복지연금법」이라는 이름으로 최초 제정되었으나, 제도도입에 있어 기업의 부담 가중, 기존에 제공되고 있던 퇴직금제도와 연금제도의 미조정, 실업문제에 대한 상대적으로 높은 관심, 당시 발생한 석유파동 등의 이유로 인해 그 시행이 보류되고 있었다. 이러한 가운데 1980년대에 들어서며 유명무실하였던 「국민복지연금법」을 폐지하고, 「국민연금법」이 제정 실시되었으며, 오늘날까지 점차 그 범위가 확대되는 모습을 보이고 있다.

표 8-4 국민연금의 주요 연혁

연혁	내용
1973. 12.	• 국민복지연금법 제정(시행령 미비, 무기한 시행 연기)
1986. 12.	• 국민연금법 제정(국민복지연금법 폐지)
1987. 9.	• 국민연금관리공단 설립
1988. 1.	• 국민연금제도 실시(상시근로자 10인 이상 사업장)
1995. 7.	• 농어촌 지역가입자 확대
1999. 4.	• 도시지역가입자 확대(전 국민 연금 시작)
2003. 7.	• 사업장 적용범위 확대(근로자 1인 이상 사업장)

(4) 주요 내용

국민연금은 특수직역의 연금제도[8]에 가입되어 있지 않은 18세 이상 60세 미만의 국내에 거주하는 국민으로 외국인도 포함된다. 가입자들은 사업장가입자, 지역가입자, 임의가입자, 임의계속가입자들로 구분되고 있다. 사업장가입자들은 1명 이상의 근로자를 사용하는 사업장에 종사하는 근로자와 사용자를 의미하며, 지역가입자는 사업장가입자를 제외한 자들을 의미한다. 임의가입자는 사업장 및 지역가입자에 해당하지 않은 자로서 본인의 의사로 공단에 신청을 통해 가입된 자를 의미하며, 임의계속가입자는 60세가 넘었음에도 연금을 수급받지 않고 지속적으로 연금납입을 원하는 자들을 의미한다. 연금보험료는 9%를 기준으로 사업장가입자의 경우 근로자와 사용자가 각각 4.5%을 부담하고 있으며, 나머지 가입자들은 9%의 비율을 모두 자신이 부담하도록 규정되어 있다. 연금은 매월 지급되는 연금급여 형태와 일시금 급여 형태로 구분되고 있는데, 연금급여의 경우 노후소득보장을 위한 목적

8) 공무원, 군인 및 사립학교교직원들은 별도의 연금제도에 가입되어 있어 국민연금 가입 적용의 제외대상이 되고 있으며, 이외에도 조기노령연금 수급권자, 특수직종 노령연금 수급권자들 역시 가입대상에서 제외된다.

의 노령연금, 장애로 인한 소득감소를 대비한 장애연금, 가입자의 사망으로 인한 유가족의 생계지원을 위한 유족연금으로 구성되어 있다. 일시금급여는 이민 등의 이유로 연금을 받지 못하거나 더 이상 가입할 수 없는 경우 청산적 성격으로 제공되는 반환일시금과 유족연금 및 반환일시금을 받지 못할 경우 장제비 성격으로 제공되는 사망일시금으로 구성되어 있다.

2) 건강보험

(1) 개념

국민건강보험은 질병이나 부상 등의 위험으로 인해 가계에 과도한 부담이 될 수준의 의료비를 지출하게 됨에 따라 겪게 되는 가계부담을 완화시켜 주기 위해, 평소 보험료를 지출하고 필요 시 보험급여를 수급함으로써 국민들의 경제적 부담 경감과 안정적 치료 및 건강유지를 목적으로 하는 사회보험제도를 의미한다.

(2) 도입배경

건강과 관련한 사회적 욕구는 지속적으로 강조될 수밖에 없는 것이 사실이다. 최초로 사회보험제도를 도입한 독일에서도 가장 먼저 도입된 사회보험은 의료보험[9]이었으며, NHS(National Health Service) 시스템으로 대표되는 영국에서도 건강/의료와 관련한 보험제도에 대한 국민적 욕구는 쉽게 확인

9) 사회보험 도입과 관련한 논의의 시작은 산재보험이었다. 하지만 산재보험과 관련한 사회적 관심과 논란이 동시에 발생하여, 쉽게 통과되고 있지 못한 상황 속에서 의료보험이 오히려 먼저 도입되었다.

할 수 있다. 우리나라의 경우 1970년대 초 '보건의료발전연구회'를 중심으로 한국의 건강보험제도 도입의 주장이 나타났으나, 당시에는 취약한 경제기반, 보험제도 도입에 따른 의사들의 독립성·자율성 훼손에 대한 우려 등으로 인해 많은 난관을 겪게 되었으나, 이후 1977년 본격적인 의미의 의료보험제도가 시행되었다.

(3) 도입과정

우리나라의 경우 1963년 의료보험법이 제정되었으나, 최초 강제가입적 성격의 의료보험제도가 임의가입형태로 변화되었으며, 당시에는 이 같은 임의적용방식의 의료보험마저 제대로 실시되지 못해 사실상 의료보험으로서의 기능은 전무한 상황이었다. 하지만 1976년 「의료보험법」 개정(제2차 개정)을 통해 질병·부상·분만·사망 등에 대한 보험급여 실시 기반을 확보한 후 1977년부터 본격적인 시행이 이루어졌다. 이후 1998년 기존 조합주의 방식에서 통합주의 방식으로의 변경, 1999년에는 「국민건강보험법」이 제정되고 2000년부터 시행되었다. 2003년부터는 지역·직장가입자의 재정을 통합하여 운영하고 있다.

표 8-5 국민건강보험의 주요 연혁

연혁	내용
1963. 12.	• 의료보험법 제정(실질적 적용 불가)
1977. 7.	• 의료보험제도 본격 실시(12월 공무원 및 사립학교교직원 의료보험 제정)
1989. 7.	• 도시 자영자를 포함하는 방식으로 적용대상 확대
1997. 12.	• 국민의료보험법 제정
1999. 2.	• 국민건강보험법 제정
2000. 7.	• 국민건강보험법 시행(국민의료보험관리공단과 직장조합 통합/국민건강보험공단 출범)
2003. 7.	• 직장가입자와 지역가입자의 재정 통합

(4) 주요 내용

국민건강보험은 법률에 의해 강제적용되는 것을 원칙으로 하고 있다. 이러한 특성을 통해 동일한 위험을 가진 국민들 간의 수평적 분배가 이루어질 수 있게 되며, 동시에 상대적으로 질병 및 부상 위험이 큰 사람만 보험에 가입하게 될 수 있는 위험을 방지할 수 있게 된다. 또한 보험료의 경우 가입자들의 부담능력에 따라 차등적으로 부담하고 있으나, 급여의 사용에 있어서는 이와 상관없이 모두 평등하게 이용할 수 있어 소득재분배 기능 역시 제공하고 있다. 또한 장기적으로 보험료를 수탁하고 있는 다른 제도들과 달리 국민건강보험의 경우 1년 단위로 보험료를 계산·사용하는 단기보험의 성격을 가지고 있다. 마지막으로 질병 및 부상이라는 사회구성원 다수의 위험에 대해 개인이 아닌 연대책임을 활용하여 사회연대성을 강화시키고 있다. 국민연금은 납부능력이 떨어지는 의료급여수급권자와 사회적 보상의 의미로 제외되는 유공자 등의 의료보호대상자를 제외한 모든 국민으로서 직장가입자와 지역가입자로 구분된다. 국민건강보험을 위한 재원은 가입자 및 사용자로부터 징수한 보험료와 국고보조금 및 건강증진기금(담배부담금) 등의 정부지원금을 재원으로 하고 있으며, 직장가입자의 경우 사용자와 근로자가 각각 50%씩 부담하고 있으며, 지역가입자의 경우 세대별로 부과되고 있다. 급여는 요양급여, 건강검진, 요양비, 장애인 보장구 급여비, 임의 급여, 본인부담액상한제도, 임신·출산 진료비 지원 등으로 제공되고 있으나 가장 주된 내용은 병원 진료와 같은 현물급여로 나타나고 있다.

3) 노인장기요양보험

(1) 개념

노인장기요양보험은 고령이나 노인성 질병 등으로 인해 6개월 이상 스스로 일상생활을 수행하기 어려운 노인 등에게 신체활동이나 가사지원 등의 장기요양급여를 제공하는 사회보험제도를 의미한다.

(2) 도입배경

급속한 고령화로 인해 노인성 질병이 많아지고 있으나, 이에 대한 간호와 요양 부담은 개인 혹은 그 가족들에 대해 전적으로 책임지우고 있는 일이 많았다. 추가적으로 기존 노인들에 대한 서비스의 경우 저소득 계층을 위주로 한 특정 대상에 한정된 공공부조 방식의 제도로서 모든 노인가족들이 사용할 수 있는 보편적 서비스 체계가 부족한 상황이었다. 이를 위해 노인들에게는 적절한 서비스를 제공하고, 그 가족들에게는 부양부담을 경감시킬 수 있도록 하기 위한 새로운 방안에 대한 필요성으로 2002년 대통령 공약으로 제안되었으며, 3차례 시범사업 실시 이후 2008년 제5의 사회보험제도로서 도입되었다.

(3) 도입과정

노인장기요양보험의 도입과정에 대한 주요 연혁은 〈표 8-6〉과 같다.

표 8-6 노인장기요양보험의 주요 연혁

연혁	내용
2001. 8.	• (김대중)대통령 경축사에서 노인요양보장제도 도입 제시
2005. ~ 2008.	• 1차(2005), 2차(2006), 3차(2007) 시범사업 실시
2007. 4.	• 노인장기요양보험법 제정
2008. 7.	• 노인장기요양보험법 시행
2014. 7.	• 노인장기요양 등급체계 개편

(4) 주요 내용

노인장기요양보험은 소득수준과 상관없이 노인장기요양보험 가입자(국민건강가입자와 동일함)와 그 피부양자, 의료급여수급권자로서 65세 이상의 노인과 64세 이하 노인성 질병이 있는 자를 대상으로 하고 있다. 장기요양보험이 필요한 자는 본인 또는 대리인이 신청을 할 수 있으며, 접수가 되면 공단에서 등급판정심사를 실시하여 5등급으로 구분된 상태에 따라 등급을 판정한다. 재원은 건강보험료와 통합하여 징수하고 있는 장기요양보험료와 국가지원 그리고 본인 일부부담[10)]을 통해 운영되고 있다. 급여는 재가급여, 시설급여, 특별현금급여 등으로 구성되어 있다.

표 8-7 장기요양등급

등급	심신의 상태	장기요양인정점수
1등급	일상생활에서 전적으로 다른 사람의 도움이 필요	95점 이상
2등급	일상생활에서 상당부분 다른 사람의 도움이 필요	75점 이상 95점 미만
3등급	일상생활에서 부분적으로 다른 사람의 도움이 필요	60점 이상 75점 미만

10) 시설급여의 경우 20%, 재가급여의 경우 15%를 본인부담금으로 정리하고 있으나, 의료급여수급권자 등의 저소득층은 1/2로 경감(시설급여: 10%, 재가급여: 7.5%)하고 있고, 국민기초생활수급권자는 전액 무료로 서비스를 이용할 수 있다.

등급	심신의 상태	장기요양인정점수
4등급	심신의 기능상태 장애로 일상생활에서 일정부분 다른 사람의 도움이 필요	51점 이상 60점 미만
5등급	치매(제2조에 따른 노인성 질병으로 한정) 환자	45점 이상 51점 미만

4) 산재보험: 산업재해보상보험

(1) 개념

산재보험은 노동자들이 자신들의 업무와 관련한 부상, 질병 또는 사망 등의 재해를 입은 경우 본인의 치료나 부양가족들의 생계를 보장하기 위해, 사업주의 강제가입 방식으로 운영되는 사회보험으로 산업재해보상보험의 준말이다.

(2) 도입배경

사회보험을 최초 시행한 독일에서도 가장 먼저 도입 논의가 시작된 사회보험(의료보험이 가장 먼저 통과됨)으로 이러한 의미에서 산재보험은 실질적 의미의 최초 형태의 사회보험을 볼 수 있을 것이다. 유럽에서 급속도로 유행하고 있던 사회주의에 대한 견제적 차원으로 일정 정도 정치적 목적을 통해 도입된 것으로 이해되는 독일의 산재보험과 일치하지는 않더라도 우리나라의 경우에도 경제적 · 정치적 목적을 통해 도입된 것으로 볼 수 있다. 산재보험이 도입된 1960년대의 경우 우리나라 산업구조가 노동집약적 산업인 경공업과 중공업이 집중 육성되고 있던 시기라 이에 따른 산업재해 역시 대폭적으로 증가하게 되어 이러한 필요성은 더욱 높아지고 있던 상황이었다. 동시에 정치적 정통성이 부재한 군사정권으로서는 자신들의 당위성을 다양한 사회제도를 통해 알리고자 하였는데, 이러한 목적에 비추어볼 때 산재보험이 가장 빠르게 도입될 수 있었던 것으로 판단된다.

(3) 도입과정

산재보험이 도입된 1963년은 제1차 경제개발 5개년 계획이 시작된 다음해로 법적·제도적으로 이에 대한 요구가 높았던 시기로 판단된다. 하지만 산재보험의 도입에 있어서 노동자 집단과 고용주 집단은 다른 입장을 가지고 있었으나 그 참여에 대해서는 유사한 모습을 보인 것으로 나타나고 있다. 노동자 단체에서는 이미 조합별 혹은 기업별로 개별적으로 산재보상이 해결되어 있어 큰 관심이 보이지 않았던 것으로 보이나, 이후 산재보험의 적용범위 확대를 통한 도입의 필요성에 대해서는 찬성하는 입장을 보였다. 동시에 고용주의 입장에서는 최초에는 재해당사자에 대한 고용주의 직접 보상이 노사관계 개선에 도움이 된다고 생각하여 크게 호응하지 않았으나, 이후 산재보험제도 도입을 통한 사업주의 위험부담 분산을 확인한 이후에는 역시 찬성하는 입장으로 돌아서게 된다. 국가의 입장에서는 노동력의 안정적인 재생산 보장, 노사관계 안정화를 통한 경제발전 기반 확보, 산재보상 부담으로 인한 사업주 도산의 방지 등의 이유로 지속적으로 도입을 주장하는 모습을 보이고 있었다. 이러한 과정 속에서 나타난 산재보험의 경우 1963년 11월 「산업재해보상보험법」이 제정된 이후 2010년 제32차 개정까지 기본적인 틀은 유지하고 있는 상황에서 업무의 명확화, 수급요건의 강화 등이 보완되는 모습을 보이고 있다.

표 8-8 산재보험의 주요 연혁

연혁	내용
1953. 5.	• 사업주 개별보상책임제 시행(근로기준법 제정)
1963. 11.	• 산업재해보상보험법 제정
1964. 7.	• 산재보험제도 실시(500인 이상 제조업 및 광업)
1995. 5.	• 근로복지공단 설립
2000. 7.	• 1인 이상 노동자를 고용한 모든 사업장으로 적용범위 확대
2010. 1.	• 한국산재의료원 폐지 • 산재보험 의료기관의 지정취소와 관련한 규정 강화 • 요양으로 취업하지 못한 경우에만 상병보상연금 지급(수급요건 명확화)

(4) 주요 내용

산재보험은 노동자의 업무상 재해에 대해 사용자에게는 고의·과실의 유무를 묻지 않는 무과실책임주의를 채택하고 있으며, 그 재원은 원칙적으로 사업주가 전액 부담하고 있다. 또한 재해 발생에 따른 손해 전체를 보상하는 것이 아니라 평균임금을 기초로 한 정률보상방식을 채택하고 있으며, 타 사회보험과 달리 개별 가입자 중심의 관리가 아니라 사업장 중심의 관리가 이루어지고 있다. 산재보험의 급여는 요양급여, 휴업급여, 장해급여, 간병급여, 직업재활급여, 유족급여, 상병보상연금, 장의비, 특별급여로 구성되어 있다.

5) 고용보험

(1) 개념

고용보험은 노동자가 의도하지 않은 실업상황으로 인해 생활안정을 위해 일정 기간 동안 급여를 지급하는 실업보험사업과 함께 구직자들의 재취업을 촉진하고 취업알선을 통한 실업예방을 위한 고용안정사업 및 직업능력개발사업 등의 실시를 목적으로 하는 사회보험제도를 의미한다.

(2) 도입배경

고용보험은 사회보험을 채택하고 있는 국가들에서 비교적 최근에 도입된 제도로 알려져 있다. 산업구조의 개편으로 인해 실업이 개인의 선택이나 특성에 의한 문제라는 인식을 벗어나 사회문제로서 인식되기 시작했다. 실업이 주는 이러한 사회적 위험은 비단 노동자 개인에게만 멈추는 것이 아니라, 그들이 부양하고 있는 가족에게까지 영향을 끼치는 심각한 문제이며, 동시에 우리나라는 IMF와 같이 예상치 못한 대규모의 실업사태가 발생하게 되면서 이에 대한 사회적 준비가 요구되고 있었다.

(3) 도입과정

앞선 내용처럼 산업구조의 개편을 통해 오늘날 다수의 사업들은 높은 고용을 만들어 내지 못하고 있는 것이 사실이다. 이에 노동력의 공급과 수요에 대한 적극적 관리 방안의 모색이 필요했으며, 그러한 방안의 하나로 고용보험이 도입될 수 있었다. 이러한 고용보험 도입과정 속에서 나타난 주요 연혁을 살펴본 결과는 〈표 8-9〉와 같다.

표 8-9 고용보험의 주요 연혁

연혁	내용
1993. 12.	• 고용보험법 제정(1995. 7. 시행)
1998. 10.	• 1인 이상 전 사업장으로 고용보험 적용 확대

연혁	내용
2001. 8.	• 육아휴직급여 · 산전후 휴가급여 신설
2002. 12.	• 고용보험 적용 노동자를 65세 미만인 자로 확대
2005. 12.	• 고용안정사업과 직업능력개발사업의 통합운영
2008. 12.	• 고용보험법 등의 시행에 관한 주요 사항 심의를 위한 노사참여형태의 고용보험위원회 신설(노동부 내)
2010. 1.	• 사회보험업무처리의 효율성을 높이기 위해 보험료 산정기준을 소득세 과세대상 근로소득으로 통일

(4) 주요 내용

고용보험의 가입대상은 노동자를 사용하는 모든 사업이며, 적용단위는 사업 또는 사업장으로 되어 있다. 이에 법적 가입의무를 가지고 있는 당연가입 사업은 적용제외사업을 제외한 노동자를 1인 이상 사용하는 모든 사업 또는 사업장으로 규정되어 있다. 고용보험의 재원은 실업급여의 경우 노동자와 사업주가 함께 부담하는 보험료에 의해 이루어지고 있으며, 고용안정 · 직업능력개발사업에 해당하는 보험료는 사업주가 전액 부담하고 있다. 실업급여 사업의 급여는 노동자의 실직에 대해 일정 기간 동안 보험급여를 제공하는 구직급여와 실업자들의 빠른 재취업을 위한 유인책으로서 취업촉진수당이 있으며, 그 외에도 훈련연장급여와 개별연장급여, 특별연장급여와 상병급여가 제공되고 있다. 또한 임신 · 출산과정에서 일과 육아의 병행을 위해 모성보호급여로 육아휴직급여, 출산전후휴가급여, 육아기 근로시간 단축급여가 있으며, 고용안정사업 및 직업능력개발사업이 함께 제공되고 있다.

CHAPTER

제 9 장 공공부조

1. 사회보험과 공공부조

〈표 9-1〉은 공공부조의 특징을 이해하기 위해 사회보험과 비교를 나타낸 것이다. 사회보험과 공공부조는 경제적 부분에 대한 지원을 중심으로 하고 있는 사회보장제도의 내용들이겠으나, 다음과 같은 차이를 보인다. 먼저 대상을 살펴보면 사회보험이 모든 국민의 가입을 강제하는 경우가 많은 것에 비해 공공부조의 경우 사회적으로 인정된 최저선(국민최저선: National Minimum) 이하의 소득(자산)을 가지고 있는 빈곤층을 대상으로 하고 있다. 이러한 특성에 따라 사회보험은 일부 운영을 위한 조세지원이 제공된다 하더라도, 가장 큰 부분은 목적세와 같은 형식으로 강제되는 가입자의 기여금에 의존하고 있으며, 공공부조의 경우 일반조세에 의해 재정이 충당되는 구조를 가지고 있다. 8장에서 확인한 것처럼 사회보험은 급여수급 조건으로 자산조사를 실시하지 않으나, 공공부조의 경우 국민최저선 이하인지를 확인하기 위한 필수적인 과정으로 자산조사를 실시하고 있다. 또한 공급자의 입장에서 자신의 프로그램이 가장 필요한 대상에게 적절하게 서비스되고 있는지를 확인하는 대상효율성(target efficiency)의 경우 사회보험은 상대적으로 낮게 확인되고 있으나, 공공부조의 경우 상대적으로 명확한 수급대상 선정으로 인해 높게 나타나고 있다. 소득재분배 효과를 확인해보면 사회보험의 경우 수직적 재분배 효과와 수평적 재분배 효과가 모두 발생할 수 있는 구조로 나타나고 있지만, 공공부

조제도에 비해 수직적 재분배 효과는 상대적으로 높지 않은 것으로 확인된다. 사회보험 급여의 경우 가입자 자신의 기여에 따른 급여수급으로 인해 권리에 대한 인식이 강하게 나타나고 있으나, 공공부조의 경우 최근에 많은 변화가 있다 하더라도, 일부 낙인효과가 발생할 가능성이 나타나고 있다. 마지막으로 사회보험은 보험가입자들에 대한 지속적인 관리를 통해 제공되는 급여의 양이 예측될 수 있으나, 수급자들에 의해 제시된 욕구의 수준, 혹은 해당 사회가 인정하는 수준의 변화에 따라 달라질 수 있는 공공부조의 경우 이러한 예측이 어려운 차이를 보이고 있다. 최종적으로 사회보험은 보험의 원리를 통한 사회적 위험에 대한 사전예방적 성격을 확인할 수 있으며, 공공부조의 경우 사회적 위험(경제적 위기)이 발생한 대상들에 대한 사후처방적 성격의 제도로 이해할 수 있을 것이다.

표 9-1 사회보험과 공공부조의 차이

구분	사회보험	공공부조
대상	모든 국민(보편적)	빈곤층(선별적)
재원	가입자 기여금(일부 조세)	일반조세
자산조사	×	○
대상효율성	(상대적으로) 낮은 편	높은 편
소득재분배 효과	수직적/수평적 재분배 효과 모두 가짐	수직적 재분배 효과 높음
급여에 대한 인식	권리로서 급여수급	낙인효과 발생 가능
기타	급여의 양에 대한 예측 가능 사전예방적 성격	(급여 양)예측 불가능 사후처방적 성격

이상에서 제시한 다양한 특성을 통해 결국 공공부조는 '빈곤'이라는 특정한 상황에 대한 사회적 지원이라는 것을 이해할 수 있게 된다. 이는 공공부조를 제대로 이해하기 위해서는 빈곤을 함께 살펴보아야 한다는 것을 의미한다.

2. 빈곤의 이해

현대사회에서 비단 사회복지분야뿐만 아니라 다양한 분야들에서 설명되는 사회현상 중에서 가장 많이 언급되는 내용의 하나가 바로 빈곤이다. 전문적 분야가 아니다 하더라도 일상적 생활에서 빈곤이라는 용어는 쉽게 사용되고 있는 것이 사실이다. 하지만 이러한 일반적 사용에 비해 빈곤에 대한 명확한 개념정의는 쉽게 이루어지지 못하고 있다. 빈곤은 시대적·공간적·사회문화적 다양한 환경적 요인에 따라 개별적으로 적용되어 온 것이 사실이며, 이러한 가운데 빈곤의 수준, 빈곤의 원인, 빈곤의 내용 등 추가적인 개념까지 혼재된 상황으로 보인다.

1) 빈곤의 개념과 측정방법

일반적으로 빈곤은 '최소한의 인간다운 생활을 유지함에 있어서 필요한 적정 수준의 재화를 가지지 못한 상태'를 의미하고 있다. 이러한 정의는 경제적 관점에 대한 내용으로 일반적 사용에 있어서 꽤 명확한 개념으로 전달되고 있다. 하지만 이러한 이해로는 빈곤의 수준과 관련한 문제가 해결되지 않고 있는 것을 볼 수 있는데, 그것이 바로 '최소한의 인간다운 생활'에 대한 문제로 볼 수 있을 것이다. 즉, 어떠한 상태를 인간다운 생활로 볼 수 있는가에 대한 질문이 해결되지 않고 있다는 것이며, 사회복지학이라는 가치지향적 학문을 배우는 우리에게 있어서 이러한 질문은 아주 중요한 내용[1]으로

1) 유사한 내용으로 많은 학생들에게 사회복지의 필요성에 대해 질문해보면 '사람들을 행복하게 하기 위해서'라고 응답하는 것을 볼 수 있다. 그렇다면 다음 질문을 하게 된다. 무엇이 행복한 것인가? 아니면 어떻게 해야 행복한 것인가? 적어도 이 책을 읽고 있는 여러분들이 행복에 대해 알아야 대상자들을 행복하게 만들 수 있을 것임은 당연한 일이다. 이러

볼 수 있다. 이러한 질문에 대해 다양한 학자들은 저마다의 의견을 제안하고 있었는데, 그것을 정리해보면 절대적 빈곤, 상대적 빈곤, 주관적 빈곤이다.

먼저 절대적 빈곤은 말 그대로 절대적인 빈곤선이 있을 수 있다는 전제에서 출발하는 개념이다. 이를 위해 최소한의 생활수준을 파악·결정하고 이를 통해 적정 수준 이하인 상태를 빈곤으로 인식하게 된다. 절대적 빈곤은 전물량방식과 반물량방식으로 다시 구분되어 사용되고 있다. 영국 라운트리(Rowntree) 방식으로 대표되는 전물량방식은 생활에 필수적인 품목의 최저수준을 결정하고, 이를 화폐가치로 환산하여 빈곤선을 구하는 방식을 의미[2)]하며, 우리나라의 최저생계비를 계측하는 방식이다. 다음으로 미국 오르샨스키(Orshansky) 방식으로 대표되는 반물량방식은 가구 지출에서 식료품비가 차지하는 비율[3)]이 대부분 1/3이라는 것을 밝혀내어 최저 식료품비를 계산하고 여기에 역으로 3을 곱한 금액을 빈곤선으로 정의하는 방식을 의미하며, 미국의 공식 빈곤선 계산에 적용되고 있다. 이러한 절대적 빈곤개념은 다양한 프로그램에 적용될 수 있는 빈곤에 대한 확실한 기준을 정의할 수 있다는 효용으로서의 장점이 있겠으나, 앞서 밝힌 것처럼 최저한의 생활수준이라는 개념이 다양한 환경적 요소에 따라 달라질 수 있어 이를 모두 포함하기에는 한계가 발생할 수밖에 없다는 점이 문제점으로 지적되고 있다.

한 이해는 향후 여러분만의 사회복지활동을 만드는 기준이 되어줄 수 있는데, 만약 여러분이 좋은 옷을 입고 행복하다면 대상자들도 좋은 옷을 입을 수 있도록 노력하고, 만약 맛있는 음식을 먹을 때 행복하다면 대상자들도 맛있는 음식을 먹을 수 있도록 활동을 하게 될 수 있을 것이다. 그럼에도 나는 좋은 옷을 입고, 맛있는 음식을 먹어야 행복하지만, 대상자들은 (내 옷보다는 싸고 질이 낮은) 이 정도 옷만 입어도, 이 정도 음식만 먹어도 행복하겠지라고 생각하는 경우는 없는지 생각해보아야 할 것이다.

2) 예를 들어 방청소가 생활에 필수적인 내용이라고 전제한다면, 진공청소기가 아니라 빗자루와 쓰레받기의 가격을 채택하는 형식이 필수품목의 최저수준을 결정하는 방식이다. 이런 식으로 결정한 모든 금액을 합산한 금액이 바로 전물량방식을 통해 결정된 빈곤선이라 부를 수 있게 된다.

3) 가구소득이나 가구지출 중에서 식료품비가 차지하는 비율을 엥겔계수로 표현한다.

상대적 빈곤은 빈곤에 대한 절대적 기준은 있을 수 없으며, 다만 동일한 사회 속에서 타인과 비교하여 느끼게 되는 상대적 박탈감에 따라 빈곤을 결정할 수 있다는 것이다. 따라서 상대적 빈곤은 특정 사회의 평균 소득수준이나 생활수준 혹은 사회의 불평등수준에 큰 영향을 받게 된다. 최근에는 상대적 빈곤의 개념이 조금씩 더욱 강조되고 있음에도 불구하고 이를 측정하는 것은 상당히 어려운 것으로 나타나고 있으며, 이를 위해 보통 사회의 평균소득, 중위소득의 일정 비율로 정하는 경우가 많으며 OECD의 경우 상대적 빈곤개념을 주로 사용하고 있다.

경제학에서는 오래전부터 특정한 제품이나 서비스 이용에서 개개인이 느끼는 만족을 효용(utility)으로 정의하고 효용을 활용하기 위한 연구를 지속적으로 수행하였다. 이러한 가운데 기수적 효용(cardinal utility)과 서수적 효용(ordinal utility)이 등장하게 되는데 기수적 효용은 개개인이 느끼는 만족(효용)을 계수적으로 측정 가능하다고 믿었던 개념이며, 서수적 효용은 이러한 만족(효용)은 측정될 수 없으며, 측정될 필요도 없고 다만 우선순위만 있을 뿐이라는 차이를 보였다. 절대적 빈곤의 경우 일정 정도 기수적 효용 개념이 적용된 개념으로 이해되고 있으며, 상대적 빈곤의 경우 서수적 효용 개념이 상대적으로 더욱 높게 나타나는 개념으로 이해할 수 있을 것이다.

마지막으로 주관적 빈곤선은 자신의 생활수준에 대한 평가를 개인들이 주관적인 평가에 근거하여 빈곤을 정의하는 것을 의미한다. 사람들에게 자신의 현재 상황을 고려하여 생활 유지에 필요한 최소소득을 알아본 다음, 이를 바탕으로 그들의 실제 소득과의 관계를 분석하여 결정하는 개념이다. 이는 개별 대상에 대한 적절한 빈곤선 파악으로 맞춤형 전략을 제안할 수 있을 가능성을 만들 수 있겠으나, 실제 정책으로 사용되기에는 많은 한계가 발생되어 크게 사용되지는 못하고 있다.

표 9-2 상대적 빈곤선의 비교

적용 기관(국가), 학자	상대적 빈곤선
OECD	중위 가구소득의 40, 50, 60%
EU	평균 가구소득의 40, 50, 60%
World Bank	개발도상국은 평균 가구소득의 1/3, 선진국은 평균 가구소득의 1/2
P. Townsend	빈곤층은 평균 가구소득의 80% 이하, 극빈층은 50% 이하
V. Fuchs & S. Lansley	중위소득의 1/2 이하를 빈곤
영국	평균 소득의 50%
프랑스	중위소득의 50%
일본	평균소비지출의 68%

2) 빈곤과 관련한 논쟁들

사회복지발달과정을 통해 빈곤과 관련한 논쟁에서 가장 먼저 발생하는 논의는 바로 빈곤의 책임이 어디에 있는가 하는 것이다. 이러한 논의는 크게 세 가지 모습으로 이해되고 있는데 먼저 사회복지 이전의 시대에서 빈곤은 '타고나는 것'이었다. 즉, 자신이 가난한 이유는 바로 빈곤할 수밖에 없는 계급에서 출생했기 때문이며, 이러한 신분을 바꿀 수 없다는 점에서 빈곤은 사회 내에서 존재는 하되, 사회문제는 아니었던 것으로 보인다. 다음으로 산업화 이후 시대에서는 빈곤이 '개인의 책임'이었다. 즉, 누구나 일정한 수준의 노력만 한다면 잘살 수 있을 것이라는 전제하에 개개인의 빈곤은 결국 개개인이 가지고 있는 문제(무지, 불결함, 게으름, 음주, 도벽 등)에 기인한 것이라는 개념으로, 이러한 인식은 오늘날까지도 일정 정도 영향을 나타내고 있는 것으로 보인다. 오늘날 빈곤에 대한 이해는 '개인의 문제와 별개로 사회적 영향이 있을 수 있다'는 것이다. 오늘날 노동시장과 별도로 성장・활동하고 있는 기업활동, 세계화된 경제체제 등은 급격한 산업구조를 개편시켰고 이에 자신의 의지와 별도로 빈곤을 경험할 수 있게 된 것이다. 1997년 우리나라 IMF 역시 유사한 경험으로 이해할 수 있는 것이다. 이러한 환경적 요인에 대한 인식은 빈곤에 대해 개인들이 아무런 책임이 없다는 것이 아니라, 개인 요인과 별도로 사회환경적 요인이 상당히 중요하게 작용하고 있다는 것을 의미한다.

이러한 빈곤의 원인에 대한 다양한 논의는 오늘날까지 빈곤에 대한 사회적 개입 여부, 개입 수준, 개입 방법 등 다양한 부분에서 개별적인 주장의 근거로 작용하고 있다. 빈곤한 사람들에 대한 활동을 지속적으로 수행해야 할 예비사회복지사들은 이러한 논의에서 충분한 의견을 수렴하여 상황에 적합한 원인을 밝히고 대안을 마련할 수 있도록 해야 할 것이다.

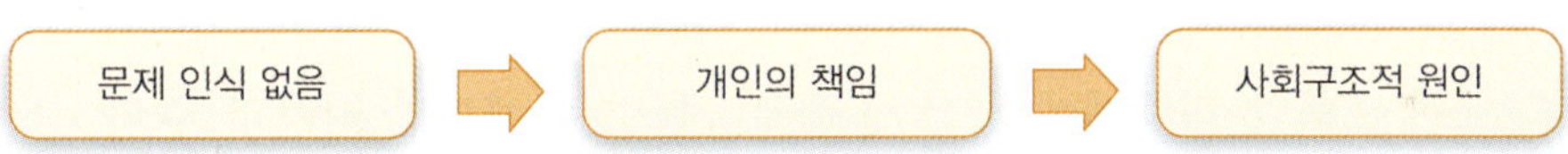

그림 9-1 빈곤에 대한 인식 변화

다음은 빈곤의 내용에 관한 것으로 보인다. 빈곤은 오래전부터 경제적인 부분에 초점화된 개념으로 알려지고 있었으나, 오늘날 빈곤은 그 폭이 상당히 넓어지고 있는 것으로 보인다. 정보불평등의 개념에서 발생하고 있는 정보의 빈곤, 인간관계의 필요성을 알리고 있는 사회적 자본의 개념에서 발생하고 있는 관계의 빈곤 등의 개념은 빈곤에 대한 기존 이해의 폭이 더욱 넓어지고 있음을 보여주고 있다. 빈곤과 관련한 이러한 변화는 앞으로도 지속될 것으로 보이는바 인간생활에서 필요한 내용은 무엇인지 그리고 이를 통해 어떤 부분이 빈곤하지 않도록 조정해야 할 것인지는 바로 사회복지활동을 통해 채워야 할 것이다.

3. 공공부조제도의 개념과 목적

1절을 통해 사회보험과 공공부조제도가 경제적 부분에 초점화된 서비스·제도라는 것을 확인할 수 있었다. 사회보험이 빈곤에 대한 예방적 성격이 크다면, 공공부조제도는 빈곤이 발생한 이후에 지원되는 사후처방적 성격이 큰 사회보장제도이다. 공공부조제도의 필요성은 사회적으로 높은 합의를 보이지만 제도에 대해 일반적 인식(가난한 사람을 돕는다는)에 머물러 있는 경우가 많다. 본 절에서는 공공부조제도를 세부적으로 살펴보았다.

1) 공공부조의 개념

누구에게(대상체계), 무엇을(급여체계), 어떻게(전달체계, 재원체계)라는 길버트와 스펙트의 분석체계에 따라 공공부조를 분석해보면 다음과 같다.

- 누구에게(대상): 공공부조는 사회보험과 달리 자신의 기여가 없이도 급여가 제공되는 구조를 가지고 있으며, 자신의 기여가 없다는 것은 사실 일정 정도 기여를 할 상황이 되지 못하는 최저생계비 이하의 국민들을 대상으로 하고 있다는 것으로 이해하여야 할 것이다. 가족이 가지고 있는 모든 자원의 양을 정해진 기준에 따라 급여자격 요건을 결정하는 구조를 가지고 있으며, 이러한 기준에 합당한 대상에게만 급여를 제공하도록 되어 있다. 모든 국민들이 언제나 빈곤층으로 떨어질 수 있다는 점에서 공공부조제도를 보편적인 대상으로 시행되는 제도로 이해하는 시도도 일부 있으나, 적어도 그 실질적인 적용에 있어서는 사회적으로 합의된 최저소득(national minimum) 이하인 자로 정의되어 명확한 선별적 대상을 취하고 있는 것으로 볼 수 있다.

- 무엇을(급여): 사회적 위험에 대비한 경제적 지원을 중심으로 하고 있는 사회보장 영역의 특성에 따라 공공부조제도에서도 가장 강조되고 있는 급여형태는 '현금'의 모습을 취하고 있는 것을 확인할 수 있다. 하지만 공공부조제도의 경우 사회보험 및 다른 사회보장제도에 비해 전달되는 급여 형태가 다양하게 제공되고 있는 것을 알 수 있는데, 현금급여 외에도 의료서비스, 푸드뱅크와 같은 형태의 현물급여, 사회서비스에 대한 바우처, 푸드마켓 쿠폰과 같은 형태의 바우처(voucher) 등이 그것이다. 이는 사회보험의 예방적 성격에 비해 사후처방적인 공공부조는 대상자들의 경제적 부분을 포함한 다른 부분까지 폭넓게 제공되어야 하기 때문이며, 동시에 현금급여가 가지는 문제점을 제도적으로 보완하기 위한 것이기도 하다.
- 어떻게(운영): 우리나라의 경우 공공부조제도는 중앙정부에 의해 제공되고 있으나, 사회복지만의 공적 전달체계가 확보되지 못한 우리나라의 상황에서는 행정(행정안전부)의 전달체계에 의존하고 있는 모습을 보이고 있다. 중앙정부가 공공부조와 관련한 대부분의 내용을 결정하고 이에 대한 재원까지 지원을 하게 되면 지방정부는 이에 대해 일정 정도 재원을 보충한 후, 직접적으로 대상자들에게 전달되는 구조를 취하고 있는 것이다. 공공부조의 재원은 목적세의 형식이 아니라, 일반 조세로 충당되고 있어, 공공부조 급여와 관련된 비용은 고용주와 근로자, 혹은 국민들이 별도로 직접 부담하지는 않고 있다. 이러한 원칙은 일찍이 베버리지 보고서(Beveridge, 1942)에서도 제안된 내용으로 현재까지도 충실히 지켜지고 있는 것으로 보인다.

이상의 내용을 통해 공공부조의 개념을 간단히 정리해보면, '국가의 일반

조세를 활용하여 최저생계비 이하인 사회구성원에 대해 제공되는 현금급여를 포함한 다양한 방법으로 소득을 보장하고자 하는 사회보장의 한 영역'으로 볼 수 있다.

2) 공공부조의 목적

앞선 사회보험에서 확인한 것처럼 사회제도의 목적을 특정 시점에서만 확인하기보다는 다양한 관계 속에서 파악하는 것이 유용한 것은 당연한 일이다. 다만 이러한 구분이 사실 명확히 적용되기는 어려운바, 본 구분은 일반적 이해를 위한 구분으로 이해하고 각 목적들이 상호보완적으로 폭넓게 나타나고 있다는 점을 잘 확인해야 할 것이다.

(1) 경제적 목적

다른 모든 목적을 차치하고서라도 공공부조는 결국 빈곤한 대상에 대한 경제적 자립지원 정책으로 볼 수 있다. 오늘날 개인들이 겪게 되는 빈곤은 단순히 소득의 유무를 벗어나서 사회구성원으로서의 존재감 하락, 자아실현의 기회에 대한 접근기회 상실 등 다양한 개인적 위험을 만들어 낼 뿐만 아니라, 이러한 문제가 지속적으로 쌓이게 될 경우에는 심각한 사회문제가 될 확률이 높다. 또한 빈곤의 원인이 개인에게만 있지 않은 경우가 다수이기 때문에, 개인의 힘만으로 이러한 상황을 타개할 방안을 찾는 것은 쉬운 일이 아니라 할 것이다. 공공부조제도는 가장 기본적인 목적으로 개인들의 빈곤을 벗어날 수 있는 기반을 조성하는 데 역할을 하는 것으로 보인다.

다음으로 대상자들의 노동동기를 강화시킬 수 있다. 현재 사회보장제도와 관련한 일부 논의에서 사회보장제도들이 노동동기를 낮추는 것으로 주장되고 있으나, 한국의 경우 공공부조의 수준이 최저선에 그치고 있어 노동동기를 낮출 것이라는 예상은 지나친 것으로 볼 수 있다. 동시에 부족하더라도 안정적인 생활이 유지될 수 있다면 이후 이를 기반으로 하는 다양한 활동에 참여할 수 있음에 결국 공공부조제도는 대상자들의 노동의지를 높일 수 있게 될 것이다.

공공부조제도는 소득재분배 기능이 다른 제도들에 비해 높은 것으로 판단된다. 앞서 밝힌 것처럼 공공부조는 국민들의 일반조세에 의해 재원을 마련하고 있으나, 그 수혜대상은 상당히 선별적인 구조를 취하고 있다. 즉, 소득이 높은 사람들이 납부한 금액이 자연스럽게 소득이 낮은 혹은 소득이 없는 사람들에게 이전되고 있는 모습을 만들고 있는 것이다. 이러한 모습을 통해 사회통합의 가치는 더욱 분명하게 달성될 수 있게 되며, 제도의 대상효율성 역시 분명하게 되는 것으로 판단할 수 있다.

이상의 미시적 차원의 목적과 동시에 거시적 차원으로 공공부조제도는 인적자본을 강화시킬 수 있게 하여 경제성장에 기여할 수 있도록 하고 있다. 공공부조제도는 단순히 대상자들에게 현금급여만 제공하는 것이 아니라 취업 및 재취업 그리고 자활과 관련한 다양한 프로그램에 참여시켜 개개인이 가지고 있는 인적자본을 강화시키는 역할을 하고 있다. 이를 통해 인적자본이 늘어난 대상자들의 소비능력 강화로 이어지고 다시 소비능력 강화는 생산활동의 증가로 이어지는 선순환 구조를 만들 수 있게 된다.

(2) 사회적 목적

사회적으로 나타난 문제들에 대한 해결책으로 대부분의 사회제도들이 등장했다는 점에서 공공부조제도의 목적 역시 사회적 문제를 해결하는 데에서 찾을 수 있을 것이다. 앞선 빈곤에 대한 정의에서 확인한 것처럼 이전 빈곤이라는 특정 상황이 문제가 아니거나, 개인적 문제 수준에 그쳐 있던 시대는 지났으며, 오늘날에는 심각한 사회문제로 나타나고 있다. 개개인의 빈곤이 결합되어 전체 사회가 빈곤한 상황으로 지속될 경우 경제시스템의 붕괴, 다양한 사회구성원 간의 분열과 갈등 발생, 이러한 상황으로 인해 다시 빈곤한 사회구성원의 증가로 이어지는 이러한 문제는 마치 뫼비우스의 띠처럼 악순환의 고리가 이어지게 된다. 공공부조의 경우 이러한 상황에 대해 최소한이나마 직접적인 지원을 제공하여 이러한 문제를 해결하고, 다른 사회문제를 예방하는 데 큰 역할을 하는 것으로 보인다.

다음으로 공공부조는 생존권을 대표로 하는 사회구성원들의 인권의 가치를 실현할 수 있다. 우리나라 헌법 34조에는 '모든 국민은 인간다운 생활을 할 권리를 가진다.'라고 명시되어 있다. 헌법이 가지고 있는 이러한 선언적 명제가 공공부조제도를 통해 모든 국민들이 최소한의 수준의 인권으로 생존을 위한 기본적 지원을 받을 수 있게 되었기 때문이다.

공공부조는 대상자들의 자립을 지원하고 있다. 공공부조제도에서 확인되고 있는 자립지원을 위한 원리는 대상자들이 가지고 있는 내적 가능성을 찾아내고 지원하여, 최종적으로 대상자 스스로 사회생활을 유지할 수 있도록 하는 원리를 의미한다. 즉, 공공부조를 통해 경제생활에 있어서 대상자들이 국가나 외부로부터의 지원을 받지 않고도 정상적인 사회구성원으로 생활할 수 있도록 도움을 제공할 수 있게 된다.

(3) 정치적 목적

공공부조제도는 사회적 위험을 방지하는 데 큰 역할을 한다. 사회구성원들 간에서 발생한 분리가 사회에 어떠한 악영향을 미치는지에 대해서는 다양한 사례[4]가 존재하고 있다. 이를 위해 국가(정치집단)에서는 다양한 방법을 통해 사회통합 및 안정을 도모하고 있으며, 공공부조제도 역시 이러한 관점에 따르고 있는 것으로 보인다. 이러한 정치적 목적으로 인해 일찍이 사회주의자들의 경우 사회복지를 자본주의체제가 가지고 있는 문제를 감추는 도구로 사용된다고 비판하고 있었으며, 사회복지와 자본주의의 관계가 대립이 아니라는 점에서 이러한 비판은 일정 정도 감수해야 할 것으로 판단된다.

4. 우리나라 공공부조의 역사

우리나라 공공부조제도의 역사는 1961년 12월에 제정된 「생활보호법」을 기점으로 보고 있다. 하지만 일제강점기 시절 제정된 '조선구호령'의 기본틀을 유지한 「생활보호법」의 경우 공공부조의 본래 취지를 달성시키는 데 사실상 많은 한계가 발생되고 있었으며, 이러한 한계는 관련한 문제의식이 높아진 1997년 IMF 이후인 1999년에 들어서야 「국민기초생활보장법」의 제정으로 보완될 수 있게 되었다. 〈표 9-3〉은 우리나라에서 사용된 공공부조제도들의 역사를 간단히 정리한 것이다.

표 9-3 우리나라 공공부조의 역사

1944. 3. 1.	조선구호령 공포(일제강점기)
1961. 12. 30.	생활보호법 제정
1999. 9. 7.	국민기초생활보장법 제정(2000. 10. 시행)

4) 1993년 지존파 사건, 최근 일부 발생하고 있는 '묻지마 범죄'와 같은 현상들은 전형적으로 사회적 양극화를 통한 사회분열에서 나타난 것으로 이해되고 있다.

「생활보호법」이 조선구호령의 틀을 유지하고 있었다는 점에서 「생활보호법」과 「국민기초생활보장법」을 비교해본다면 우리나라에서 공공부조에 대한 인식변화 그리고 제도적 변화가 어떻게 이루어졌는지 알 수 있을 것이다. 〈표 9-4〉는 「생활보호법」과 「국민기초생활보장법」을 비교한 결과이다.

표 9-4 생활보호법과 국민기초생활보장법의 비교

구분	생활보호법	국민기초생활보장법
구성	총 9장 43조와 부칙으로 구성	총 9장 51조와 부칙으로 구성
법적 성격	시혜적 보호	국가의 의무, 국민의 권리
관련 용어	시혜성 용어 사용(보호대상자 등)	권리성 용어(수급자, 보장기관 등)
대상자 구분	대상자 구분 존재	대상자 구분 폐지
선정기준	선별적 범주형(부양의무자, 소득기준, 재산기준, 인구학적 기준)	일반적 보편성(부양의무자, 소득인정액)
급여	6종 급여 (생계, 의료, 자활, 교육, 해산, 장제)	7종 급여(생계, 주거, 의료, 교육, 자활, 해산, 장제)+긴급급여(8종 급여)
자활지원	관련 조항 없음	근로능력자 가구에 대한 계획 수립
긴급급여	관련 조항 없음	관련 조항 신설

5. 공공부조의 특징

공공부조제도가 가지고 있는 특성을 확인해보면 다음과 같다.

① 신청주의: 공공부조제도는 기본적으로 보호를 원하는 대상자들의 직접적인 신청에 의해 적용된다. 우리나라의 경우 신청주의 동시에 일부 직권주의를 병행하고 있는 모습을 보이고 있으며, 이러한 신청에 따라 본인의 의사에 반하여 공공부조제도를 강제할 수는 없게 되어 있다.[5)]

② 선별적 대상선정: 공공부조제도의 경우 법적으로는 모든 국민이 그 수혜대상이 될 수 있겠으나, 실제로는 자산조사를 거친 최저생계비 이하인 사람들을 대상으로 시행되고 있다.

③ 세대단위 지원: 공공부조제도는 급여의 제공에 있어서 개개인이 대상이 되는 것이 아니라 대상자가 함께 생활하는 세대단위로 적용된다는 것을 의미한다. 이러한 원칙은 근본적으로 대상자들의 생활단위가 세대(가정)라는 점에 근거하고 있다.

④ 자산조사: 앞선 내용을 통해 확인한 것처럼 공공부조제도는 급여 제공의 기준을 자산조사를 통해 결정하고 있다.

⑤ 포괄성과 개별화: 공공부조제도는 최저생계비 이하인 자들을 대상으로 하는 포괄성을 가지고 있으나, 동시에 이들이 가지고 있는 욕구나 문제의 수준에 따라 차별화하는 개별화 원칙을 따르고 있다.

⑥ 자활강조: 공공부조는 단순히 소극적인 개념으로 대상자들에 대한 지원을 하는 것에서 그치지 않고, 근로능력이 있는 대상의 자립을 위해 자활지원 프로그램을 함께 제공하고 있다.

⑦ 열등처우의 원칙: 국가가 제공하는 원조의 수준은 임금이 가장 낮은 근로자의 여건에 비해 더 낮은 수준으로 제공된다.

⑧ 국가책임: 마지막으로 공공부조제도는 그 운영에 있어서 전반적으로 국가가 책임지고 있다.

공공부조제도의 장점은 다음과 같다. 공공부조제도의 경우 한정된 예산으로 공급자가 원하는 대상(저소득층)에게 집중적으로 자원이 배정될 수 있다는 점에서 대상효율성이 높은 것으로 나타나고 있다. 동시에 소득의 수직적

5) 이는 대상자들의 자기결정권을 보장하기 위한 것이나, 직권주의를 병행하고 있는 우리나라의 경우 공공부조제도의 거부가 타인에게 해가 될 경우에는 강제할 수 있도록 되어 있다.

재분배 기능이 높게 발휘된다는 장점이 확인되고 있다. 이에 비해 단점으로는 자산조사를 실시하는 데 있어서 상대적으로 높은 행정비용이 사용되고 있어 운영효율성이 낮게 나타나고 있으며, 일정 정도 수급자의 노동동기를 약화시킬 수 있다는 비판을 받고 있다. 또한 비기여를 통한 수급으로 인해 외부로부터의 낙인이 발생할 수 있다는 단점이 확인되고 있다.

6. 공공부조의 유형

우리나라의 공공부조제도는 조선구호령과 생활보호법을 거쳐 2000년부터 시행되고 있는 주민기초생활보장제도가 대표적으로 알려져 있다. 지난 제도들에 비해 국민기초생활보장제도가 많은 발전이 있던 제도라 하더라도, '신청주의'와 '자산조사'라는 일정한 기준에 대한 심사과정 안에서 발생하는 대상자들의 어려움에 대응하기 어려웠다. 지속적으로 제기되던 이러한 문제는 2004년 대구 불로동 사건 이후 높아진 사회적 요구에 따라 제정된 긴급복지지원제도로 보완될 수 있었다.

1) 국민기초생활보장제도

(1) 개념

국민기초생활보장제도는 가족이나 자신의 힘으로만 생계유지가 어려운 저소득층에 대해 국가가 개입하여 생계, 교육, 의료, 주거 등 기본적인 생활을 보장해주는 제도를 의미한다.

(2) 도입배경

앞서 확인한 우리나라 공공부조제도 역사의 내용과 같이 1944년 일제시대 우리나라에 대한 통치를 목적으로 제정·도입된 조선구호령의 경우 사회복지적인 목적으로 활용되었다기보다는 통제의 수단으로 사용되고 있었다. 하지만 일제가 패망한 이후에도 미군정 시대와 6·25 전쟁 속에서 정부는 이에 대해 수정을 할 겨를이 없었으며, 이후 경제적 성장을 중심으로 한 군사정권 시대에서 자신들의 정치적 정당성을 확보하기 위한 방안으로 「생활보호법」이 제정될 수 있었다. 하지만 도입과정에서 나타난 것처럼 「생활보호법」의 경우 그 한계가 명확하게 드러나고 있었으며, 이에 2000년 「국민기초생활보장법」으로 대체될 수 있었다.

(3) 도입과정

사회보장 중에서도 공공부조와 관련하여 가장 대표적으로 알려진 '국민기초생활보장제도'의 경우 다양한 이유(내정불안, 경제성장으로 치우침 등)로 오랜 기간 동안 큰 관심을 받지 못하고 있다가 1990년대 후반 발생한 IMF를 통해 많은 관심을 받게 된다. 특히 이러한 변화가 국가에 의해서 자발적으로 이루어지기보다는 참여자치시민연대를 중심으로 한 시민사회단체들이 그 중심에서 활동하여 절차상이나 제도적으로 바람직한 모형을 제시한 것으로 보인다. 하지만 수급대상을 결정하는 기준인 부양의무자 기준에 대한 논의가 아직도 지속되고 있으며, 이러한 논의에 따라 향후 더욱 많은 변화가 예상된다. 주요 연혁은 앞선 〈표 9-3〉을 확인하기 바란다.

(4) 주요 내용

국민기초생활보장제도는 근로능력 여부와 연령 등에 관계없이 국가의 보호를 필요로 하는 최저생계비 이하인 모든 가구를 대상으로 하고 있으며, 필요한 경우에는 개인단위 보호가 이루어질 수 있도록 하고 있다. 본인(친족, 기타 관계인 포함)의 신청을 기본으로 하는 신청주의를 채택하고 있으나, 추가적으로 공무원에 의한 직권신청을 병행하고 있다. 급여를 수급받음에 있어서 자산조사를 시행하도록 되어 있으며, 자산조사에서는 소득인정액과 부양의무자 기준을 충족시킬 것을 전제하고 있다. 국민기초생활보장제도를 위한 재원은 일반 조세에서 충당하도록 되어 있으며, 중앙정부와 지방정부가 일정 비율 안에서 분담하여 책임을 지도록 하고 있다. 급여는 최저생계비 이하인 수급자에게 제공되는 생계급여, 수급자에게 주거안정에 필요한 임차료 및 유지수선비를 포함하여 제공되는 주거급여, 일상적 생활을 위해 지원되는 교육·해산·장제급여, 국민건강보험 납부가 어려운 상황을 고려한 의료급여, 개개인의 자립을 지원하기 위한 자활급여로 구성되어 있다.

2) 긴급복지지원제도

(1) 개념

긴급복지지원제도는 가구의 주 소득자가 사망, 행방불명, 구금시설 수용 등으로 소득을 상실하였거나, 가구구성원이 중한 질병 또는 부상을 당하거나, 화재로 주거를 상실하는 등의 사유로 생계유지가 어렵게 된 저소득층을 적극 발굴하여 생계, 의료, 주거비 등을 우선적으로 지원하고 사후에 지원의 적정성 여부를 조사하게 되는 응급 복지지원제도를 의미한다.

(2) 도입배경

먼저 사회적인 변화요구로서 IMF 이후 발생한 대량실업과 경제침체를 통해 빈곤에 대한 사회적 관심이 높아지고 있는 상황을 들 수 있다. 즉, 빈곤이 특정 집단의 문제가 아니라 사회구성원 모두에게서 나타날 수 있다는 문제라는 인식이 발생하고 있는 상황에서 「국민기초생활보장법」 및 관련한 제도들은 까다로운 절차와 기준·조건으로 인해 한계가 발생되고 있었다. 이러한 가운데 2004년 대구에서 발생한 '불로동 5세 아동 아사 사건'[6]으로 인해 사회적 파장이 일어났고, 이는 당시 「국민기초생활보장법」에서 다루지 못하고 있는 사각지대의 존재를 알리는 계기가 되었다. 이러한 상황이 당시 정책담당자의 의지로 이어져 문제 발생 2달 만에 새로운 법률체계가 등장할 수 있게 되었다.

(3) 도입과정

입법과정을 단순히 법이 입안되고 진행되는 핵심사건들만 살펴보는 것으로는 법의 입법상의 전체적인 큰 틀을 이해하기 어려운 것이 사실이다. 법을 둘러싼 다양한 환경, 구성원, 시대사회적인 분위기 등 모든 부분을 함께 살펴보아야 하는 것이다. 하지만 본 절에서는 앞서 배경을 통해 시대사회적인 분위기와 전반적인 흐름에 대해 설명을 하였는바, 진행과정을 정책 의제화 단계, 대안 제시 단계, 정책 결정 및 구체화 단계로 나누어 살펴볼 것이다. 〈표 9-5〉는 이러한 과정을 정리한 것이다.

6) 대구 불로동 사건은 영양결핍 상태의 5세 아동이 숨진 채 장롱 속에서 발견된 사건으로, 최초 사망을 확인한 이웃이 경찰에 신고하면서 언론에 보도, 사회적으로 크게 이슈화되었다.

표 9-5 긴급복지지원제도 도입

<table>
<tr><th>정책 단계</th><th colspan="3">일시/과정</th></tr>
<tr><td rowspan="3">정책 의제화</td><td>2004. 12. 18</td><td colspan="2">대구 불로동 사건</td></tr>
<tr><td>2004. 12. 28</td><td colspan="2">제8차 사회문화관계장관회의</td></tr>
<tr><td>2005. 01. 13</td><td colspan="2">대통령 신년기자회견 및 긴급지원제도 개선 T/F 구성</td></tr>
<tr><td rowspan="3">대안 제시</td><td>2005. 02</td><td colspan="2">제1차 긴급지원제도 개선 T/F 회의 및 국무회의</td></tr>
<tr><td>2005. 03. 28</td><td colspan="2">긴급지원제도 공청회 개최</td></tr>
<tr><td>2005. 03. 30</td><td colspan="2">참여연대의 공식 의견서 제출</td></tr>
<tr><td rowspan="8">정책 결정 및 구체화 단계</td><td></td><td colspan="2">관계부처 협의</td></tr>
<tr><td>2005. 04. 18</td><td colspan="2">당정협의 및 입법예고</td></tr>
<tr><td></td><td rowspan="4">국회 검토·의결</td><td>수석 전문위원 검토</td></tr>
<tr><td>2005. 09. 13</td><td>공청회 개최</td></tr>
<tr><td>2005. 10. 20</td><td>보건복지위원회의 최종 의결</td></tr>
<tr><td></td><td>국회 법제사법위원회 최종 의결</td></tr>
<tr><td>2005. 12. 23</td><td colspan="2">최종 제정·공포</td></tr>
<tr><td></td><td colspan="2">보건복지부의 시행령·시행규칙 마련</td></tr>
</table>

(4) 주요 내용

긴급복지지원제도의 대상은 위기상황으로 인하여 본인 또는 본인과 생계 및 주거를 같이 하고 있는 가구구성원의 생계유지 등이 어렵게 된 경우의 가구를 대상으로 하고 있다. 긴급복지지원제도의 경우 명칭에서 예상할 수 있는 것처럼 선지원 후처리의 원칙을 채택하고 있으며, 단기지원의 성격을 가지고 있으며, 동시에 현물지원을 우선적으로 지원하도록 되어 있으나 필요에 따라서는 현금지원도 동반될 수 있다. 긴급복지지원제도 역시 국민기초생활보장제도처럼 일반조세에 의존하고 있으며, 중앙정부와 지방정부가

사업 수행에 대해 일정 정도 비용을 분담하고 있다. 급여는 생계, 의료, 주거, 사회복지시설 이용, 교육, 기타 지원으로 구성된 금전 또는 현물을 대상자의 상황에 적합하게 제공할 수 있도록 하고 있다. 다른 제도와 달리 긴급복지지원제도에서는 급여제공 기간에 대한 기준이 특별히 확보되어 있는데 다음 〈표 9-6〉은 이를 정리한 것이다.

표 9-6 긴급지원의 기간

구분	기간
생계지원	• 3개월 지원 후 추가 3개월 지원 가능(총 6개월)
의료지원	• 1회 지원 후 추가 1회 지원 가능(총 2회)
주거지원	• 3개월 지원 가능 후 추가 9개월 지원 가능(총 12개월)
사회복지시설 이용지원	• 3개월 지원 가능, 추가 3개월 지원 가능(총 6개월)
교육지원	• 분기 단위로 1회 지원 후 추가 1회 지원 가능(총 2회)
기타 지원	• 연료비(3개월 지원 가능 후 추가 3개월 지원 가능) • 해산비/장제비/전기요금(1회 지원)

출처: 보건복지부(2014). 2014년 긴급지원사업 안내.

CHAPTER

제10장 사회복지실천(I) : 아동, 청소년, 노인, 장애인, 여성, 가족

1. 아동복지

아동은 발달과정 중에 있기 때문에 국가나 보호자의 돌봄 없이는 성장하는 것이 어렵다. 이 절에서는 아동의 개념과 특징, 아동복지의 필요성과 원칙을 바탕으로 대표적인 아동복지서비스에 대해서 살펴보도록 하겠다.

1) 아동의 개념과 특징

유엔(UN)이 제정한 「아동권리협약」에 따르면, 아동은 '18세 미만의 모든 사람'을 가리킨다. 또한 우리나라의 「아동복지법」과 「입양촉진 및 절차에 관한 특례법」에 따르면, 아동은 18세 미만의 사람을 의미하고, 미국사회복지사협회(NASW)에서 발간한 사전에 의하면, 아동은 '자신에 대한 책임을 지는 법정 연령이나 부모 간섭으로부터 벗어나는 법정 연령보다 어린 사람'을 가리킨다. 이러한 개념을 정리해보면, 일반적으로 아동은 생물학적 연령이 18세 미만인 사람으로 정의할 수 있다.

아동은 성인과는 다른 발달적 특징을 가지게 되는데, 이 시기에는 신체의 발달 속도가 어느 시기보다 빠르기 때문에 어떠한 성장을 이루느냐 하는 것은 매우 중요하다. 특히, 발달은 일정한 규칙과 순서를 따르게 되고, 다음과 같은 발달적 특성을 가지게 된다.

첫째, 아동기는 신체적 성장과 발달이 진행되는 시기로서 유아기에 비해 비교적 다양하고 체계적인 학습과정을 통해 복잡한 운동기능을 익히게 된다.

둘째, 인지 능력과 지적 수준이 발달한다. 아동은 부모를 비롯한 여러 사람들과 상호작용하고, 다양한 대상을 경험하면서 세상을 이해하는 방법을 학습하면서 인지 발달을 경험한다(최순남, 2002). 또한 지능은 출생 후부터 약 10세까지 급격하게 발달하고, 그 이후에는 차츰 발달하여 약 20세를 전후로 정점을 달하게 된다(이정덕, 1997).

셋째, 아동기는 비교적 정서적으로 안정된 시기로서 정서적 혼란이나 흥분이 비교적 적은 편이지만, 차츰 공포, 분노, 애정 등의 정서적인 경험을 하게 된다.

넷째, 아동기에는 사용할 수 있는 어휘 수가 적지만, 기억력이나 주의력이 향상됨에 따라 언어적 표현력이 증가하게 된다(김동배 · 권중돈, 1998). 또한 또래 간 상호작용과 놀이를 통해 다양한 역할을 경험하면서 사회성이 발달한다(공계순 외, 2002).

2) 아동복지의 필요성과 원칙

카두신(Kadushin, 1974)은 미국아동연맹의 정의를 기초로 아동복지를 잔여적 의미의 사회적 서비스의 한 형태로 정의하였다. 즉, 아동복지는 부모가 아동양육의 책임을 충족시킬 수 없거나 또는 그 지역사회가 아동과 가족이 요구하는 보호와 자원을 제공할 수 없을 때, 이들에게 제공하는 사회적 서비스와 관련이 있다고 하였다. 또한 사회적 · 경제적 활동으로서의 아동복지를 강조한 프리들랜더와 앱트(Friedlander & Apte, 1974)는 아동복지는 빈곤, 방치, 유기, 질병, 결함 등을 지닌 아동 또는 환경에 적응하지 못하는 비행아동에게만 관심을 가지는 것이 아니라 모든 아동이 신체적 · 지적 · 정서적 발달에서 안전하고 행복할 수 있도록 위험으로부터 보호하기 위하여 공공과 민간의 기관에서 실시하는 사회적 · 경제적 · 보건적 제반활동을 의미한다고 정의하고 있다.

아동복지에 대한 여러 정의들을 종합하면, 현대사회에서 아동복지는 잔여적 개념이 아닌 제도적 관점에서 살펴보아야 하고, 독립된 사회제도로 받아들이는 것이 추세라고 할 수 있다. 특히, 아동의 경우에는 본인 스스로 당면한 문제를 해결하는 데 한계를 가지기 때문에 이들의 건강한 발달과 원조를 위해서 고려해야 될 원칙이 있다. 장인현과 오정수(2001)는 이러한 원칙으로 다음을 밝히고 있다.

첫째, 아동복지정책의 주요 당사자는 아동, 부모, 사회로 이들 세 주체는 각각 권리와 책임을 가진다. 오늘날의 책임 소재는 점점 가정에서 국가(사회)로 옮겨 가고 있고, 아동은 수혜의 대상만이 아닌 적극적 주체로서의 책임도 강조되고 있다(권리와 책임의 원칙).

둘째, 아동복지서비스는 선별성에 기반하여 도움이 필요한 아동의 보호와 함께 예방과 치료를 모두 고려하는 보다 포괄적인 차원의 보편적 아동복지가 제공되어야 한다(보편성과 선별성의 원칙).

셋째, 아동의 문제는 전체 사회와 유기적인 관련을 맺고 있기 때문에 다양하고 거시적인 측면을 살펴보아야 한다. 즉, 변화하는 현대사회에서 아동복지는 개발적 기능의 원칙을 고려해야 한다(개발적 기능의 원칙).

넷째, 아동이 처하고 있는 상황이나 당면하고 있는 문제들은 주변의 여러 상황과 복잡하게 연계되어 있기 때문에 이들에 대한 종합적 접근이 필요하다(포괄성의 원칙).

다섯째, 아동복지사업은 전문가와 전문기관에서 실시하여야 한다(전문성의 원칙).

3) 아동복지서비스

아동복지서비스는 아동이 받게 되는 서비스가 가정에서 이루어지느냐 아니냐에 따라서 지지적 서비스, 보완적 서비스, 대리적 서비스로 분류한다 (Kadushin & Martin, 1988).

지지적 서비스(supportive service)는 부모와 아동이 그들의 역할을 다할 수 있도록 능력을 지지하고 강화시키는 서비스로 아동이 부모와 함께 가정에서 생활하면서 제공받을 수 있다. 주커만(Zucherman, 1983)은 지지적 서비스가 필요한 상황을 다음과 같이 제시하고 있는데, ① 부모-자녀 관계에 어려움이 있어 관계 개선이 필요한 경우, ② 부모가 자식에 대하여 부모로서의 역할에 만족을 느끼지 못하는 경우, ③ 부모가 자녀의 친구관계나 학교생활에 문제가 있다고 여기고 관심을 가졌을 경우 혹은 아동 스스로 그렇게 느낀 경우, ④ 형제 간 갈등이 있는 경우, ⑤ 불만스러운 부부관계에 의해 자녀에게 행동장애가 발생한 경우 등이다. 지지적 서비스의 종류에는 아동상담소, 지역사회복지관에서 제공하는 상담서비스, 아동학대 예방사업, 부모교육 등이 있다.

보완적 서비스(supplementary service)는 여러 가지 상황으로 인해 부모나 가족의 역할만으로 적절한 아동양육이 어려울 때, 부족한 부모의 자녀양육 역할을 대신하거나 도와주는 것이다. 보완적 서비스의 방법으로는 각종 연금과 보험 및 소득보완사업과 같은 경제적 지원, 가사조력서비스(homemaker service), 보육사업, 장애 및 비행아동을 위한 복지사업, 학대 및 방임아동을 위한 보호서비스(CPS: Child Protective Service) 등이 있다(Robinson, 1985).

대리적 서비스(substitute service)는 부모와 가족이 자녀양육의 역할을 수행할 수 없어 양육기능을 일시적 또는 영구적으로 포기한 경우 부모역할을 제삼자가 대신하여 아동을 보호해 주는 서비스이다. 대리적 서비스는 아동을 양육하는 마지막 대책으로 가정위탁서비스, 입양, 시설보호 등이 포함된다. 그러나 친가족과의 분리를 비롯한 새로운 가족에 대한 접근은 아동에게 급격한 변화를 야기시킬 수 있기 때문에 아동복지사업에 있어 최후의 대책이라고 할 수 있다.

2. 청소년복지

아동과 성인의 중간에 위치하고 있는 청소년은 발달과정상 다양한 어려움에 직면하게 된다. 이 절에서는 청소년의 개념과 특징, 청소년복지의 필요성과 원칙을 바탕으로 청소년들에게 서비스를 제공할 때 필요한 원칙들에 대하여 살펴보도록 하겠다.

1) 청소년의 개념과 특징

청소년은 청년과 소년을 총칭하는 것으로 이에 대한 개념은 시대적 상황에 따라 상이하게 정의되고 있다. 김진화 외(2002)는 청소년을 지칭하는 표현으로 adolescent와 youth를 많이 사용하는데, adolescent라는 개념은 발달심리학에서 도출된 것으로 '육체적으로 급성장하고 정신적으로 부모로부터 독립성과 자아개념이 성숙하는 시기로 아동기에서 성인기로 이행하는 발달단계'로 지칭하였다. 반면 youth는 후기 산업사회가 만들어낸 사회심리적 부산물로 시민들에게 높은 수준의 교육적 성취를 요구하면서 생겨난 새로운 인생주기로서 청소년의 자율성과 책임성, 권익옹호와 참여 및 시민성 등을 강조하였다.

대부분의 사회과학자들과 실천가들은 청소년기를 초기 청소년기, 중기 청소년기, 후기 청소년기로 구분하는데(Steinberg, 2005), 이는 청소년기를 몇 개의 하위단계로 구분하는 것이 그들의 특징을 이해하는 데 도움이 되기 때문이다. 이 외에도 청소년의 연령범위와 관련해서는 다양한 기준이 존재하는데, 현재 시행되고 있는 국내법에 의한 청소년 연령 기준을 살펴보면, 「청소년기본법」에서는 청소년을 '9세 이상 24세 이하의 자'로 「아동·청소년의 성보호에 관한 법률」에서는 '아동·청소년은 19세 미만인 자'로 「청소년보호법」에서는 '19세 미만의 자'로 규정하고 있다. 본 서에서는 청소년을 아동기에서 벗어나 성인기로 접어드는 과정에 위치한 연령층으로 이해하고, 이에 「청소년기본법」에서 언급하고 있는 9세 이상 24세 이하의 연령층을 청소년으로 규정하고자 한다.

청소년은 일반적으로 다음과 같은 특성들을 가지게 된다.

첫째, 청소년기는 신체적 성장이 급등하고, 성적 성숙이 이루어지는 시기이다. 즉, 신장과 체중이 급등하는 동시에 2차적 성징(secondary sex characteristics)이 나타나고, 외모에 대한 고민은 심리·정서적 문제 및 이후 성에 대한 가치관이나 태도에도 영향을 미치게 된다.

둘째, 청소년기의 사고능력은 성인과 유사해진다. 피아제(Piaget, 1952)에 따르면 이 시기에는 추상적이고 논리적인 사고가 가능해지고 자기인식(self-awareness)이 증대된다. 이러한 사고능력의 발달은 청소년을 불안하게 만들 수 있지만, 한편으로는 정체성을 형성하는 데 도움을 준다.

셋째, 청소년기의 대표적인 특성으로는 자아정체감을 형성하게 된다. 자아정체감이란 자신이 평가하는 자신의 모습과 타인이 보는 나의 모습이 일관되게 통합을 이루는 것을 의미하며(Erikson, 1968), 이를 성공적으로 확립하지 못할 때에는 정체성의 혼란을 경험한다.

넷째, 청소년기에는 가정과 부모로부터 분리되어 또래의 영향을 많이 받게 되는데, 또래와의 관계는 정체감을 형성하는 데 중요한 요소이다.

2) 청소년복지의 필요성과 원칙

청소년복지는 청소년을 대상으로 하는 사회복지의 한 분야로서 가족환경을 비롯한 다양한 사회환경이 변화함에 따라 청소년복지의 필요성이 점차 증대되고 있다. 최근에 청소년복지에 대한 개념은 단순히 청소년의 문제에 대한 개입을 넘어서 광범위한 범위를 포괄하며 규정되고 있다. 이에 청소년복지는 청소년문제를 예방하거나 감소시키는 것 이외에도 이들이 자원활용을 통해 사회기능을 촉진 · 회복 · 유지 · 향상시키는 것을 목적으로 하며, 청소년의 기본욕구 충족과 함께 능력 및 가능성을 개발하기 위한 청소년복지 정책, 서비스, 자원 및 프로그램을 계획, 개발, 수행하는 것을 뜻한다(김성이 외, 2010).

이러한 청소년복지는 다음과 같은 원칙과 특성을 가진다(홍봉선 · 남미애, 2010: 59-61).

첫째, 청소년은 독립적이고 통합된 인격체로 존중되어야 한다. 따라서 어떠한 조건하에서도 차별 없이 인간으로서의 존엄성이 유지될 수 있어야 하며, 개별적이고 다양한 욕구를 인정해야 한다.

둘째, 청소년은 성장과정 중에 있기 때문에 청소년복지에서의 접근은 긍정적이며, 신속하게, 지속적으로 이루어져야 한다. 특히, 그들의 부족하고 어려운 점을 보완해줌과 동시에 긍정적인 부분을 극대화시킬 수 있는 방향으로 접근이 이루어져야 한다.

셋째, 청소년복지는 독립된 발달단계인 청소년기를 고려한 과학적 · 체계적 · 전문적인 개입이어야 한다.

넷째, 청소년복지에 있어서는 청소년이 서비스의 대상자인 동시에 주체임을 분명히 하여야 하고, 특히 성인과 함께 현 사회를 주도하는 파트너임을 명심하여 이들의 권리와 참여가 보장되고 증진될 수 있도록 해야 한다.

다섯째, 청소년복지는 관련 사회정책과 밀접한 관계 속에서 통합적으로 다루어져야 한다.

여섯째, 청소년 개인의 변화뿐 아니라 환경의 변화도 함께 수반되지 않으면 안 된다.

일곱째, 정부와 민간의 협력은 물론 전문가에서부터 지역주민 등까지 다양한 사람들의 협조가 필요하다.

여덟째, 문제가 있는 청소년부터 일반청소년까지 모든 청소년을 대상으로 하여 치료나 재활뿐만 아니라 예방적 차원에서의 다양한 서비스가 행해져야 한다.

3) 청소년복지서비스

카두신(Kadushin, 1984)은 아동복지서비스를 서비스의 기능에 따라 지지적 서비스, 보완적 서비스, 대리적 서비스로 나누었다. 이러한 분류는 청소년복지를 아동복지의 맥락에서 다루고 있기 때문에 청소년복지에도 적용이 가능하다. 그러므로 본 장에서는 김성이 외(2010: 307-308)가 제시한 청소년의 요구에 맞는 각종 서비스를 제공함에 있어서 고려되어야 할 원칙들을 살펴보도록 하겠다.

첫째, 평등성의 원칙이다. 모든 청소년은 기본적으로 성, 연령, 소득, 지역, 종교, 지위 및 신분에 관계없이 필요로 하는 서비스와 정보를 제공받을 수 있어야 한다. 만약 한정된 자원과 정보로 인하여 배분과정에서 서비스의 불평등한 제공이 불가피하다면, 서비스 대상의 우선순위에 따라 공정하고 형평성 있게 제공해야 한다.

둘째, 적절성의 원칙이다. 청소년에 대한 서비스의 양과 질, 제공하는 기간은 다른 모든 서비스와 마찬가지로 그들의 욕구충족과 성장속도에 따라 적절하고 충분하게 배분하여 제공되어야 한다. 그러나 청소년에 대한 서비스의 질적 수준은 일반 성인들이 가지는 규범적 준거에 의해 일방적으로 결정되는 경우가 많다. 따라서 청소년의 욕구수준과 서비스 내용이 갈등을 일으킬 때에는 전문가에 의해 상호 조정 및 설득하는 과정을 거쳐 그 적절성을 유지해야 한다.

셋째, 포괄성의 원칙이다. 성장하는 청소년의 욕구는 다양하고 광범위한 수준에 걸쳐 있을 뿐만 아니라 매우 급격하게 변화하기도 한다. 따라서 그들의 욕구를 사전에 파악하여 제공하고 지도하는 예방적 서비스와 구체적인 문제나 상황에 대처하고 극복할 수 있도록 도와주고 지도하는 치료적 서비스가 균형을 이룰 수 있어야 한다.

넷째, 지속성의 원칙이다. 즉, 청소년이 한 사회구성원으로서 건강하게 성장해 나갈 수 있도록 지속적으로 각종 정보나 서비스가 제공되어야 한다.

3. 노인복지

노인복지는 노인의 생활안정과 복지를 증진시키기 위한 사회복지의 한 분야이다. 이 장에서는 노인의 개념과 특징, 노인복지의 필요성과 원칙을 바탕으로 대표적인 노인복지서비스에 대해서 살펴보도록 하겠다.

1) 노인의 개념과 특성

노인이라는 용어는 말 그대로 나이 들어 늙은 사람이라는 의미이다. 이때 늙어 간다는 것, 즉 노화는 생물적, 심리적 그리고 사회적 기능이 쇠퇴해 간다는 의미를 지닌다(권중돈, 2013: 20). 국제노년학회(1951)에서는 노인이란 인간의 노화과정에서 나타나는 생물적·심리적·환경적 변화 및 행동적 변화가 복합적으로 상호작용하는 과정에 있는 사람이라고 규정하며, 다음의 다섯 가지 특성을 지닌 사람을 의미한다고 설명하고 있다. 이에 따르면 노인은 ① 환경 변화에 적절히 적응할 수 있는 조직기능이 감퇴되고 있는 사람, ② 생체의 자체 통합능력이 감퇴되고 있는 사람, ③ 인체의 기관, 조직, 기능에 쇠퇴현상이 일어나는 시기에 있는 사람, ④ 생활상의 적응능력이 결손되어 가고 있는 사람, ⑤ 조직의 예비능력이 감퇴하여 적응이 제대로 되지 않는 사람이라고 규정하고 있다.

한국에서는 전통적으로 환갑(만 60세)이 지난 연령층을 노인이라고 칭하여 왔지만, 점차 평균수명이 늘어남에 따라 65세 이상을 노인으로 보는 경향이 늘어나고 있다. 나이가 들어 노인이 된다는 것은 노화과정을 동반하게 되는데, 노화는 누구나 경험하게 되는 보편적인 과정이다. 비(Bee, 2000)는 노화의 특징을 다음과 같이 정의하고 있는데, 첫째, 노화는 발달상의 변화로 이해하는 경우가 많지만, 노화의 과정에서 변화만 일어나는 것은 아니다. 따라서 노화를 논의함에 있어서는 변화와 함께 생물, 심리, 사회적 측면에서 변하지 않고 동일하게 남아 있는 특성을 이해하는 것이 필요하다.

둘째, 노화의 과정에서는 상실 또는 쇠퇴가 특징적으로 나타나지만, 노년기에 신체건강은 상실하는 반면 경험과 지혜는 확장되는 특성을 얻기도 한다.

셋째, 노화는 모든 사람에게 보편적으로 나타나는 일차적이고 본질적인 것이지만, 같은 나이에도 늙어 보이고 젊어 보이는 사람이 있듯이 개인에 따라 노화의 속도나 정도에 차이가 있다. 따라서 노화의 보편성과 개별성을 동시에 고려해야 한다.

넷째, 노화를 유전적 프로그램에 의해 유발되는 외적 변화로 인식하는 경우가 있지만, 노화에 따라 내적 변화도 일어나게 된다.

다섯째, 생물적 노화를 기준으로 보면 일단 노화가 시작되면 원래 상태로의 회복은 불가능하지만, 직업적 역할의 상실과 같은 사회적 노화는 얼마든지 원래 상태로의 회복이 가능하다.

그러므로 노화를 이해할 때는 보편적 현상과 함께 개별적 특성 및 노화의 긍정적·부정적 측면을 함께 이해하는 것이 필요하다.

2) 노인복지의 필요성과 원칙

노인복지는 '노인이 인간다운 생활을 영위하면서 자기가 속한 가족과 사회에 적응하고 통합될 수 있도록 필요한 자원과 서비스를 제공하는 데 관련된 공적·사적 차원에서의 계획과 서비스 제공 활동'이라 할 수 있다(최성재·장인협, 2014: 313). 특히, 우리나라는 급속한 고령화를 경험하고 있는데, 2000년에 노인인구가 7%를 넘어 고령화사회(aging society)에 진입하였고, 2013년에는 12.2%에 이르고 있어 노인인구의 급격한 증가가 전망되고 있다. 따라서 이들의 사회복지에 대한 서비스 욕구는 갈수록 증대될 것임을 예상할 수 있다.

노인복지의 주요 영역은 노인이 경험하고 있는 문제(욕구)에 따라 소득보장, 의료보장, 주거보장, 서비스보장 등으로 구분될 수 있는데, 이러한 문제(욕구)에 대한 궁극적인 서비스 제공의 목표는 국민의 한 사람으로서 최저수준의 생활을 유지하는 것이다. 그리고 이러한 서비스를 제공하기 위해서는 다음과 같은 원칙에 기반해야 한다(최성재·장인협, 2014: 328-331).

첫째, 존엄성과 개인존중의 원칙이다. 인간은 어떠한 이유에서도 차별받지 않을 권리를 가지고, 개성 있는 존재로 인정되어야 한다.

둘째, 개별화의 원칙이다. 인간은 타인과 구별되는 고유한 특성이 있으므로 개성이 존중될 수 있도록 개별적으로 다루어져야 한다. 즉, '노인들은 다 그래' 등과 같이 노인을 일반화하는 고정관념적 편견을 피해야 한다.

셋째, 자기결정의 원칙이다. 노인도 인간으로서 존엄성과 개성을 가지고 있으므로, 가능하면 노인 자신의 복리에 영향을 미치는 어떠한 결정도 노인 자신의 선택에 의하여 이루어지도록 해야 한다.

넷째, 권리와 책임의 원칙이다. 모든 노인에게는 권리와 책임의식이 수반되어야 하는데, 노인을 비생산적인 존재로, 아무런 책임도 없는 무료한 존재로 간주해서는 안 된다.

다섯째, 보편성과 선별성의 원칙으로 노인복지사업은 정부의 주어진 재정적·사회적 여건 속에서 노인의 욕구에 따라 선별적 원칙과 보편적 원칙을 적절히 대치하거나 병행하여 적용해야 한다.

여섯째, 개발적 기능의 원칙이다. 이는 노인의 개별성이나 주체성을 인정하는 데서 비롯된 것인데, 노인을 문제해결의 주체로 보고 노인 스스로 문제를 해결하도록 도와주어야 한다는 것이다.

일곱째, 전체성의 원칙이다. 노인복지정책과 서비스 계획 및 실천에서 노인을 하나의 전체성을 띤 인간으로 받아들여야 한다는 것이다.

여덟째, 전문성의 원칙으로 노인복지사업은 전문적 지식과 기술을 기반으로 하여 실시되어야 한다.

아홉째, 노인의 시대적 욕구 반영 원칙으로 노인복지사업은 시대적으로 다른 노인들의 욕구를 잘 파악하여, 이를 적절히 반영해야 한다.

3) 노인복지서비스

(1) 소득보장

통계청(2011)의 사회통계조사결과에 따르면, 65세 이상 노인 중 40.2%가 가장 큰 문제로 경제적인 어려움을 꼽았다. 노인기의 경제적 문제는 노화과정 속에서 발생하는 노동력의 상실, 일자리 기회의 부족 등으로 인한 소득상실로 발생하게 되는데, 이를 위한 대책으로 노후소득보장제도가 있다. 노후소득보장제도의 대표적 제도는 공적연금제도인데, 전 국민을 대상으로 하는 국민연금을 비롯한 특수직 연금으로 공무원연금, 군인연금, 사립학교교직원연금 등이 시행되고 있다.

또한 빈곤층을 대상으로 한 공공부조로서 노인의 경우 부양의무자가 없거나 부양의무자가 있더라도 부양능력이 없어 부양을 받을 수 없는 자로서, 소득인정액이 최저생계비 이하인 경우에는 수급대상이 된다.

(2) 의료보장

건강문제는 노년기에 들어가면서 누구나 경험하게 되는 문제이며, 노후의 삶의 질을 결정하는 중요한 문제이다. 노인을 위한 의료보장은 노화에 따른 신체적인 기능 쇠퇴와 질병으로 인한 건강상의 문제를 해결하기 위해 국가 차원에서 제공하는 의료서비스로 대표적인 제도가 국민건강보험이다.

또한 공공부조로서 의료급여제도는 국민기초생활보호대상자 및 의료 빈곤자를 대상으로 의료급여를 제공한다. 수급자격은 1종과 2종으로 구분되는데, 1종 수급자는 「국민기초생활보장법」에 의한 수급자 중 근로 능력이 없거나 보장시설에서 급여를 받는 자, 인간문화재, 이재민, 국가유공자, 북한

이탈주민, 광주민주화운동 관련자, 희귀난치성 질환으로 6개월 이상 치료를 받는 자 등이며, 2급 수급권자의 자격은 「국민기초생활보장법」상 수급자 중 1종 수급권자에 해당하지 않는 자(자활대상자 등)이다. 그리고 스스로 일상생활이 어려운 노인들의 증가와 수발서비스에 대한 사회적 욕구가 증가함에 따라 2008년 7월 1일부터 「노인장기요양보험법」이 실시되고 있다.

(3) 주거보장

노년기의 주거환경은 삶의 질을 결정하는 주요한 요인이라 할 수 있다. 이러한 주거보장의 방법은 크게 재가목적 주거보장과 시설보호목적 주거보장으로 구분된다(최성재 · 장인협, 2014). 재가목적 주거보장으로는 주택수당, 주택임대료 보조 및 할인, 주택수리 및 개조비 융자, 임대료 및 재산세 변제, 공영주택입주권 우선 부여 등이 있다. 그리고 시설보호목적의 주거보장에는 「노인복지법」상의 노인주거복지시설과 노인의료복지시설 설립과 운영 지원이 포함된다.

4. 장애인복지

장애인은 사회복지서비스가 필요한 대표적인 대상이라고 할 수 있다. 이 장에서는 장애인의 개념과 분류를 통해 장애인의 기준과 특성을 살펴보고, 서비스를 제공할 때 고려해야 할 원칙과 대표적인 장애인복지서비스를 살펴보도록 하겠다.

1) 장애인의 개념과 분류

장애란 신체기능이나 정신기능의 상실로 정의할 수 있는데, 이는 각 나라의 상황에 따라 장애 및 장애인의 기준을 어떻게 정하느냐에 따라 다르게 정의될 수 있다. 장애의 개념은 협의의 개념과 광의의 개념으로 분류하기도 하는데, 먼저 협의의 개념은 신체 또는 정신기능 저하나 이상, 상실 또는 신체 일부나 장기 훼손 등을 의학적 수준에서 판단하는 것을 말하며, 광의의 개념은 세계보건기구(WHO, 1980)에서 규정한 기능장애(impairment), 능력장애(disability), 사회적 장애(handicap)의 세 가지 분류기준을 모두 포함하는 것이라고 할 수 있다(손광훈, 2004). 특히, 1980년 세계보건기구(WHO)에서는 국제장애분류(ICDH: International Classification of Impairments, Disabilities and Handicaps)에서 장애의 개념을 세 가지 차원으로 구분하고 있는데, 각각의 개념을 구체적으로 살펴보면 다음과 같다.

먼저, 기능장애(impairment)는 유전이나 사고 또는 질병 등에 의해 사지, 기관, 피부 또는 정신적 기능체계가 생리적 또는 해부학적 구조나 기능의 손실 또는 비정상인 것을 의미한다.

다음으로 능력장애(disability)는 기능장애의 영향으로 인하여 정상적으로 활동을 수행하는 능력이 보편적인 정상인을 기준으로 볼 때보다 행동이 제한적이거나 불가능한 상태로 인해 활동능력이 결여되거나 제한을 받는 것을 말한다. 그리고 사회적 장애(handicap)는 기능장애와 능력장애에 의하여 야기된 사회적 불이익으로서 일상생활이나 사회적 역할 수행이 제한되거나 불가능해지는 상태를 말한다. 이러한 개념을 그림으로 나타내면 [그림 10－1]과 같다.

그림 10-1 ICIDH(1980)

즉, 장애는 질병으로 인하여 기능장애가 발생하고, 개인적인 차원에서 일상생활의 활동수행능력을 저하되거나 불가능을 일으키게 하는 경우 능력장애가 발생한다. 그리고 능력장애 때문에 사회적 역할을 수행하는 데 어려움을 경험한다면, 이것이 사회적 장애가 되는 것이다.

2) 장애인복지의 특성과 원칙

장애인복지는 장애인을 대상으로 하여 장애 발생 예방과 장애인의 의료, 훈련, 보호, 교육, 고용의 증진 등 장애인의 자립보호, 생활안정에 기여하기 위한 공사 차원의 활동을 의미한다(김만두 · 한혜경, 2000). 최근에는 선천적인 장애뿐만 아니라 후천적인 요인(교통사고 등)에 의해 장애를 가진 인구수가 증가하고 있기 때문에 이들이 가진 독특한 특성을 이해하고 사회복지서비스를 제공하는 것이 필요하다.

남상만(2005)은 장애인복지의 특성을 다음과 같이 제시하고 있다. 첫째, 다양한 장애유형과 장애 정도로 인해 파생되는 장애문제가 있고, 이러한 장애문제의 다양성은 장애인복지를 어렵게 하고 있다. 둘째, 장애인의 다양하고 복잡성을 가진 장애문제는 그 해결방법에서도 종합적으로 강구되어야 한다. 셋째, 장애인복지를 위한 모든 정책, 제도, 방법, 기술 등이 장애인의 욕구에 따라 수시로 유연하게 적용되면서 사회환경의 변화에도 역동적으로 실시되어야 한다. 넷째, 한 인간의 재활문제를 다루는 공공적 성격을 띠고 있기 때문에 반드시 책임성이 뒤따른다.

장애인복지의 기본이념은 장애인을 인간으로서 존중하는 것과 함께 몇 가지 기본원칙들이 있다(권육상 외, 2009: 68-70).

첫째, 인간존엄의 원칙으로 이는 장애인을 천시·소외하지 말고 모든 영역에 걸쳐서 권리와 의무의 주체로서 등등한 대우를 받아야 한다는 것이다.

둘째, 개별화의 원칙이다. 같은 장애에 속하더라고 개인의 개성, 상황, 삶의 목표가 다르므로 이들의 문제해결을 위해서는 고도의 개별화가 요구된다.

셋째, 발달보장 추구의 원칙이다. 이는 모든 개체는 변화하고 발달하며 그 가능성을 믿고 잠재능력을 개발할 수 있도록 해야 한다는 것이다.

넷째, 기회균등의 원칙으로 장애인들 역시 물리적 환경, 주택과 교통, 사회와 보건 서비스, 교육과 근로기회, 스포츠·레크리에이션 등을 포함한 사회 전체적인 기구를 모든 사람이 이용할 수 있도록 하는 과정을 말한다.

다섯째, 장애인도 사회참여를 비롯한 평등한 대우를 받을 때 장애인과 비장애인이 함께 사회통합을 이룰 수 있다.

여섯째, 사회적 역할 가치화이다. 인간적인 가치절하를 당하는 장애인들의 상처를 극복하게 하는 것으로 이러한 상처에 대하여 이해하는 것은 이를 극복하는 데 필수적인 요소가 된다.

3) 장애인복지서비스

(1) 의료보장

장애인 의료보장은 장애의 결과에 따른 육체적·정신적 능력을 회복하여 자립적으로 직업생활 및 사회생활이 가능하도록 지원하는 데 그 목적이 있다. 장애인을 위한 의료급여제도는 생활유지 능력이 없거나 생활이 어려운 저소득 국민의 의료문제를 국가가 보장하는 공공부조제도로 건강보험과 함께 국민 의료보장의 중요한 수단이 되는 사회보장제도이다. 적용대상은 「국민기초생활보장법」에서 정하는 소득인정액이 최저생계비 이하이며, 부양 의무자가 없거나 부양을 받을 수 없는 가구다. 또한 차상위 의료급여 수급권자로서 소득인정액이 최저생계비의 120% 이하인 가구의 가구원 중 만성질환자 및 18세 미만 아동이 해당된다(최윤영 외, 2010: 78-80).

(2) 교육보장

교육의 권리란 모든 국민이 능력에 따라 평등하게 교육받을 권리를 말하는데, 장애인교육에서 주 대상은 특수교육을 하고 있는 장애아동들이다. 그러나 성인장애인의 직업교육, 평생교육에 대한 교육도 필요하므로 장애인교육은 전 생애 발달에서 필요하다. 그러므로 모든 장애인들은 그들의 특수한 욕구와 가능성을 고려하여 자신들의 능력을 극대화하여 사회생활에 스스로 적응해 가도록 해야 한다(윤선오 외, 2012: 171-172).

(3) 소득보장

일반적으로 장애인 가구가 비장애인 가구에 비해서 상대적으로 소득이 적은데, 이는 그들의 경제활동 상황이 열악하고, 의료비 등 지출 비용이 높은 원인이 많기 때문이다. 이를 위해 장애인 소득보장체계에서 제공하는 급여는 장애급여, 일반 소득보장 급여, 장애 관련 급여 등 세 가지로 구분된다. 이 중 장애급여는 모든 장애인을 대상으로 하고 있는 반면, 일반 소득보장 급여는 장애인을 포함한 일반 시민을 대상으로 한 보편적인 소득보장 프로그램 중 장애인의 주요 소득원천으로서의 기능을 일부 수행하는 실업급여,

퇴직급여, 기타 공공부조 등을 의미한다. 그리고 장애 관련 급여는 상병급여, 산재보상급여 등 현재 고용 중이거나 또는 과거의 고용 경험이 있는 장애인을 대상으로 한 특별급여이다(최윤영 외, 2010: 84-85).

(4) 고용보장

장애인에게 직장(직업)을 갖도록 하는 것은 가장 근본적인 소득보장 대책일 수 있지만, 우리나라에서는 중증장애인의 고용 인프라가 매우 부족한 상황이다. 장애인의 고용을 보장하기 위한 고용정책 유형으로는 일반고용, 보호고용, 지원고용으로 구분할 수 있다. 먼저, 「장애인고용촉진 및 직업재활법」에서는 장애인들의 일반고용을 촉진하기 위하여 장애인의무고용제도, 사업주지원제도 등을 규정하고 있다. 또한 작업능력이 낮아 경쟁노동시장에서 불리한 중증장애인에게는 특별히 계획된 조건하에서 행해지는 훈련과 고용으로 보수를 제공하는 보호고용을 실시하고 있다. 또한 일반사업체에서 고용이 어려운 발달장애인을 대상으로 비장애인과 통합된 작업장에서 계속적인 지원서비스를 제공하여 고용을 안정되게 유지하도록 돕는 지원고용이 있다(윤선오 외, 2012: 187-192).

5. 여성복지

현대사회의 다양한 특징들은 여성문제에 대해서도 사회복지적 개입을 필요로 하게 하였다. 이 장에서는 여성복지의 개념을 기반으로 여성복지의 필요성과 대상, 대표적인 여성복지서비스를 살펴보도록 하겠다.

1) 성(gender)과 여성복지의 개념

성별을 나타내는 용어로 sex가 있는데, 이는 남성과 여성의 생물학적 차이 또는 성행위를 의미하는 것이다. 최근에는 성별을 구분하는 용어로 gender를 사용하고 있는데, 이는 사회문화적인 과정에서 형성된 남녀 간 차이를 의미하는 것으로 각 성에 적합하다고 생각되는 행동과 특성들을 포함한다. 특히, 현대사회의 여러 가지 특징들은 여성문제에 대해서도 사회복지적 개입의 필요성을 제기하게 되었다.

한국여성개발원(1990)에서는 여성복지에 대하여 '여성이 국가나 사회로부터 인간의 존엄성과 인간다운 생활을 할 권리를 동등하게 보장받음으로써 여성의 건강, 재산, 행복의 조건들이 만족스러워지는 상태를 의미하며, 동시에 가부장적 가치관과 이에 기초를 둔 법, 기타 사회제도를 개선하는 것 등으로 여성의 인간다운 삶을 실현하기 위한 모든 실천적 노력을 포함하는 개념'이라고 정의하였다. 또한 여성복지를 사회복지의 하위 개념으로 규정하여 여성복지가 여성을 위한 사회복지로서 여성 개개인에게 인간다운 삶을 보장하기 위해서 시도되는 자원의 재분배 노력들로 이해되기도 한다(이혜경, 1990). 이러한 개념을 정리하면, 여성의 특수성과 정체성을 고려하여 현실을 개선하려는 노력이 깃든 사회복지의 한 분야로 이해할 수 있다.

2) 여성복지의 필요성과 대상

사회의 인구학적 변화와 가족 형태와 기능 및 가치관의 변화, 경제활동을 하는 여성의 증가와 성차별적 현실 등은 여성복지의 필요성을 증가시키게 되었다. 특히, 핵가족은 대가족에 비해 사적 네트워크가 취약하게 되고, 아동양육 및 가사노동에 대한 책임이 여성에게 더욱 가중되는 문제점을 가져오게 되었다. 또한 여성의 경제활동 참여가 지속적으로 증가하고 있기 때문에 보육서비스를 비롯한 가정양육서비스 등과 같은 제도적 기반을 조성해야 하는 필요성들도 나타나고 있다.

여성복지의 대상은 크게 여성의 문제, 여성의 역할, 여성의 생애주기를 기준으로 구분할 수 있다(최선화 외, 2009: 16-18). 먼저, 여성의 문제를 중심으로 한 구분은 여성의 특성을 기준으로 볼 때 여성복지의 대상을 일반여성과 요보호여성으로 구분할 수 있는데, 이러한 구분은 여성복지정책을 계획할 때 적용해 온 전통적 구분이다. 요보호여성이란 누군가의 도움이 필요한 여성이라는 의미에서 저소득 모자가정, 미혼모, 가출여성, 성매매피해여성, 학대받는 여성, 저임금 근로여성을 포괄하는 개념이다.

여성의 역할에 의한 구분은 지금도 사회복지에서 여성을 아동의 보호자라는 측면에서 보고 있다. 이러한 면에서 여성복지는 가족복지나 아동복지와 중복된다고 볼 수 있다. 이와 같은 상황은 개별적으로 중요한 의미가 있는 구분임에도 불구하고 지금과 같이 개인주의적 성향이 강하고 가족이 붕괴되어 가는 시기에는 사용이나 적용에 있어서 논란이 따를 수 있으며, 여성 삶의 본질에 대한 논의까지 수반하게 된다.

그러므로 보편적으로는 여성이 처한 특성에 따른 구분과 생애주기에 따른 구분이 활용되고 있다. 생애주기(life cycle)를 중심으로 한 구분은 보편적이고 규범적인 생의 사건을 중심으로 한 구분과 생애주기상의 이혼이나 가족의 사망 등의 위기적 사건을 중심으로 한 구분으로 나누어진다. 생애주기를 중심으로 한 구분은 문제를 가진 여성뿐만 아니라 일반여성들을 포함할 수 있어 여성복지의 대상을 설정하는 데 매우 유용한 기준이다.

3) 여성복지서비스

여성복지서비스에 대해 살펴보면 다음과 같다(김태현 외, 2007: 47-48).

(1) 여성 중심적 상담

기존의 많은 임상적 접근에 여성 중심적 관점을 첨가하여 여성의 문제해결을 도우려는 방법이다. 여성 중심 상담은 여성이 경험하는 위기상황을 해결할 수 있도록 돕는 문제해결 중심의 개인상담 및 전화상담과 집단모임을 통해 여성을 의식화하는 집단상담의 한 형태인 '의식고양(CR: Consciousness Raising)'으로 구분된다. 최근에는 여성 스스로에게 힘을 부여함으로써 문제를 해결해 갈 수 있도록 하는 '능력고양(empowerment)'에 관심이 집중되어 있다.

(2) 시설보호서비스

여성이 자립하기 어렵거나 열악한 환경조건 때문에 독립적 삶이 불가능한 경우 모자보호시설, 모자자립시설, 미혼모시설, 일시보호시설, 성폭력피해시설 등에서 시설보호서비스가 제공된다.

(3) 각종 프로그램을 통한 지원

여성의 경제 · 사회적 욕구를 충족시키기 위하여 지원되는 각종 프로그램이다. 여기에는 여성의 경제적 지원을 위한 직업알선과 직업훈련프로그램, 재취업훈련프로그램, 탁아프로그램과 이들의 사회 · 정서적 욕구 충족을 위한 교육 프로그램과 지도력 향상 및 자기표현을 위한 각종 훈련프로그램이 있다.

6. 가족복지

가족복지는 가족 전체를 사회복지의 대상으로 보는 것이다. 이 장에서는 가족의 개념과 기능을 기반으로 가족복지의 필요성을 살펴보고, 대표적인 가족복지서비스에 대해서 살펴보도록 하겠다.

1) 가족의 개념과 기능

가족이란 제도는 우리에게 매우 익숙한 용어이지만, 다른 사회제도와 마찬가지로 시대와 사회에 따라 개념과 기능이 변화하기도 한다. 그러므로 가족에 대한 정의를 어떻게 내리느냐에 따라서 가족복지서비스의 대상이 달라지게 된다. 사전적 정의에서 가족은 일반적으로 어버이와 자식, 형제자매, 부부 등 혈연과 혼인관계 등으로 한 집안을 이룬 사람들의 집단을 지칭한다. 또한 보겐슈나이더(Bogenschneider, 2002)는 구조적인 관점과 기능적인 관점에 따라서 가족을 정의하고 있는데, 먼저 혈연이나 법적 유대, 동거와 같은 특징에 따라서 가족을 규정하는 것이 구조적인 관점이다. 그리고 경제적 자원을 공유하는 것이나 아이와 노인, 장애인과 아픈 구성원을 돌보는 것과 같은 기능에 따라 가족을 규정하는 기능적인 관점이 있다.

이러한 내용을 정리해보면, 가족이란 부부와 그들의 자녀로 구성되는 사회집단으로서 혈연을 기본으로 함과 함께 법적 관계를 벗어나 친밀감과 돌봄을 주고받는 사회적 집단까지 넓은 의미에서 가족으로 인정할 수 있다.

학자에 따라 서로 조금씩 다른 가족의 기능을 제시하고 있지만, 가족이 담당하는 기능은 다음과 같이 네 가지로 요약할 수 있다(Strong & Devault, 1992; 조흥식 외, 2012: 25-26).

첫째, 친밀한 관계의 근원을 제공한다. 사회가 산업화되고 복잡해질수록 사람들은 가족 내에서 친밀성을 발견하려고 노력하는데, 우리는 배우자와 희망을 공유하고 함께 자녀를 양육하면서 나이를 먹어간다.

둘째, 경제적 협조의 단위로서 기능한다. 전통적으로 가족은 성별에 따라 일을 분담하는 경제적 협조 단위의 기능을 하게 되는데, 소비뿐 아니라 생산적 활동(자녀양육, 가사노동 등)도 담당하게 된다.

셋째, 자녀를 출산하고 그들을 사회화시킨다. 자녀 출산은 가족의 주된 기능이고, 특정 문화에 맞게 인간다운 생활을 할 수 있도록 각종 기술을 습득시키는 사회화 기능도 담당한다.

넷째, 가족구성원에게 지위와 사회적 역할을 할당한다. 결혼에 의해 새로운 가족이 형성되면 남편이나 아내의 새로운 가족 역할이 부과되는데, 그것이 사회에서 진정한 성인의 지위를 획득하도록 돕게 된다.

2) 가족복지의 필요성

가족복지에 대한 개념은 시대와 문화에 따라 다양한 의미를 지니게 되는데, 먼저, 미국사회복지사협회(NASW, 1995)에서는 가족복지의 주된 목적을 가족구성원 개개인의 건전한 인성을 발달시키고 만족스러운 사회적 기능을 성취하는 데 기여하는 것으로 보았다. 또한 김영화 등(2002)은 가족복지를 가족의 욕구와 문제를 스스로 충족시킬 수 있도록 그 잠재력을 개발하고, 가족의 역할과 기능을 활성화시키며, 생활의 질적 향상을 위해 여러 가지 형태로 사회가 개입하는 것으로 보았다. 이러한 개념을 정리하면, 다양한 차원의 가족의 욕구를 충족하면서 가족 모두의 행복을 증진시키기 위한 노력이 가족복지라고 정의내릴 수 있다.

우리는 급격한 사회변화와 함께 가족의 구조나 관계, 기능, 가치관을 비롯한 가족생활 전반에 걸쳐 다양한 변화를 경험하고 있고, 이는 다양한 가족 문제를 양상하게 되었고 가족복지의 필요성이 어느 시기보다 부각되고 있는 실정이다. 여기서는 최경석 등(2003: 50-52)이 제시한 가족복지의 필요성에 대하여 구체적으로 살펴보고자 한다.

첫째, 가족과 사회관계에 대한 시각의 변화이다. 현대사회는 취업모의 증가, 평균수명의 연장, 소가족화 등의 변화를 겪으며, 가족의 기능은 약화되었지만 그에 따른 책임은 증가되고 있다. 그러므로 사회변화에 맞춰 다양한 가족복지서비스가 제공되어야 한다.

둘째, 가족에 대한 개입의 관점 변화이다. 기혼여성의 취업 증가로 가족에 대한 국가 개입을 꺼리는 국가에서조차 가족에 적극 개입하는 계기를 만들어 주고 있는 실정이다.

셋째, 다양한 가족 형태가 등장하면서 이들의 욕구를 충족시켜 주는 가족복지 대책이 필요하게 되었다.

넷째, 사회문제 해결 단위로서 가족의 유용성을 들 수 있다. 인간의 문제를 해결하기 위해서 개별적인 접근을 하기보다는 가족을 단위로 문제를 해결하는 것이 보다 효과적이라는 결과들이 제시되고 있다.

3) 가족복지서비스

일반적으로 가족복지서비스는 특수한 욕구를 가진 가족구성원의 특별한 문제를 취급하는 가족복지서비스기관의 서비스 활동으로서 다분히 가족복지의 제도적 개념을 보완하는 잔여적 성격을 띠고 있다(조흥식 외, 2012: 92). 미국사회복지사협회(NASW, 1995)에서 제시하고 있는 대표적인 가족복지서비스를 살펴보면 다음과 같다(손병덕 외, 2012; 조흥식 외, 2012).

① 가족에 대한 직접적 개입

가족사회복지(family social work)는 가족복지기관이 주로 부부불화, 부모-자녀 관계의 문제, 세대 간의 갈등 같은 문제와 관련하여 특별히 전문가가 개입하는 방법이다. 이는 가족의 상황에 따라서 단기 혹은 장기로 나누어지게 된다.

② 가족보호

가족보호(family caregiving)는 가정 내에서 발생하는 각종 장애 문제에 대해 보호를 제공함으로써 가족의 역할 수행과 능력 고취를 향상시키는 기능을 수행하는 것이다. 예를 들면, 발달장애 아동을 둔 가족, 치매노인 가족, 만성 질환자가 있는 가족 등에 대한 각종 서비스를 말한다.

③ 가정생활교육

가정생활교육(family life education)은 집단역학의 학습과정을 통해서 가족 및 개인의 사회적 기능을 향상시키기 위한 서비스이다. 예를 들면, 부모역할 훈련 프로그램이 있는데, 이러한 교육방법은 집단 참여자의 지적·정서적 경험과 가족의 문제해결 및 치료를 병행시킨다.

④ 가족계획사업

가족계획사업은 재생산적 건강보호서비스의 일종으로 임신 전 위험 사정, 임신중절, 성병에 대한 보호, 영양, 자녀 수에 대한 계획, 임신을 위한 서비스 등을 제공함으로써 건강한 가족생활을 하도록 한다.

⑤ 가족보존

가족보존(family preservation service)은 가족의 위기로 자녀가 외부에서 위탁

보호를 받을 상황에 놓인 가족에게 집중적으로 개입하여 가족해체를 막고 자녀가 가족 내에서 계속해서 양육을 받을 수 있도록 하는 서비스이다.

⑥ 가족치료

가족치료(family therapy)는 가족을 단위로 하는 사회복지사업, 치료 및 상담 등의 방법을 절충한 것으로 사회복지 관련 분야에서 활발하게 행해지고 있다.

⑦ 가족옹호

가족옹호(family advocacy)는 빈곤, 기회 불평등, 인종차별 등으로 사회에서 불이익을 당하고 있는 가족들이 사회복지기관의 지원으로 가족의 권리를 주장하고 지역사회에 필요한 서비스를 확보하도록 돕는 것이다.

CHAPTER

제11장 사회복지실천(II) : 지역사회, 의료, 학교, 군

1. 지역사회복지론

지역사회복지는 지역을 대상으로 하는 실천기술을 의미한다. 최근 통합적 서비스와 사례관리가 중요하게 여겨지면서 지역사회를 기반으로 한 연계, 자원동원 등 지역사회복지실천기술의 중요성이 더욱 부각되고 있다. 그리고 2차 체계의 실천영역도 광의적으로 개념화되면서 '사회적 환경', '체계'에 대한 개입을 강조하고 있다. 그러나 지역을 대상으로 한다는 것은 지역사회에서 당면한 문제를 해결한다는 의미를 포함하기 때문에, 지역사회에 거주하고 있는 사람(대상자)들의 문제를 해결해주는 것보다는 확장된 이해가 필요하다.

1) 지역사회복지의 개념

(1) 지역사회의 개념과 기능

지역사회는 크게 지리적 의미의 지역사회와 기능적 지역사회로 구분된다. 지리적 의미의 지역사회는 산과 강 같은 지리적 경계를 중심으로 구분되어 일상생활을 공유한 일정한 지역에 사는 사람들의 공동체로, 공동의 이해관계, 소속감 문화 등을 형성한다. 반면 기능적인 지역사회는 학연, 종교, 이념 등에 따라 공통적인 관심과 이해관계로 형성된다. 세계화가 진행되고 인터넷의 발달로 이러한 기능적 지역사회는 가상공동체로 전 지구적으로 연결되기도 한다.

길버트와 스펙트(Gilbert & Specht, 1974)는 지역사회의 기능을 다음과 같이 설명하고 있다. 첫째, 생산・분배・소비의 영역인 경제적 기능, 둘째, 사회구성원으로서의 역할을 수행할 수 있도록 하는 사회화의 기능, 셋째, 사회적 규범을 준수하도록 하는 사회통제의 기능, 넷째, 지역주민에게 다양한 집단 및 조직 활동 등의 사회참여 기회를 제공하여 결속력을 다질 수 있도록 하는 사회통합의 기능, 다섯째, 사회제도에 의한 욕구충족이 불확실한 경우, 이를 채워줄 수 있는 상부상조의 기능이다.

(2) 지역사회복지의 개념

지역사회복지는 좁게는 지역사회 내에서 제공되는 사회서비스를 의미하지만 대체로 광의의 의미인 전문가 또는 비전문가가 지역사회의 수준에 개입하여 지역문제를 예방하고 해결하는 일체의 사회적 노력을 의미한다(김형수, 2011). 광의적 의미의 전통적 사회복지실천방법에서는 지역사회조직과, 탈시설화의 요구로 등장한 재가보호사업(지역사회보호)을 포함한다. 또한 지역사회 공동체의 사회적 자본을 동원하여 지역사회네트워크를 강화하고, 공동체 의식을 향상시키는 지역사회 만들기도 해당한다. 최근 우리나라에서는 '마을 만들기'나 '청소년 휴카페'처럼 지역주민들이 직접 참여하여 만들어갈 수 있는 지역기반의 사업들이 시행되고 있다.

지역사회복지는 사람이 아닌 '지역사회'와 '지역사회에서 직면하고 있는 문제'를 대상으로 하고 있기 때문에, 오정수와 류진석(2009)은 지역사회복지의 개념에 다음과 같은 속성을 포함시켰다.

① 지역사회복지는 지역성과 기능성을 포함하는 일정한 지역사회 내에서 이루어진다.
② 지역사회복지는 지역주민의 삶의 질 향상이라는 목표를 가지고 있다.
③ 지역사회복지는 지역사회의 문제를 해결하고 주민의 복지욕구를 충족시키는 기능을 갖고 있다.
④ 지역사회복지는 정부와 민간기관이 공동주체가 되어 공공과 민간의 협력이 강화되는 추세로 발전하고 있다.
⑤ 지역사회복지는 조직적인 활동을 강조하는 전문적인 서비스와 방법을 사용한다.

지역사회복지의 개념은 복지공급 주체로 민간 영역의 중요성이 커지고 있음을 의미하며 더불어 지역이라는 삶을 둘러싼 환경적 요소의 중요성을 상기시켜 준다.

2) 지역사회복지실천 모델

사회복지실천 각각의 이론을 바탕으로 실천의 목표, 전략과 전술, 사회복지사의 역할 등 특정한 개입방법을 알려주는데 이것을 실천 모델이라고 한다. 이러한 실천 모델은 로스만(Rothman), 웨일과 갬블(Weil & Gamble), 테일러와 로버츠(Taylor & Roberts) 등 여러 학자의 이론이 있으나, 가장 많이 인용되는 실천 모델은 로스만(Rothman, 1979)의 지역사회개발 모델, 사회계획 모델, 사회행동 모델이다.

먼저 지역사회개발은 주민의 참여를 바탕으로 지역사회 내에서 발생하는 문제를 주민들 스스로가 해결할 수 있도록 하여 긍정적인 환경을 만드는 것이다. 사회계획 모델은 지역사회 내에 발생하는 실업, 빈곤, 범죄 등의 문제를 해결하기 위해 프로그램을 계획·실행하며, 서비스를 개발하고 정책을 수정하는 등의 실천방법을 의미한다. 사회행동 모델은 지역사회 내에서 억압, 불평등, 소외되는 주민들을 위해 자원의 재분배, 결정구조의 재구조 등 근본적인 변화가 일어나도록 하는 것이다(지은구, 2010). 지역사회복지의 실천은 자원 개발과 동원, 지역사회네트워킹, 지역사회조직화, 옹호, 임파워먼트 등의 기술을 사용하여 이루어진다. 지역사회복지실천은 세계화, 복지국가의 축소, 복지제공자로서 민간의 역할 증대 등으로 지역주민의 자조와 참여가 강조되는 추세이다.

표 11-1 로스만의 지역사회복지실천 모델 분류

구분	지역사회개발	사회계획	사회행동
지역사회 활동의 개입 목표	지역사회의 활동능력 향상과 통합(과정목표)	지역사회 특정 문제해결(과업목표)	권력관계와 자원 및 기본적 제도 변화(과업 혹은 과정목표)
지역사회의 문제에 대한 전제	지역사회의 능력 상실, 민주적 문제해결능력의 결여; 정태적인 전통적 지역사회	구체적 사회문제; 정신 및 신체상의 건강, 빈곤, 주택, 범죄, 약물 등	사회정의 부재, 구조적 억압, 의사결정의 불평등
기본적 변화전략	지역사회 내 다양한 집단 간 합의, 참여	자료수집과 분석에 근거한 계획 수립	쟁점사항을 구체화시키고 대항 표적에 대해 조치를 취할 수 있도록 주민 동원
특징적 변화전술과 기술	주민교육, 역량 강화, 자율성 강화	조사와 분석기술	갈등, 대결, 직접적 행동, 협상
실천가의 대표적 역할	조력자, 조정자, 촉매자	분석가, 전문가, 촉진자, 행정가	행동적 옹호자; 선동자, 중개자, 협상자, 파당

구분	지역사회개발	사회계획	사회행동
변화 매개체	과업지향의 소집단 활용	공식적 조직과 객관적 자료의 활용	대중조직과 정치과정의 변화
권력구조에 관한 지향성	지역사회 일원으로서 협력자	고용주와 후원자	표적집단으로서 변화대상, 억압자
대상 지역사회의 범위	지리적 측면의 지역사회 전체	지역사회 전체 혹은 지역사회의 일부	지역사회의 일부
지역사회 구성원 간의 이해관계에 관한 전제	공통되는 이해관계, 선의의 경쟁 및 이해관계에 대한 협의·조정 가능	사안에 따른 실용적 접근	쉽게 조정할 수 없는 힘든 갈등상황으로 봄; 자원의 희소성
수익집단의 개념	지역주민, 시민	소비자(이용자)	희생자, 피해자
수익자의 역할	문제해결에 필요한 합의 도출, 과정참여	서비스 이용	고용주, 임명자, 동료
임파워먼트의 활용	협동적이고 능숙한 의사결정을 내릴 수 있는 지역사회 능력 구축	소비자의 서비스 욕구 반영 및 서비스 선택 정보제공	지역주민의 의사결정과정 참여

출처: 백종만 외(2015).

3) 지역사회복지실천 전달체계

전달체계란 복지서비스가 대상자에게 전달되는 전체 과정의 전달망을 의미하며, 우리나라의 지역사회복지 전달체계는 공공과 민간으로 나뉘어진다. 각각의 전달체계는 지방자치제의 실현으로 지역성을 반영하게 되었다. 여기서는 가장 대표적인 지역사회보장협의체와 지역사회복지관에 대해서 알아보기로 한다.

(1) 지역사회보장협의체와 지역사회보장계획

지역사회보장협의체는 지역단위의 공공과 민간의 복지서비스 공급자가 지역단위의 연계·협력을 통해 통합적 서비스를 제공하기 위해 2005년 7월부터 시행되었다. 협의체는 사회복지 또는 보건의료에 관한 학식과 경험이 풍부한 자, 사회복지사업을 행하는 기관·단체의 대표, 사회복지 또는 보건의료 업무를 담당하는 공무원, 공익단체 추천자 등으로 구성되며, 실무협의체를 두어 업무 수행의 효율성을 도모하도록 하였다.

지역사회보장계획은 2005년 7월 31일부터 시·도지사, 시·군·구의 지방자치단체가 4년 단위의 중기와 연 단위의 단기복지계획을 수립하도록 한 것을 의미하며, 지역의 개별화 존중, 이용자 주체, 네트워크화의 원칙을 기반으로 한다. 지역사회보장계획은 복지수요의 측정 및 전망, 사회복지시설 및 재가복지에 대한 장·단기 공급대책, 인력·조직 및 재정 등 복지자원의 조달 및 관리, 사회복지 전달체계, 사회복지서비스 및 보건의료서비스의 연계 제공 방안, 지역사회복지에 관한 통계의 수집 및 정리에 관한 사항, 그 밖에 대통령이 정하는 사항을 주요 내용으로 한다.

다음의 문제들은 지역사회와 개인의 건강에 관한 질문들로 압축시켜본 것이다. 개인의 건강수준을 결정하는 것은 유전, 혹은 건강관리의 정도와 같은 개인적 요인과 산업공단, 원자력의 누출과 같은 환경적인 요인으로 구분될 수 있을 것이다. 하지만 개인적인 요인에도 환경적인 요인이 작용할 수 있는데 걷기 좋은 공원, 근거리에 위치한 병원, 깨끗한 물, 운동을 할 수 있는 시설이 갖추어진 복지기관 등이 그 예이다. 따라서 지역사회보장계획은 선별적 대상자들을 위한 것뿐 아니라, 지역사회 전체 대상자를 포함한 지역사회복지실천이라고 볼 수 있다.

(2) 지역사회복지관

영국과 미국의 인보관운동에서 기원하는 지역사회복지관은 지역사회 문제를 해결하고 예방하는 가장 대표적인 지역사회복지전달체계이다. 지역사회복지관은 사회의 변화에 따라 주요 사업이 변화되어 왔으며, 2015년 현재는 서비스 제공, 지역사회조직, 사례관리의 3개의 사업으로 되어 있다. 지역사회복지관에서 이루어지는 사업은 다음의 8가지 원칙을 기반으로 한다(양정하 외, 2014).

① 지역성의 원칙

사회복지관은 지역사회의 특성과 지역주민의 문제나 욕구를 신속하게 파악하여 사업계획 수립 시 반영하여 지역사회의 문제를 해결하고, 이에 따른 서비스를 제공하여야 하며, 지역주민의 적극적 참여를 유도하여 주민의 능동적 역할과 책임의식을 조장하여야 한다.

② 전문성의 원칙

사회복지관은 다양한 지역사회문제에 대처하기 위해 일반적 프로그램과 특정한 문제를 해결할 수 있는 전문적 프로그램이 병행될 수 있도록 지식과 기술을 보유한 전문인력이 사업을 수행하도록 하고, 이들 인력에 대한 지속적인 재교육 등을 통해 전문성을 증진토록 하여야 한다.

③ 책임성의 원칙

사회복지관은 서비스 이용자의 욕구를 충족하고 지역사회문제를 해결함에 있어서 효과성을 극대화하기 위하여 최선의 노력을 기울여야 한다.

④ 자율성의 원칙

사회복지관은 다양한 복지서비스를 효율적으로 제공하기 위하여 사회복지관의 능력과 전문성이 최대한 발휘될 수 있도록 자율적으로 운영하여야 한다.

⑤ 통합성의 원칙

사회복지관은 사업을 수행함에 있어 지역 내 공공 및 민간복지기관 간에 연계성과 통합성을 강화시켜 지역사회복지체계가 효율적이고 효과적으로 운영되도록 하여야 한다.

⑥ 자원활용의 원칙

사회복지관은 주민욕구의 다양성에 따라 다양한 기능, 인력과 재원을 필요로 하므로 지역사회 내의 복지자원을 최대한 동원·활용하여야 한다.

⑦ 중립성의 원칙

사회복지관은 정치활동, 영리활동, 특정 종교활동 등에 이용되지 않게 중립성이 유지되어야 한다.

⑧ 투명성의 원칙

사회복지관은 자원을 효율적으로 이용하고 운영과정의 투명성을 유지하여야 한다.

2. 의료사회복지

의료사회복지는 병원에서의 사회복지실천을 의미한다. 의료사회복지는 가장 대표적으로 전문화된 분야이며 재활, 정신의료, 장기이식, 호스피스, 요양 등으로 영역이 점점 세분화되어가고 있다. 그러나 건강의 개념이 "신체적 · 정신적 · 사회적 안녕 상태"로 확대됨에 따라 지역기반의 실천이 강조되고 있어, 질병의 치료뿐 아니라 예방을 포함한 광의의 건강관리를 의료사회복지의 실천 영역으로 강조하고 있다. 의료사회복지에 대한 개념 이해를 바탕으로 실천현장과 의료사회복지사의 역할에 대하여 살펴보고자 한다.

1) 질병과 건강

인간은 성장과 발달과정에서 누구나 신체적 · 정신적으로 건강하지 못한 상태에 이를 수 있고, 이 상태가 삶의 질에 결정적 역할을 할 때가 있다. 의료사회복지는 기본적으로 건강하지 못한 상태의 인간과 인간의 삶을 다루게 된다. 따라서 의료사회복지에 대하여 설명하기 전에 건강과 질병에 대한 개념을 알아볼 필요가 있다.

질병이란 생화학적 변수로 측정할 수 있는 범위에서 벗어난 상태로서 생리적인 증상의 개념인 'disease', 불안이나 고통을 경험하는 주관적 상태로 간주하는 심리 · 사회적 개념으로서의 'illness', 알코올중독, 사회적 낙인과 같은 사회적인 개념인 'sickness' 등이 있으며, 의료사회복지실천에서는 세 가지 개념 모두를 포괄하여 사용하고 있다(이광재, 2005).

1946년 유엔은 세계보건기구(WHO)를 설립하고 "건강은 단지 질병의 부재를 의미하는 것이 아니라 완전한 신체적, 정신적 그리고 사회적 안녕 상태를 의미한다."고 선언하였다. 이러한 건강에 대한 관점의 변화는 산업국가들에서 질환과 죽음의 양상의 변화(전염성 질환에서 만성질환으로), 만성질환의 증가, 평균 수명의 증가 등이 원인이며, 사회심리학적 모형은 인간을 둘러싼 환경을 건강 상태의 주요 원인으로 제시하고 있다. 또한 2001년 WHO에서 승인된 '기능성, 장애 및 건강에 관한 국제 분류(ICF: International Classification of Functioning, Disability and Health)'는 장애에 있어서도 '환경요인'에 더 많은 비중을 두고 있다. 여기서 환경요인은 클라이언트의 생리적인 문제를 둘러싼 개인의 발달, 성별, 인종, 생활양식, 가족, 학력 등을 나타내는 사회적·문화적 환경과 조건을 의미하며, 질병과 건강에 대한 개념은 사회적·문화적 환경에 따라 개인적으로 다를 수 있기 때문에 포괄적인 사정이 필요하다.

2) 의료와 사회문제

의료사회복지에 대한 이해에 앞서 '의료'에 대한 개념과 현대의 '의료문제'가 왜 '사회문제'가 되는지에 대하여 살펴보고자 한다.

의료란 좁은 의미에서 생리적으로 문제를 가진 국민들에 대한 의료행위 그 자체를 의미하지만, 넓은 의미에서는 육체적·정신적·사회적·영적·역동적 안녕을 회복, 유지, 증진하기 위한 개인과 공공의 모든 활동을 포함하는 포괄적 개념으로서 보건의료(health care)라고 일컬어지기도 한다(이광재, 2005). 그러나 의료는 고도의 '전문성'으로 의사에 의해 독점적으로 행해지고 있어, 환자가 의사를 만나는 과정에서 낙태나 인공수정과 같은 윤리적 문제, 의료분쟁, 의료보장, 의료비, 건강보험과 같은 다양한 문제들이 발생할 수 있으며, 누구에게나 해당될 수 있으므로 사회문제로 정의될 수 있다.

이러한 의료문제들의 해결을 위해 의료사회사업의 개입이 요구되었으며, 최근에는 건강과 보건의료와 연관된 가치, 규범, 규칙, 정책, 법률, 제도의 총합으로, 행태와 상호관계의 방향을 결정하는 틀인 건강레짐에 대한 논의도 진행되고 있다.

3) 의료사회복지개념

초기 의료사회복지는 병원사회복지라고도 불렸는데, 질병의 원인과 치료에 환자와 가족의 심리, 소득, 환경이 중요한 결과로 작용하면서 사회복지적인 원조가 요구되었기 때문이었다. 따라서 초기 의료사회복지는 질병과 관련된 심리·사회적 문제와 건강회복, 환자의 사회적응 등이 병원현장에 있는 사회복지사의 과업이었다. 1946년 세계보건기구에 의해 건강 개념이 신체적·정신적·사회적 안녕으로 확대되면서 의료도 질병의 치료에서 '보건'으로 포괄적 개념을 포함하게 되었다. 따라서 의료사회복지는 치료뿐 아니라 건강을 보호하기 위한 질병예방, 건강증진, 지역사회의료복지의 목적을 달성하는 '건강보호'로 개념이 확대되었다.

4) 실천분야

리벨과 클라크(Leavell & Clark, 1965)는 건강관리를 예방의 차원을 포함하여 광의적으로 정의하였는데, 1차 예방은 건강증진과 특수예방이며, 2차 예방은 조기진단·조기치료, 3차 예방은 악화방지·장애방지를 위한 치료 및 재활이다. 광의적 예방 개념에 따라 의료사회복지실천 영역을 구분해보면 1차 예방은 지역사회보건사업, 2차 예방은 병원, 3차 예방은 재활과 호스피스 사업으로 구분될 수 있다.

최근 의료사회복지는 재활, 정신의료, 장기이식, 호스피스, 요양 등으로 영역이 세분화, 전문화되고 있으나, 건강의 정의에서 나타나듯 사회적 요인이 건강을 결정하는 주요 원인으로 여기고 있다. 즉, 지역을 기반으로 하는 지역사회에서 건강 생활과 실천의 장, 참여의 중요성이 부각된다고 할 수 있다.

5) 의료사회복지사의 역할

의료사회복지사란 질병을 가진 환자와 그 가족, 지역사회를 대상으로 의료진과 함께 협의하여 클라이언트의 심리·사회적, 정서적, 환경적 문제를 해결하도록 돕고, 입원 시뿐만 아니라 입원 전과 퇴원 후에도 사회적 기능을 원활히 수행할 수 있도록 질병의 예방과 회복, 사후관리에 이르는 연속적 과정에서 개인과 의료제도 및 정책 차원의 접근을 통하여 의료사회복지실천의 목적을 달성하도록 돕는 보건의료 영역의 전문사회복지사이다(대한의료사회복지사협회).

의료사회복지는 주로 병원이라는 장소에서 이루어지는, 병원 고유의 목적을 달성하기 위한 2차 체계라고 할 수 있지만 사회복지직 내에서 대표적으로 빨리 전문화한 분야이다. 대한의료사회사업가 협회에서는 의료사회복지사가 다루어야 할 문제를 7가지 직무별로 구분하여 병원신임평가와 의료기관평가에서 기준으로 삼고 있다. 보고서 작성, 문서수발, 기록관리, 평가 등을 내용으로 하는 행정·사무, 의료비지원과 관련한 경제적 문제해결업무, 원활한 치료를 돕기 위한 심리·사회적, 정신적 문제해결업무, 자원제공과 동원, 지역사회기관과 의뢰 등을 위한 지역사회자원과 연결업무, 퇴원계획, 재활계획과 관련한 사회복귀 및 재활문제해결업무, 실습지도, 직원교육과 관련한 교육 및 연구·조사업무, 기타 업무이다.

의료사회복지사는 병원 내에서 의사, 간호사, 물리치료사, 작업치료사, 영양사 등과 팀을 이루어 환자와 가족을 돕는 협진체계를 이루어야 하며, 병원 내 의무기록을 통해 각 전문직과 소통하여 원활한 치료가 되도록 해야 한다.

6) 의료사회복지 현장

종합병원 이상에서는 사회복지사를 1인 이상 두게 되어 있어 종합병원급 이상의 병원과 상담업무가 수가로 책정되어 있는 정신과와 재활의학과가 의료사회복지사들이 일하는 주요한 현장이라고 볼 수 있다. 그 외에도 공익의료를 지향하는 병원과 의료협동조합 등을 들 수 있다.

A병원: 지역 YMCA와 협약을 통해 학교학업중단 청소년들이 건강한 사회구성원으로 성장할 수 있도록 병원 1층 로비에 카페 공간을 제공

B병원: 지역복지기관을 방문하여 주민을 대상으로 다양한 건강교육을 시행(뇌졸중, 한방, 손씻기, 영양 등)하는 등 지역을 기반으로 하는 의료사회복지활동도 이루어지고 있음

의료사회복지사가 되기 위하여(대한의료사회복지사협회)

1. 의료사회복지실습

의료사회복지실천에 대한 이해와 미래의 의료사회복지사 양성을 위하여 사회복지학 전공 학생들을 대상으로 각 대학교의 사회복지학과 사회복지현장실습 수업과 연계하여 이루어지는 현장교육제도이다. 사회복지 전공 학생들은 질환과 장애에 대한 이해와 질환이 개인, 가족, 사회에 미치는 직간접적 영향 그리고 병원 내외부의 여러 전문직 간의 협력과 팀워크에서 요구하는 기술들에 대해서 배우게 된다. 실습교육을 통해서 사회복지전공 학생들은 이론과 임상기술을 겸비한 의료사회복지사가 되는 데 중요한 기초를 다지게 된다.

2. 의료사회복지 수련교육

의료사회복지사 수련교육제도란 의료사회복지 실천의 전문성 강화를 위해 인증된 수련기관에서 1년 동안 주 20시간 이상, 최소 40시간의 이론교육과 960시간의 임상수련의 시간을 갖게 된다. 수련기간 동안 사회사업사정과 개입을 각각 15

사례를 다루고 슈퍼비전을 받아야 하며, 집단프로그램 개발 또는 임상연구 1사례 이상을 제출하는 과정으로 진행된다. 수련제도는 1991년 서울안산병원에서 국내 최초로 1년 과정으로 시작하였으며, 2010년 전국 단위 수련제도가 본격적으로 시행되었고, 장기요양보험의 확대로 2013년에는 요양병원 수련교육 시범사업이 시작되었다. 수련 후 의료사회복지사 자격은 한국사회복지사협회와 대한의료사회복지사협회가 공동으로 발급하게 된다.

3. 학교사회복지

학교사회복지는 공교육의 역사와 함께한다고 볼 수 있다. 학교의 공적 영역확대는 학교 부적응의 문제가 학생 개인의 문제뿐 아니라 학교의 문제로 여겨지게 되면서 지역사회를 중요한 실천현장으로 포함시키게 되었다. 이에 따라 전통적 임상모델뿐 아니라 학교와 체계의 변화를 통한 실천이 강조되고 있다. 학교사회복지의 개념 이해를 바탕으로 실천현장과 학교사회복지사의 역할에 대하여 살펴보고자 한다.

1) 학교(교육)의 개념과 목적

학교사회복지는 학교라는 현장에서 이루어지는 사회복지실천이다. 따라서 '학교'의 특성에 대한 이해를 전제로 하며, 학교의 특성은 학교의 개념과 목적에 따라 규정될 것이다.

우리는 어려서 카를로 콜로디의 『피노키오』라는 동화를 읽고, "부모님 말씀을 잘 들어야 한다."는 교훈을 얻었을 것이다. 그러나 한 사회교사는 "『피노키오』를 통해 산업화 이후 농사를 짓던 사람들이 어떻게 임금노동자가 되어가는지 살펴보도록 하자."고 다음과 같이 제시하였다(박현희, 2011).

> 19세기 말 근대적인 학교가 성립되고 산업혁명으로 사회가 밑바닥부터 재편되면서, 농사를 짓던 사람들은 이제 공장에서 노동자로 일하게 되었다. 농사일은 아버지를 따라 밭에 나가 일하면서 전수되지만, 공장 일은 그런 식으로 배울 수 없었다. 공장주들은 기본적으로 읽고 쓰고 셈하기를 할 수 있는 일꾼들을 원했다. 노동자의 자녀에게 읽고 쓰고 셈하기를 가르쳐 내일의 노동자로 준비시킬 제도가 필요하다는 사회적 요청에 따라 생겨난 것이 근대적인 학교였던 것이다. 더욱이 학교는 부모가 공장에서 일하는 동안 아이들이 사고를 치거나 딴 짓을 하지 못하도록 감시하기 위한 기관으로서도 역할을 할 수 있었다. 일석이조인 셈이다.
>
> 그런데 처음의 기대를 뛰어넘어 학교는 산업사회에 딱 맞는 노동자를 양성하는 데 더 결정적인 역할을 해냈다. 학교는 읽고 쓰고 셈하기보다 더 중요한 것을 내일의 노동자에게 가르쳤다. 정해진 시간표에 따라 일제히 공부하고 일제히 쉬기, 하고 있는 공부가 아무리 지루하더라고 참고 견디기, 선생님이 말씀하시면 아무 말 없이 무조건 경청하기, 시키면 시키는 대로 하기, 이 모든 것은 공장에서 일하는 노동자들에게 공장주가 바라는 필수적인 덕목 아니던가. 그러니 학교에 다닐 것, 아무리 싫어도 참고 다닐 것, 이것이 시대적 요구였던 셈이다. 부모들이여 그대의 자녀를 직업을 갖고 돈을 벌 수 있는 사람으로 키우고 싶은가? 그러면 학교에 보내라.
>
> 삶과 교육의 결합은 근대적 형식에 맞지 않기 때문에 배격되고 학생들은 정해진 시간에 등교하여 정해진 자리에 앉아 정해진 공부를 한다. 표준화되어 학교에서 배우는 지식만이 가치 있는 것이 되었고, 소득수준과 빠른 속도가 중요하게 여겨졌으며, 다양성은 묵살되고 과정보다는 결과가 중요시된다. 학교는 학생들이

> 자신의 삶을 중요하게 만들기보다는 사회가 필요로 하는 것을 가르친다. 그리고 질문을 던진다. "사람이 된 피노키오는 행복했을까?" 피노키오가 학교교육과정을 통해 임금노동에 참여할 수 있게 되어 피노키오의 아버지는 행복했다고 한다.

인류가 생긴 이래 내용과 방법은 달라도 교육은 이루어져 왔다. 산업화 이후 분업화·전문화가 이루어지면서 교육은 '학교'라는 곳에서 수행되게 되었으며, 점차 국가가 교육을 관리하는 공교육의 시스템이 확장되어 갔다. 성민선(2004)은 교육이 첫째, 질 높은 노동력을 창출해 내는 중요한 수단이 되므로 이를 통해 경제성장을 추구할 수 있으며, 둘째, 국민 개인의 지적 수준을 보편적으로 증진시켜 사회적 일체감과 통합을 추구하는 데 도움을 주며, 셋째, 계층적 수직이동을 가능케 하는 장치로서 사회적 평등화에 기여하는 제도라는 이유로 교육에 대한 국가 개입의 필요성을 들었다. 홍봉선(2012)은 학교는 아동과 청소년이 민주사회와 시민으로 참여하고 노동자로서 성공적으로 기능하기 위한 특별한 능력을 개발하기 위한 곳이라고 정의하여 학교의 목적을 기술하고 있다. 이것으로 한 교사가 "피노키오"의 예를 들어 기술한 학교교육의 목적은 현재에도 어느 정도 유효하다고 볼 수 있다.

2) 학교사회복지의 필요성

학교사회복지는 의무교육의 역사와 맥을 같이 하고 있다. 의무교육은 일정한 연령이 되면 모두 학교교육을 받아야 한다는 것을 의미하며, 우리나라는 중학교까지 의무교육으로 정해져 있다. 오래전 학교는 학교를 보내지 않고 일을 시키려고 하는 부모님을 설득시키고, 모든 아이들의 학업목표 달성을 위하여 결석에 대한 대안을 마련하고 특별한 욕구를 지닌 학생의 교육적 욕구를 충족시키고, 장애나 빈곤 등의 문제를 다루어야 했다. 즉 가정이나 경제적 문제를 포함한 어떤 문제로도 아동과 청소년이 학업적 성취를 이룰 수 있도록 도움이 필요했다.

미국에서는 학생들의 가정생활에 대한 정보를 교사에게 제공해주는 가정과 학교·지역의 연락책 역할로 학교사회복지가 시작되었다. 1920년대에 정신건강운동의 영향으로 문제행동에 관심을 갖기 시작하여 방문교사들이 사회부적응을 예방, 치료 등 개별사회사업에 관심을 갖게 되었으며 이후 방문교사의 수가 늘어나면서 1929년에는 밀포드(Milford) 회의에서 방문교사가 사회사업의 6대 전문분야 중 하나로 인정받게 되었다. 1960년대에 이르러 학생의 문제를 학생 개인과 학교의 문제로 여기게 되면서 지역사회가 중요한 이슈로 대두되었으며, 1970년대에 체계론을 도입하여 학생들의 학습에 영향을 주는 다양한 요인에 대한 정보 수집을 할 수 있게 되었다.

영국도 출석담당자 또는 결석담당관이라는 명칭을 사용하여 의무교육 시행 이후 아동과 청소년을 학교에 출석시키는 것이 가장 큰 역할이었으나, 이후 교육우선투자지역(EAZ: Education Action Zone)을 시행하고 있다. 교육우선투자지역사업은 학교의 다양한 문제들이 학교의 노력만으로는 해결이 불가능하다는 인식하에 학부모, 지역사회, 지역의 기업들이 연대하여 문제해결에 힘쓰고 있다.

우리나라는 1993년 은평종합사회복지관에서 학교사회복지활동을 최초로 시작하였으며, 1996년 서울시교육청에서, 1997년 교육부에서 시범 연구사업을 시행하기 시작하였으나 정착되지 못하고 2008년에 종결되었다.

영국의 EAZ를 모델로 한 교육복지우선투자지역지원사업은 2003년 시범운영 후 현재(2014년 6월), 전국에 1,638개교에서 시행되고 있다. 마지막으로 학교, 교육청, 지역사회가 연계하여 학생들의 건강하고 즐거운 학교생활 지원을 목적으로 하는 Wee사업이 2007년 말부터 준비하여 2010년부터 설치·운영되고 있다.

3) 학교사회복지의 개념

학교사회복지의 개념은 시대별 · 학자별로 다소 차이가 있다. 코스틴(Costin, 1975)은 사회사업의 목적과 원리를 적용하여 학생이 자신의 문제에 대해 적절한 책임을 질 수 있도록 도와주고, 학교측에서 학생의 부적응문제에 대해 느끼는 것과 똑같이 부모들도 그 문제에 대해 느낄 수 있도록 원조하며, 필요한 경우 지역사회기관을 활용할 수 있도록 학생과 그 부모들을 돕고, 그 학생을 개별화하여 교육할 수 있도록 돕는 것이라고 정의하였다. 전미학교사회복지사협회에서는 공교육체계에서 학교교육의 목적을 달성하는 것을 지원하고 학생들이 학교에 적응을 잘할 수 있도록 도와주며 이를 위해 학교, 가족, 지역사회가 수행하는 노력을 조정하고 영향을 미치는 활동이라고 하였으며, 한국학교사회복지사협회에서는 학교에서 일어나는 학생의 문제를 개인의 문제만이 아닌 개인을 둘러싼 환경과의 상호작용의 문제로 보고 이러한 심리 · 사회적 문제들을 학생–학교–가정–지역사회의 연계를 통해 예방하고 해결하는 과정이라고 정의하고 있다.

또한 홍봉선(2012)은 학교사회복지 관련 사업인 교육복지를 사회복지의 한 영역으로서 인간의 출발점 평등 지향의 가치를 근간으로 하고 전 국민의 교육적 욕구를 충족시키기 위해 교육취약집단은 물론 모든 일반국민을 대상으로 교육기회의 확대에서부터 교육과정, 교육결과에 이르는 전 과정에 걸쳐 불평등을 해소하고 교육여건을 개선해주는 정책, 서비스 및 전문적 활동을 말한다고 정의하고 있다.

4) 학교사회복지의 법적 근거

헌법 제31조와 「교육법」 제8조, 제9조, 제10조에는 모든 국민이 능력에 따라 균등하게 교육을 받을 권리가 있음과 무상의무교육에 관련한 사항을 명시하고 있으며 「교육법」 제27조에는 국가와 지방자치단체가 학생과 교직원의 건강 및 복지증진을 위한 시책을 수립해야 함을 명시하고 있다.

5) 학교사회복지의 대상

원칙적으로 학교사회복지의 대상은 모든 학생이지만 무단결석과 학업중단학생, 우울·불안·공격성·비행 등의 외현화 및 내재화 행동문제, 학교폭력 등의 문제를 가진 요보호학생과 학교부적응 학생이 1차적 대상이 되어왔다. 시대에 따라 요구되는 학교사회복지의 목적과 실천방법의 변화로 인하여 학생과 가족뿐 아니라 학교, 지역사회도 학교사회복지의 대상에 포함되었다. 여기서 "지역사회란 학교가 위치해 있고, 학교에 다니는 학생들이 거주하는 인접한 공간적인 세팅을 의미한다. 지역사회세팅은 물리적 구조, 지역사회자원의 질과 종류, 인구사회학적 환경, 계급, 연령, 인종과 민족 구성원들의 다양성, 지역사회권력구조, 학교에 조직된 구조의 기능에 영향을 주는 것들이다."고 정의하고 있다(Brown & Richman, 2002). 지역사회는 특히 학령기 아동과 청소년의 안전, 열악한 조건에 놓여 있는 지역의 아동들을 위한 사회적 자본의 강화 등에 중요한 역할을 하고 있어 지역사회네트워크에 관한 관심이 증가하고 있다.

6) 학교사회복지사의 역할

학교사회복지도 학교라는 장소에서 학교 고유의 목적을 달성하기 위한 2차 체계라고 할 수 있다. 학교에 있는 사회복지사는 학생을 위한 개별·집단 상담을 통한 치료적 개입을 하는 임상전문가, 학생과 가족, 학교의 욕구 충족을 위한 자원을 개발·연계하는 매개자, 연계자, 조정자, 중재자, 자원개발자의 역할, 서비스의 효율성·효과성 증진을 위한 조사연구와 정책제언가의 역할, 학생과 가족의 인권을 보호하기 위한 옹호자의 역할, 학습·진로 정보제공을 위한 교육자와 자문가의 역할을 수행하고 있다. 학교사회복지사는 학교 고유의 역할인 학생들의 학업수행을 위해 학생 개인, 가족, 지역사회 수준에 개입하여 돕는다.

7) 우리나라의 학교사회복지 관련 현황

2014년 6월 현재 전국 학교사회복지 관련 현황은 〈표 11-2〉에서와 같이 크게 교육복지 관련 사업과 Wee 관련 사업으로 나누어 볼 수 있다. 학교사회복지는 지속적인 시범사업을 해왔으나 2006년 중단되었으며, 교육복지우선지원사업이나 Wee사업을 교육의 주체인 교육청에서 주관하고 있다는 데 의의가 있다.

표 11-2 전국 학교사회복지 관련 사업별 운영 현황(2014. 6. 27 현재)

사업명	초등학교	중학교	고등학교	기타	계
교육복지	777	796	65		1,638
교육복지센터				16	16
지자체 학교사회복지	64	29	7		100
민간지원사업	1	2	1		4
Wee클래스	1,564	2,380	1,485		5,429
wee센터				180	180
wee스타트				9	9
계	2,406	3,207	1,558	205	7,376

(1) 교육복지우선지원사업

2003년 서울과 부산에 8개 지역에서 도시 저소득층 밀집지역 내 교육기관(주로 초등학교와 중학교)의 저소득아동을 대상으로 영국의 EAZ를 모델로 한 교육복지투자우선지역지원사업이 시작되었다. 이후 영유아기부터 저소득층에 대한 조기지원을 할 수 있도록 유치원으로 사업이 확대되었다. 교육복지투자우선지역지원사업은 ① 저소득층 아동·청소년의 학습·문화·심리·정서·복지 차원의 지원을 통해, ② 학교 중심의 지역교육 공동체를 구축, ③ 교육 취약 아동·청소년의 교육적 성취를 제공하여, ④ 능동적 시민 양성을 통한 사회통합을 이루는 것을 목적으로 하고 있다(서울특별시 교육청, 2009). 따라서 교육복지사업은 첫째, 저소득층 학생을 초점으로 하고 있으며, 둘째, 열악한 지역조건의 학교 아동들에게 통합적 사회서비스와 사회적 자본을 강화해 출발선을 같게 하는 것을 목적으로 하고 있고, 셋째, 사회복지사뿐 아니라 청소년지도사, 지역전문가 등이 인력으로 참여할 수 있으며, 넷째, 교육청 내에 프로젝트조정가가 배치되어 지역 내 학교 간, 지역 내 기관과 학교 간 서비스를 조정·통합할 수 있는 구조가 마련되었다는 점에서 학교사회복지사업과는 차별성을 지닌다.

교육복지센터는 교육복지지정학교 이외에 비사업학교의 저소득층 학생을 지원하기 위한 체계로 2012년부터 "걸음이 느린 한 명의 학생도 놓치지 않는다."라는 취지로 지역사회주도형 시범사업으로 시작되었으며, 2015년 현재 서울에 16개소가 운영되고 있다.

(2) Wee클래스, Wee센터, Wee스쿨

Wee는 학교, 교육청, 지역사회가 연계하여 학생들의 건강하고 즐거운 학교생활을 지원하는 다중 통합지원 서비스 망으로, 전체 학생을 대상으로 학교생활을 돕고 있는 프로그램이다. Wee라는 명칭은 We+education, We+emotion으로 동일한 의미를 가지고 있으나 전달체계에 따라 역할은 달리하고 있다. Wee클래스는 단위학교에 설치되어 학습부진, 따돌림, 대인관계 미숙, 학교폭력, 미디어 중독, 비행 등으로 인한 학교부적응 학생 및 징계대상자의 학교부적응 학생 조기발견·예방 및 학교적응력 향상을 지원한다. Wee센터는 지역교육청에 설치되어 단위학교에서 치유가 어려워 학교에서 의뢰한 위기 학생 및 상담 희망 학생을 대상으로, 학생을 위한 진단-상담-치유의 원스톱서비스를 제공, 지속적인 관리를 한다. Wee스쿨은 시·도교육청 차원에 설치되어 장기적으로 치유가 필요한 고위험군 학생과 학교나 Wee센터에서 의뢰한 학생 또는 학업 중단자를 대상으로 기숙형 장기위탁교육 서비스를 제공한다.

4. 군사회복지

군사회복지사는 학교사회복지사, 자원봉사활동 전문가, 교정사회복지사, 산업사회복지사와 함께 한국사회복지사협회에서 분류한 사회복지 확장 영역이다. 군대는 절대적 위계조직으로 개인적 권리나 자유가 제한된다는 조직적 특성과 징병제로 운영되고 있는 특성에 대한 이해를 바탕으로 실천현장을 이해할 필요가 있다. 군사회복지의 개념 이해를 바탕으로 실천현장과 군사회복지사의 역할에 대하여 살펴보고자 한다.

1) 군사회복지의 개념

군사회복지란, 일차적으로 군이 추구하는 국가의 안전이라는 고유의 목적이 최대한 달성될 수 있도록 원조하는 2차 체계의 사회복지실천의 한 분야이다. 그러므로 군사회복지실천이란 군의 구성원인 의무복무군인 및 직업군인과 그 가족뿐 아니라 제대군인의 복지를 증진시키는 전문적 활동이라고 할 수 있다(사회복지대백과사전, 1999; Daley, 2003).

우리나라 국방부의 『군복지발전계획서』에 군복지란 "현직자들에 대한 사기앙양을 통해 전투력 향상을 도모하고 우수인력의 확보를 위해 군 조직구성원과 그 가족 및 일정한 자격을 갖춘 제대군인에게 정신적·물질적 욕구를 충족할 수 있도록 하는 제 급부, 시설 및 활동의 총체"로 규정하고 있다.

우리나라의 군사회복지는 군 의료사회사업에서 시작되었다고 보는 것이 일반적이다. 1953년 제3육군 병원에 적십자에서 휴게실을 설치하고, 1970년에는 22개로 확대하여 오락, 급식, 생일잔치, 개인상담 등 프로그램을 제공하였다(한태근, 2006). 2008년 『군인복지기본계획』에 의하면 첨단 과학군의 주체인 군사전문가 집단으로서의 위상 확립, 군복무의 소명과 임무에 전념할 수 있도록 제반 여건 보장, 우수인력확보를 위한 직업적 경쟁력 제고를 목표로 기초복지, 가족복지, 문화복지, 복지인프라 구성을 비전으로 나타내고 있다. 이를 실천하기 위해 지역발전의 주체자로서의 군인가족 역할 증대, 지역주민에게 군인가족지원센터와 연계한 육아 및 아동복지지원서비스 등의 민·관이 공유하는 지역 친화적 복지를 추진전략으로 하는 변화를 가져왔다.

2) 군조직에 대한 이해

군조직의 목적은 국가를 보위하고 국민의 생명을 보호하는 목표나 목적을 추구하는 집단으로 절대적 위계조직으로 개인적 권리나 자유가 제한된다. 따라서 군조직은 조직임무완수를 우선으로 하며, 계급을 중심으로 위계질서가 강하여 규율과 통제가 엄격하고, 집단적 성향이 강하다.

바움(Baum, 1952)은 군생활의 특수성을 일반사회와 비교했는데, 첫째, 군생활에서는 개인이 군대 이전에 속해 있던 집단과의 관계가 단절되고 사회적 지위는 전혀 중요치 않은 것으로 보이게 된다. 둘째, 군생활은 민간생활과 달리 군대의 일차집단에 의지하게 된다. 셋째, 개인이 새로 속하게 된 군대 집단은 다른 사회적 집단으로부터 격리되어 다른 단위의 사람들과 접촉할 기회를 감소시켜 생활의 폐쇄성을 가지게 되며, 넷째, 그들에게 주어진 임무를 달성하는 데 필수적인 협동을 위해서는 집단구성원 상호 간에 직접 도움을 주고받지만, 한편으로는 저마다 공적 단위 속에서 기능적 독립성을 유지한다고 보았다.

3) 군사회복지의 대상 및 목적

국방부의 『국방종합복지정책서』에서는 군복지의 대상으로 "현재의 복지여건을 고려하여 복지의 직접적 대상을 부사관 이상 직업군인과 그 가족, 10년 이상 복무 후 전역한 제대군인으로 한정한다. 제대군인의 경우는 국가재정의 가용성과 복지여건을 고려하여 우선 20년 이상 복무 후 전역자로 하되, 점진적으로 10년 이상 복무 후 전역자로 확대 추진한다."고 명시하고 있다. 그러나 군조직의 특수성은 사회와 세대가 변함에 따라 다양한 문제를 노출하게 된다.

첫째, 군생활에 적응하지 못하는 개별 병사들의 문제이다. 이러한 문제는 입대로 환경이 급격하게 바뀌면서 발생하는 문제로 볼 수 있으며, 최근 총기, 자살, 폭력, 성추행 등 다양한 유형으로 발생하고 있다. 2014년 기준으로 8만 6천 명의 군대 내 관심병사, 연간 2만 명의 입실환자, 연간 7천 명의 범죄자, 연간 6백 명의 근무이탈자, 연간 1백여 명의 자살자, 연간 4백 명의 자살 우려자가 있다고 한다. 실제 군 사망사고를 원인별로 살펴보면 '자살'로 인한 숫자가 가장 많게 나타나고 있다.

둘째, 군이라는 직업의 특성상 나타나는 문제들로 잦은 임무지 변경, 조기정년, 정년 이후 사회적응 등을 들 수 있다. 따라서 군사회복지는 직업군인과 가족, 전역자, 의무복무군인 모두를 대상으로 한다.

셋째, 군조직 및 군환경 개선을 위하여 군생활 질개선, 환경변화 등을 목적으로 하고 있다.

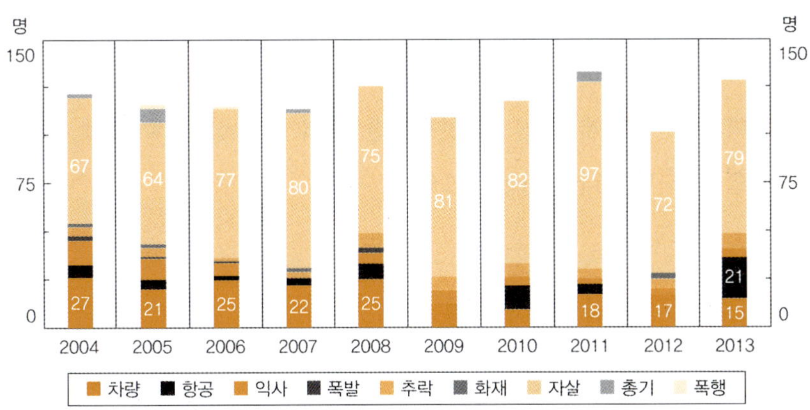

그림 11-1 원인별 사망사고 현황

표 11-3 군사회복지대상

직업군인		의무복무군인	군인가족	제대군인
장기군인	단기군인			
장교, 부사관 (군무원 포함)	장교, 부사관	사병	배우자, 자녀	장교, 부사관, 사병 출신

4) 군사회복지사의 역할

한국사회복지사협회에 따르면 군사회복지사는 학교사회복지사, 자원봉사활동 전문가, 교정사회복지사, 산업사회복지사와 함께 확장영역으로 분류되어 있으며, 군대 내의 의무직에 속하여 환자의 상담과 복귀를 위한 복지업무를 담당하는 사회복지사로 정의되어 있다. 병과 764로 분류된 사회복지사의 역할을 살펴보면, 장병과 군인가족을 대상으로 첫째, 심리·정서 문제를 예방하고 치료하는 전문가로서의 역할, 둘째, 경제·사회심리적 개입을 통해 복무생활 적응 원조, 셋째, 문제의 원인과 예방에 대한 교육을 하며, 넷째, 부대와 지역사회의 관계 증진, 다섯째, 전역 후 진로상담, 여섯째, 병영문화 개선의 역할을 수행한다(박귀영, 2013).

5) 군사회복지사의 자격요건

군사회복지와 관련한 사업영역은 사회복지와 병영생활전문상담으로 심리상담 또는 사회복지분야의 관련 자격증을 소지해야 하며 관련 학사학위 소지자로 3년 이상의 상담경험, 혹은 석사학위 소지자로 2년 이상의 상담경험, 10년 이상 군경력자 중 심리상담 또는 사회복지 관련 학사 이상 소지자로 전역 3년 이내의 경력이 필요하다(국방부, 2013).

표 11-4 병영생활전문상담관 학력 · 경력 및 자격요건

학력요건	• 상담 및 사회복지 관련 학과 학사학위 이상
자격요건	① 청소년상담사(1, 2급), 임상심리사(1급), 정신보건임상심리사(1, 2급), 정신보건사회복지사(1급), 상담심리사(1, 2급), 수련감독전문상담사, 전문상담사(1, 2급), 임상심리전문가 ② 임상심리사(2급), 정신보건사회복지사(2급) ③ 청소년상담사(3급), 사회복지사(1, 2, 3급), 전문상담교사(1, 2급), 기타 상담 관련 자격증 ※ 1. ①, ②의 자격증 소지자를 우대하여 평가할 수 있음 2. 정책환경의 변화에 따라 우대 자격증 변경 적용 가능

CHAPTER

제12장 사회복지실천(III)
: 다문화복지, 국제사회복지, 노숙인복지

1. 다문화복지

우리 사회는 민족과 국가 간의 경계가 약화되면서 국제사회의 상호 의존성이 증가하였다. 지구의 한쪽 편에서 일어나는 경제적 · 과학적 · 정치적인 변화들이 다른 한편에서는 생각하지도 않았던 자연 · 사회 · 문화에 영향을 주게 되었고, 이러한 세계화로 인해 오랫동안 단일민족의 전통을 소중하게 여겨왔던 우리나라에 보이지 않는 변화의 물결이 시작되었다고 볼 수 있다.

다문화정책에 접근하는 관점에 따라 다문화복지는 다양한 의미로 해석될 수 있기에 본 장에서는 현재까지 우리 사회가 다문화사회로의 변화되는 과정(세계적인 측면, 우리나라의 측면)에 대해 살펴보고, 다문화의 개념, 다문화의 범주에 대해서 정리하고자 한다.

1) 다문화사회로의 변화

다문화사회를 연구하는 학자들은 다문화사회가 역사상 이미 오래전부터 있었다는 주장을 한다. 이는 단일민족 또는 단일문화만으로 구성된 사회와 국가는 없었다는 의미로 해석될 수도 있다. 그럼에도 불구하고 오늘날 다문화사회 또는 다문화주의가 많은 사람들에게 관심의 대상이 되고 있는 것은 무엇보다도 20세기 말과 21세기 초반에 와서 국가 간의 경계가 희미해지고 국경을 초월한 사람들의 이동을 일상화시킨 세계화라는 추세에 있기 때문이다.

서구의 경우 다문화사회가 도래한 배경에는 여러 가지가 있다. 선진국에서는 저출산과 고령화로 인하여 경제활동 인구의 부족으로 경제규모를 유지하기 위해서는 어쩔 수 없이 외국인 인력에 의존할 수밖에 없었다. 이러한 상황에서 미국의 경우 1960년대의 인권운동으로 내국인과 소수인종집단의 권리의식이 고양되었으며, 이에 따른 다문화사회로서 민주주의의 발전이 가능하였다. 더욱이 냉전의 종식으로 지정학적인 안전이 확보되면서 소수인종집단으로 억압하거나 통제할 필요성이 감소하였으며, 자유민주주의에 대한 광범위한 합의와 지지가 나타나면서 다문화사회로 진입하게 된 것이다. 다문화주의는 민주주의의 확산과 더불어 다양한 정체성을 가진 인종이 공존하는 국가에서 국민통합을 위한 하나의 이데올로기로서의 필요성에서 등장한 것이라고 할 수 있다(강휘원, 2006).

1960년대부터 1980년대에 이르기까지 유럽과 북미 등 선진자본주의 국가에서 자국의 노동력 부족 문제를 해결하기 위하여 아프리카, 아시아, 라틴아메리카 등 발전도상국으로부터 노동이민자를 수용하였다. 이들 비서구 출신 이민자들의 급격한 유입은 이민국의 인구학적 변화는 물론 정치, 경제, 사회, 문화 나아가 국가정체성에 영향을 미치기 시작하였다.

가까운 아시아에서는 중국이 오랫동안 다인종·다민족·다문화사회를 유지해오고 있고, 멀리는 미국 이민자들로 구성되어 다양하고 이질적인 인구구성에도 불구하고 국가이익을 최고의 선으로 하는 정체성을 확립하고 있다. 이 밖에도 유럽 및 많은 나라들이 다인민족사회로서 유지되고 있다. 이들 국가들은 다양한 구성원들의 문화적 다양성을 인정하고 소수민족과 그들 문화의 지속성을 인정하는 다인종·다민족·다문화사회를 일찍부터 경험하였다.

2) 한국의 다문화사회의 배경 및 현황

우리나라는 단일민족으로 고유의 문화적 전통을 유지·발전시켜 왔다. 국내의 다문화정책의 법률 및 제도의 시작은 1990년대 외국 인력을 도입하기 위한 제도를 마련한 것에서 출발한다. 이 시기에 3D업종의 인력난을 해결하고자 정부는 1991년 해외투자기업 산업기술연수제도를 처음으로 도입하였다. 이 시기의 제도는 다문화제도의 관점에서 접근하는 것이 아닌 단기적인 인력해결의 목적을 두고 있었기에 국내의 노동법의 적용을 받지 않아 노동의 사각지대가 발생하게 되었다. 현대판 노예제라는 국제적 비난과 시민단체의 노력으로 1997년 「출입국관리법」을 개정하였지만, 상황은 크게 변화되지 않았다(장임숙, 2017).

그 후 2000년대 후반에 들어와서야 우리나라에서는 다문화와 관련된 정책들이 본격적으로 다루어지기 시작하였고, 2006년 외국인정책위원회가 설치되면서 논의가 시작된 다문화정책은 이후 2007년 「재한외국인 처우 기본법」을 제정하고 이 법에 기초한 2008년도 제1차 외국인정책 기본계획이 수립되면서 이주민과 함께 공존하기 위한 방법을 모색하기 시작하였다.

표 12-1 다문화제도의 변화

연도	제도명	내용
2006	대통령 주재 외국인정책위원회	외국인정책 기본방향 및 추진체계 확정
2007	재한외국인 처우 기본법 제정	법무부 소관으로 다문화적 상황에 대하여 법무부에서 대응정책을 맡음
	외국인고용허가제	1991년부터 시작된 산업기술연수제도를 함께 통합
	제2회 외국인정책회의	외국인정책 기본방향 수립을 위한 중장기 외국인정책 기본방향을 심의·확정
2008	제1차 외국인 정책 기본계획	
	다문화가족지원법 제정	법에 의거 다문화가족정책위원회 규정 마련
2009	사회통합위원회 발족	우선추진 10대 과제로 선정
2010	다문화가족지원법 1차 개정	보건복지부에서 여성가족부로 이관

현재 세계인구 71억 명 중 3% 수준인 약 2억 명[1]이 자신의 출생지가 아닌 다른 국가에 거주하고 있으며, 국가 인구 중 외국인 비율이 5%를 초과하는 경우를 다문화사회 국가로 분류하고 있다. 우리나라는 외국인 · 귀화자 · 외국인자녀(이하 외국인주민)의 비율이 2.5%로 다문화사회로 진입하는 과정에 있다고 볼 수 있다.[2] 한국사회의 다문화 현상은 1980년대 말 이후 지속된 국제이주로부터 시작된 것으로 보이는데, 약 25년이 지난 지금 우리나라에는 결혼이주여성, 이주노동자, 북한이탈주민, 조선족, 유학생 등 다양한 이주민들을 생활 주변에서 쉽게 만나볼 수 있다. 그러나 이들은 아직도 우리나라에서 보편적인 국민으로서가 아니라 '정책의 대상'으로서 존재하는 측면이 강하다. 이들에 대한 정부의 정책은 2006년 이후 '다문화정책'이라는 이름으로 재편되었고, 현재는 언론 매체, 교육기관이나 복지관 등 다양한 사회구조 속에서 '다문화정책'을 확인할 수 있다.

〈표 12－2〉 연도별 이주민 통계 법무부(2016)의 자료를 살펴보면 지속적으로 이주민들의 수는 조금씩 증가 추세가 나타나고 있음을 알 수 있다. 하지만 중국, 필리핀, 캄보디아, 베트남과 같이 결혼이주여성의 많은 부분을 차지하고 있었던 국가의 증가추세는 2002년 이후 매년 28% 이상의 높은 증가율을 보이던 결혼이민자가 2007년부터 증가율이 감소추세로 전환되기 시작하였다. 그 이유는 2011년 이후부터는 국제결혼 건전화를 위한 결혼이민사증 발급심사의 강화 등에 대한 조치 등으로 최근 3년간 결혼이민자 평균 증가율은 2.1%에 불과한 것으로 나타났다.

1) 세계인구측정기구 www.worldmeters.com

2) 2011년 기준으로 우리나라는 다문화사회진입률이 2.5%로 나타난다. 다문화사회에 대해 세계적으로 합의된 기준은 없지만 서구 선진국 특히 OECD 국가들의 외국이민자 비율이 5% 이상인 것으로 봤을 때 그러한 기준을 적용하는 것이 현재로서는 타당하다고 할 수 있다. 주요 국가의 외국계 인구비율을 살펴보면 호주 24.6%, 캐나다 19.9%, 미국 14.8%, 독일 7.6%, 영국 9.0%로 나타난다(조석주, 2011).

표 12-2 연도별 이주민통계

(단위 : 명)

구분	2011	2012	2013	2014	2015	2016
총계	144,681	148,498	150,865	1,797,618	1,899,519	2,049,441
중국[3)]	64,173	63,035	62,400	307,798	329,216	389,603
베트남	37,516	39,352	39,854	129,973	136,758	149,384
일본	11,162	11,746	12,220	49,152	47,909	51,297
필리핀	8,367	9,611	10,383	53,538	54,977	56,980
캄보디아	4,583	4,541	4,650	38,395	43,209	45,832
미국	2,410	2,653	2,845	136,663	138,660	140,222
몽골	2,393	2,395	2,368	24,561	30,527	35,206
우즈베키스탄	1,840	2,017	2,141	43,852	47,103	54,490
러시아	1,319	1,328	1,311	14,425	10,863	32,372
캐나다	1,158	1,240	1,268	24,353	25,177	26,107
네팔	840	1,027	1,112	26,790	30,185	34,108
파키스탄	720	787	847	10,423	11,987	12,639

출처: 법무부(www. immigration.go.kr) 연도별 출입국·외국인정책 통계연보. 체류외국인 기준.

3) 다문화의 개념과 대상

한국사회에 새롭게 대두되고 있는 사회현상 중에 무엇보다 많은 관심을 끄는 것은 다문화사회, 다문화주의, 다문화공동체 등으로 불리는 한국사회의 다문화주의 현상이다. 새롭게 등장하는 다문화현상에 대해 이론적 논의를 진행하는 것이 필요한 작업임에도 불구하고 아직 이에 대한 체계적이고 구체적인 연구가 미비한 상태이다.

우선 새롭게 대두하고 있는 다문화라는 현상에 있어서 'multi-cultural, inter-

3) 한국계를 제외한 인원임.

cultural, cross-cultural'이라고 혼합하여 번역될 수 있을 정도로 그것의 용어와 개념에 대한 학문적 합의가 이루어지고 있지 않으며, 연구자의 연구 목적에 맞게 개념화되어 제한적으로 사용되고 있는 상황이다. 본 장에서는 통용되는 다양한 번역 중 '다문화'의 용어를 사용하고자 한다. 이에 먼저 다문화에 대한 개념을 살펴보고, 다문화에 포함되어 있는 대상에 대해서 살펴보고자 한다.

(1) 다문화사회의 개념

현재까지 다문화사회에 대해 법률적·제도적으로 정의된 개념은 없지만, 학문적으로 학자에 따라 다양하게 정의하고 있다. 다문화사회란 한 국가 내에 다양한 인종과 민족 출신이 함께 어우러져 상호 간에 다른 인종과 민족 때문에 받는 사회적 차별 없이 시민 또는 국민으로서 기본적으로 갖게 되는 권리를 향유하는 사회라고 할 수 있다(김혜순, 2008). 즉, 구성원 상호 간에 인종이나 민족의 다양성을 인정하고 그들이 속해 있는 국가의 이익이나 시민으로서의 권리와 책임을 다하는 사회구조가 다문화사회라고 할 수 있고 이를 다민족사회 또는 다인종사회 등으로 불리기도 한다. 한편 여러 문화가 공존하며 서로 영향을 주면서 그 나름의 문화를 유지·발전시키고 있는 사회(류정아, 2009), '다인종사회'라는 의미와 '서로 다른 가치와 문화를 존중하는 다양성의 사회'라는 복합적 의미로 정의되고 있다(최홍, 2010). 일반적으로 다문화정책이 '다양한 문화를 가진 다인종에 대한 지원과 배려'라는 차원에서 후자의 개념이 적합하다고 판단될 수 있다.

학자들은 하나의 사회가 다문화사회가 되기 위해서는 몇 가지 조건과 유형이 있다고 제시하고 있다. 먼저, 트로퍼(Troper, 1999)는 캐나다의 사례에 근거하여 다문화주의의 개념에 대해서 다음의 세 가지 조건을 충족하는 것이 필요하다고 제시하고 있다. 첫째, 인구학적 측면에서 인종·민족·문화적으로 다원화되어 있어야 한다. 둘째, 사회 내에 다른 문화에 대하여 존중하며 다양성을 상호 인정하는 사회적 이념체계를 갖추고 있어야 한다. 셋째, 사회의 모든 구성원이 그들의 인종적·민족적 차이에 따라 불이익을 받지 않고 모든 개인이 기회의 평등을 가질 수 있도록 정부의 정책과 프로그램이 있어야 한다고 제시하고 있다.

(2) 다문화사회의 유형

① 자유주의적·조합적·급진적 다문화주의

일본학자 세키네 마사미(関根雅美, 1996)는 다문화사회의 유형을 자유주의적 다문화주의, 조합적 다문화주의, 급진적 다문화주의로 나누어서 제시하고 있다(이용승, 2003).

다문화사회는 다문화주의를 가치로 수용하는 사회를 말한다. 즉, 주류사회의 문화와 소수민족집단의 문화가 상호 간의 이해와 존중, 대화와 신뢰를 바탕으로 새로운 정체성을 형성하는 것을 의미한다. 다문화주의는 현실적으로 여러 가지 형태로 분류할 수 있지만, 어떠한 다문화주의이든지 기본적으로 이주민의 사회통합을 전제로 한다. 다문화주의는 문화적 다양성을 어느 정도 인정하는가에 따라 세 가지 유형으로 나눌 수 있다.

자유주의적 다문화주의(liberal multiculturalism)는 사회통합을 위하여 문화적 다양성을 인정한다는 측면에서 소수민족집단의 존재를 수용하지만, 공공의 영역에서 주류사회의 문화를 추종할 것을 요구한다. 사회통합정책에서 공화주의를 견지하고 있는 프랑스에서의 다문화주의가 여기에 속한다. 프랑스의 동화주의정책은 최근에 와서 다문화주의적인 요소를 일부 수용하는 것으로 알려져 있다.

조합적 다문화주의(corporate multiculturalism)는 문화적 다양성을 좀 더 보장하는 형태로서 소수민족집단에 대한 차별을 금지하고, 사회적 불이익을 해소하기 위한 지원책을 강구하는 등의 조치를 취한다. 이러한 다문화주의는 소수집단의 문화와 주류사회의 문화가 공존하는 것을 의미한다. 사회민주주의 국가인 스웨덴과 네덜란드 등에서 채택하고 있는 다문화주의이며, 소수집단 보호를 위해 공적 영역의 다문화방송, 다언어, 다문화교육을 실시하기도 하고 지방 참정권까지 허용한다.

급진적 다문화주의(self-determination)는 말 그대로 소수민족집단의 자기결정권을 인정하고 지역적 자치권을 용인하는 것을 의미한다. 정치 · 사회적으로 소수집단의 결정에 따르는 것이며, 예를 들어 미국의 차이나타운에는 원칙적으로 미국경찰이 개입하지 않는 것을 들 수 있다. 이러한 다문화사회에서는 정치적 분리 독립에 대한 요구가 강하여 분쟁의 개연성을 안고 있다.

개념적으로는 다문화주의를 구분할 수 있지만, 현실적으로는 정확하게 경계를 긋기란 어렵다. 위의 유형에 따라 정리를 한 〈표 12-3〉에서 보는 바와 같이 자유주의적 다문화주의, 조합적 다문화주의, 급진적 다문화주의에서 모두 문화적 다양성이나 소수민족의 존재를 인정하고 있는 것은 다문화주의 자체가 주류사회에서 이질적인 문화를 수용하고 소수집단의 문화적 가치를 인정하는 이념이기 때문이다. 현실적으로 특정 국가가 지향하는 이상적인 다문화주의는 없다고 해도 과언이 아니다. 여기에서 제시한 세 가지 유형의 다문화주의가 이민국 사회의 특수성, 이를 테면 정치적 · 사회적 상황에 따라 적절한 조합을 통해 실현되는 것으로 이해하는 것이 바람직하며, 사실 어느 한 유형의 다문화주의가 배타적으로 적용되는 경우는 드물다고 볼 수 있다.

표 12-3 다문화사회의 유형

<table>
<tr><th colspan="2">유형</th><th>자유주의적 다문화주의</th><th>조합적 다문화주의</th><th>급진적 다문화주의</th></tr>
<tr><td colspan="2">문화적 다양성(거시적)</td><td>인정</td><td>인정</td><td>인정</td></tr>
<tr><td colspan="2">소수민족 존재</td><td>인정</td><td>인정</td><td>인정</td></tr>
<tr><td rowspan="2">문화적 권리 요구(미시적)</td><td>사적 영역</td><td>수용, 인정</td><td>인정</td><td>인정</td></tr>
<tr><td>공적 영역</td><td>수용, 인정</td><td>인정</td><td>인정</td></tr>
<tr><td colspan="2">주류문화로의 동화 요구 정도</td><td>부분적 요구</td><td>제한적</td><td>불인정</td></tr>
<tr><td colspan="2">공동체 인정 여부</td><td>안 함</td><td>제한적</td><td>적극적 허용</td></tr>
<tr><td colspan="2">공공장소에서의 소수집단의 언어사용 허용</td><td>소극적</td><td>다문화방송, 다언어·다문화 교육 시행</td><td>인정</td></tr>
<tr><td colspan="2">국가의 가치와 규범, 법질서 준수 등 기본적 인권에 대한 요구</td><td>준수 요구</td><td>준수 요구</td><td>준수 요구</td></tr>
<tr><td colspan="2" rowspan="2">소수집단 종교 허용</td><td>개인적으로는 허용</td><td rowspan="2">허용</td><td rowspan="2">허용</td></tr>
<tr><td>공식적으로는 승인 안 함</td></tr>
<tr><td colspan="2">소수집단의 사회참여 유도</td><td>국가의 적극적 역할 교육</td><td>국가의 역할 중도적</td><td>국가의 역할 방임적</td></tr>
<tr><td colspan="2">차별금지</td><td>법적 보호</td><td>법적 보호</td><td>법적 보호</td></tr>
<tr><td colspan="2">소수집단 사회참여</td><td>기회의 평등</td><td>적극적 이원 결과의 평등</td><td>적극적 참여</td></tr>
<tr><td colspan="2">시행국가</td><td>영국</td><td>스웨덴, 호주</td><td>캐나다, 스위스 등</td></tr>
</table>

출처: 이정욱(2010).

② 공식적·실질적 다문화주의

다문화주의를 공식적 다문화주의와 실질적 다문화주의로 구분하기도 한다. 공식적 다문화주의는 국가가 적극적으로 다문화주의 담론을 주도하고 현실적으로 다문화정책을 실시하는 것을 말한다. 이를 흔히 국가주도적 다문화주의라고 할 수 있다(윤인진, 2007). 반면에 실질적 다문화주의는 세계화로 인하여 나타나는 인종, 민족의 다양화 현상을 수동적으로 수용하는 것을 말한다. 이러한 다문화주의는 일반적으로 ㉠ 인종적 · 민족적 다양성을 지칭하는 관점, ㉡ 학문적 · 이론적 담론으로서의 관점, ㉢ 사회운동의 관점, ㉣ 소수자정책의 관점 등으로 구분할 수 있다(오경석 외, 2007).

다문화주의는 한 국가 또는 사회 내에서 이질적인 문화의 독자성을 인정하는 관점으로 인종적 · 민족적 · 문화적 다양성의 실질적 상태를 이르는 말이다. 이러한 다문화주의에 기초하여 호주와 캐나다 등 일부 국가에서는 법과 제도를 통해 이주민들이 차별받지 않고 살 수 있는 토대를 마련한 것이다.

그렇지만 다문화주의가 언제나 긍정적으로 해석되는 것은 아니다. 캐나다, 호주와 같이 국가 차원에서 공식적인 다문화주의를 채택하고 있는 사회에서도 그들의 목적은 이주민집단 간의 분열을 방지하고 국가에 대한 소속감을 강화하기 위한 정치적 수단의 성격을 지니고 있다. 특히 건국이념이 불확실한 이민국에서는 건국이념을 대신하여 사회통합의 이념으로 작용하며, 다문화주의가 소수민족의 문화적 권리보다 시민으로서의 권리와 의무를 더 강조하는 배경으로 작용하고 있다(김희정, 2007).

③ 형성배경을 통한 유형

다문화사회의 형성배경과 관련하여 두 가지 다문화사회의 유형이 발견된다. 하나는 사회 내부의 문제보다는 외부 요인에 의해 타인종 · 타민족 · 타문화가 유입되는 형태이다. 세계화 · 정보화가 급속도로 진전되면서 자본과 노동시장이 보다 빠르게 확대 · 이동하고 국가 간의 물적 · 인적 교류가 활발해졌다. 즉, 각 국가 또는 개인의 이해관계에 따라 국제교류가 이루어지고 단기적 · 장기적으로 외국에 거주함으로써 자연스럽게 다른 문화와의 접촉이 활발해지고 다른 인종과 문화의 인정과 공존을 바탕으로 한 다문화사회를 이루는 형태이다. 다른 하나는 처음부터 다양한 인종과 문화를 가진 사람들로 구성된 사회이다. 이러한 사회의 대표적 예는 호주, 캐나다 그리고 미국이다. 이들 나라에서는 처음부터 사회통합정책을 마련하고 새로운 국가의 정체성을 구축해 나감으로써 다문화사회의 형태를 띠고 있다(김남국, 2005).

우리나라의 경우는 위의 두 가지 유형 중에 첫 번째 유형에 속한다고 할 수 있다. 오랫동안 다른 나라로부터의 수많은 침략을 받아오면서도 단일민족과 순혈주의 가치를 지향한 우리나라는 새로운 국제 환경 변화 속에서 외국의 이주노동자와 결혼이민자들이 함께하게 되었다. 이들 외국인들은 정치적 박해를 피하고 경제적 이익을 찾아 집단적으로 이민 온 형태가 아닌 서로의 필요에 의해 개별적으로 우리 사회에 편입되고 있는 형태를 띠고 있다. 따라서 함께 공존해 나갈 수 있는 새로운 가치체계, 즉 다문화주의의 형성이 필요한 상황이다.

4) 다문화사회와 사회통합

(1) 사회통합의 필요성

우리나라와 같이 사회적 · 경제적 필요에 의해 외국인이 사회에 편입되어 살아가는 다문화사회 유형의 경우에 다양한 문화를 수용하여 함께 공존하고 사회통합을 통해 다문화사회를 형성하기 위해서는 우선 다문화주의의 수준과 범위 등에 관한 논의가 필요하고 더 나아가 사회통합의 유형을 살펴볼 필요가 있다. 현재 우리나라에 거주하는 외국인의 수는 전체 인구에서 차지하는 비율이 상대적으로 낮다. 따라서 소수집단으로서 외국인들이 우리 사회에 미치는 영향력도 아직은 미미한 정도이다. 특히, 우리나라보다 개발도

상국으로부터 이주해 온 결혼이민자들의 경우에는 사회적 약자의 입장에 처하는 경우가 많다. 이들 소수자집단의 입장에서 보면 우리나라의 주류사회로부터의 차별과 불이익을 받지 않고 좀 더 공정하고 더 나은 기회를 바탕으로 함께 살아갈 필요성이 강조되고 있다.

(2) 사회통합의 유형

소수의 외국인들에 대한 사회통합의 유형은 크게 세 가지로 살펴볼 수 있다.

첫 번째는 주류사회의 문화에 소수집단의 문화가 흡수되어 하나의 문화를 형성하는 형태로서 이를 '동화유형'이라고 한다.

두 번째는 '용광로 유형'으로서 다양한 문화들이 용광로에 들어가 하나의 독특한 새로운 문화를 만들어 내는 것을 의미한다(최현미, 2008).

하지만, 이러한 두 가지 유형 모두 결국은 소수자들의 고유한 언어나 문화를 포기하고 주류사회에 전적으로 편입하는 것을 전제로 하며 문화적으로 주류사회에 동화되면서 하나의 국민이라는 새로운 정체성을 형성하는 것을 의미한다. 사회통합의 유형 중 초기의 형태로 볼 수 있고 대표적으로 1960년대까지의 미국 사례에서 찾아볼 수 있다.

세 번째는 '다문화유형' 또는 '통합유형'이다. 이것은 소수 외국인들이 자신들 고유의 문화나 언어를 간직한 채 주류사회와의 공존과 상생을 도모하는 형태를 의미한다. 이러한 유형은 주로 1970년대 이후 캐나다, 뉴질랜드, 호주 등에서의 이민정책의 변화과정에서 나타난 것으로 문화적 다양성을 인정하고 더 나아가 정치적 대표성도 인정하는 등 보다 포괄적이고 개방적인 형태를 띠고 있다. 하지만 각 국가마다 주어진 환경과 문화적 전통 그리고 정치적 상황에 따라 사회통합정책으로서의 다원주의의 범위와 정도는 차이가 있을 수 있다.

(3) 사회통합정책의 유형

위의 사회통합 유형에 따라 그리고 그 문화를 가진 사회에 따라 사회통합의 유형은 다르게 나타난다. 한 사회에서 이주민들에 대한 사회통합을 유도하는 방법으로 타 문화를 받아들이는 관점에 따라 여러 가지 사회통합정책의 유형이 존재한다. 즉, 특정 국가가 외국인의 정착을 받아들이는 유형 또는 다문화사회에 있어 사회적 통합을 위해 취하는 원칙과 철학의 유형을 따른다. 캐슬과 밀러(Castles & Miller, 2003)에 의하면 차별 · 배제 모형(differential exclusionary model), 동화주의 모형(assimilationist model), 다문화주의 모형(multi-cultural model)이 가장 대표적이다. 차별 · 배제 모형이나 동화주의 모형에 입각한 국가에서는 문화적 단일성을 중심으로 하는 반면, 다문화주의 모형을 수용하는 국가에서는 문화적 다양성 자체를 사회구성의 기본원리로 채택하고 다양성이 공존하는 가운데 집단 간 상호존중의 질서가 자리 잡도록 하는 데 정책의 목표를 두고 있다.

① 차별 · 배제 모형

차별 · 배제 모형(differential exclusionary model)은 유입국 사회가 이민자를 3D 직종과 같은 특정한 경제적 영역에만 한시적으로 받아들이면서 이민자의 정착을 허용하지 않고 영주 가능성을 차단하는 모형이다. 이것은 곧 '정주허용'을 금지하는 맥락으로 볼 때 단기거주 노동자는 외국인 신분을 유지하는 것을 목적으로 하기에 차별적 배제 모형에 속한다.

표 12-4 이주민 사회통합정책의 유형

유형	통합개념	국가	특징
차별 · 배제 모형	이주민에게 기회평등 부여(노동, 교육, 정치참여)	독일	• 1990년 후반까지 혈통주의에 입각 외국인 노동자 분리 · 배제 • 2000년 이주민통합교육 실시
동화주의	국적 획득을 통해 국가에 통합(귀화)	프랑스 (미국)	• 공화주의 평등과 자유의 원칙에 기초 • 집단 정체성과 문화적 차이를 절대 불인정
다문화주의	이민국사회에 참여, 시민권을 획득하는 과정	캐나다 (스웨덴)	• 언어, 민족, 종교, 문화 등의 다양성 인정, 통합과 결속 추구

출처: 오화영(2010).

② 동화주의 모형

동화주의 모형(assimilationist model)은 이민자가 유입국사회에 완전히 동화할 것을 중요시하는 모형이다(이로미, 2010). 이는 유입국 언어를 사용해야 하고 기득권이 만들어 놓은 기준에 알맞게 이주문화가 녹아드는 것을 말하며 결국은 주류사회의 지배를 받게 된다는 말이다. 이러한 유형은 한두 세대가 지나면 이민자가 지닌 자국문화의 정체성이 사라져 버린다. 20세기 초반 미국에서 1940~50년대까지 지배하던 '용광로 모형'과 프랑스에서 지속적으로 견지해온 '공화주의 모형' 등이 대표적이다. 이 모형은 이민자들이 그 고유의 민족적 · 문화적 속성을 버려야 한다는 믿음에 기초하여 프랑스어와 문화교육을 통해 동화에 주력하고 있고, 인종차별법으로 엄격하게 금지되어 있다. 아울러 동화주의를 채택하는 국가에서 태어난 모든 아이에게는 자동적으로 국적을 획득하는 속지주의정책이 주어지고 귀화절차도 간소하게 주어지는 장점이 있다.

③ 다문화주의 모형

다문화주의 모형(multicultural model)은 차별모형과 동화모형이 모두 다문화·다인종 사회에 적합하지 않은 것으로 비판받으면서 등장한 것으로, 이 모형은 이민자가 그들의 문화를 지키는 것을 인정하고 장려하며 정책목표를 소수민족이 주류사회와 공존하도록 하는 것이다. 이 모형 안에서도 다문화주의의 행위의 주체에 따라 국가 주도 다문화주의와 시민 주도의 다문화주의로 유형화된다. 특히, 시민 주도의 다문화주의는 일방적 다문화주의 정책으로 인하여 주변화되게 되고 불이익을 당하게 되는 소수집단의 고유한 문화와 정체성을 보호하고 사회집단 모두가 평등하게 참여할 수 있도록 노력하는 '아래로부터의 다문화주의' 또는 '풀뿌리 다문화주의'라고 할 수 있다.

5) 이주민의 정의 및 특성

다문화복지에서 대상이 되는 이주민의 범위에 대해서는 다양한 의견이 제기되고 있다. 다만 관련법에서는 다문화가족이란 「재한외국인 처우 기본법」 제2조 제3호의 결혼이민자와 「국적법」 제2조에 따라 출생 시부터 대한민국 국적을 취득한 자로 이루어진 가족 및 「국적법」 제4조에 따라 귀화허가를 받은 자와 같은 법 제2조에 따라 출생 시부터 대한민국 국적을 취득한 자로 이루어진 가족을 의미한다. 본 장에서는 우선 이주 외국인의 의의를 살펴보고, 다문화복지에서 일반적으로 포괄하는 대상인 결혼이주여성, 외국인근로자를 중심으로 살펴보고자 한다.

(1) 외국인의 정의

외국인이란 대한민국의 국적을 가지지 아니한 자(출입국관리법)를 말하며, 여기에는 외국 국적을 가진 자와 전혀 국적을 가지지 않은 무국적자가 모두 포함된다. 내국인과 외국인의 구분은 국적보유 유무에 따라 구분되며 국민의 요건은 「국적법」이 정하는 바에 따른다. 「국적법」상 출생 · 결혼 · 귀화 · 입양 등으로 국적 취득이 가능하다.

외국인은 「국적법」과 조약이 정하는 바에 의해 그 지위가 보장되며(헌법 제6조 2항), 체류국에서 일상적인 사생활 영위에 필요한 최소한의 권리는 인정된다. 원칙적으로 외국인의 권리능력은 대체로 인정되나 투표권 등의 정치적인 권리는 부분적으로 인정된다. 의무조항으로는 체류국의 국내법에 복종해야 하고 국가의 안전과 질서를 위하여 체류당국에 등록하는 경우와 공동체 보존(전염병, 화재 등에 대처)을 위해 시민으로서의 의무가 있다.

「주민등록법」상에서는 외국인도 주민이기는 하나 등록대상에서는 제외시키고 있다. 「주민등록법」 제6조에 의하면 '시장 · 군수 또는 구청장은 20일 이상 거주할 목적으로 그 관할구역 안에 주소 또는 거소를 가진 자를 이 법의 규정에 의하여 등록하여야 한다.'

국가의 지원대상 외국인의 범위는 다음과 같다. 첫째, 국내에 거주하는 한국 국적을 가지지 않은 외국인으로서, 여기에는 외국 국적 동포, 외국인근로자, 외국인유학생, 해외입양아 등이 포함된다. 그러나 불법체류 외국인은 원칙적으로 지원대상에서 제외하되, 민간단체 등을 활용하여 기본적인 인권보장이 되도록 노력하고 있다. 둘째, 한국 국적을 취득한 외국인으로서 국제결혼이민자, 국제결혼가정 자녀를 비롯하여 한국어 등 한국문화와 생활에 익숙하지 않은 자도 확대 적용되고 있다.

(2) 결혼이민자의 정의 및 특성

결혼이민자는 결혼이주자, 결혼이주여성, 이주여성 등 다양하게 불리고 있으며 외국인과는 달리 결혼을 통해 우리나라에 귀화하여 대한민국 국민이 되기 위해 온 외국인이다. 특히 여성결혼이민자는 한국 남성과 결혼하여 대한민국 영토에 거주하는 외국인 여성을 말한다. 이들은 결혼 후 국내체류기간이 2년 이상이 경과하면 일정 심사를 거쳐 한국 국적을 취득할 수 있도록 제도화되어 있다. 다문화가족이란 「재한외국인 처우 기본법」 제2조 제3호의 결혼이민자와 「국적법」 제2조에 따라 출생 시부터 대한민국 국적을 취득한 자로 이루어진 가족 및 「국적법」 제4조에 따라 귀화허가를 받은 자와 같은 법 제2조에 따라 출생 시부터 대한민국의 국적을 취득한 자로 이루어진 가족을 의미한다.

국제결혼이 증가하고 외국인 여성들의 이주가 증가하면서, 우리나라에도 이들을 지칭하는 여러 가지 단어들이 생겨나기 시작했다. 한국인 남성과 결혼하여 국내에 거주하는 외국 여성은 흔히 '국제결혼이주여성'으로 개념화되기도 하고, '외국인주부', '이주여성' 등으로 불리는 경우도 있다. 여기서 '국제결혼'이란 일반적으로 '국적이 다른 남녀가 결혼하는 것'을 의미하는데, 이는 대체로 인종, 문화 그리고 언어가 다른 것까지 포함하는 경우가 많다(김선아, 2007). 또 '이주여성'은 크게 학업 이주, 노동 이주, 결혼 이주 등 다양한 이유로 모국을 떠나 외국에 정주하여 살고 있는 여성을 의미하지만 국제결혼이 크게 늘고 있는 우리나라의 사회적인 배경을 반영해 흔히 '한국인 배우자와의 결혼을 이유로 한국에 정주해 살고 있는 여성'이라는 보다 협소한 뜻을 지닌 사회적인 의미로 사용되기도 한다.

오랜 시간 단일민족을 고집해 온 한국사회에서는 국제결혼에 대한 이미지가 좋지 못한 편이였다. 특히 한국전쟁 후 기지촌 여성과 미군들 사이의 국제결혼이 많이 행해지면서 다른 나라에 비해 국제결혼에 대한 편견이 심하게 작용되기도 하였다. 최근 국제결혼이 증가하면서 편견들이 조금씩 사라지고 있지만, 아직까지 일부 국가에서 결혼을 위해 한국으로 이주해 오는 여성들을 바라보는 시각에는 편견이 남아 있다. 더불어 이주여성에게 발생하는 가정 내 폭력 및 인권에 대한 문제가 최근에 크게 문제점으로 인식되고 있는 상황이다.

(3) 외국인근로자의 정의 및 특성

외국인근로자를 일컫는 말도 학자들과 시민운동가들에 의해 다양하게 제시되고 있다. 주로 외국인노동자, 이주노동자, 미등록노동자 등의 표현을 사용한다. 다양한 명칭만큼이나 외국인근로자에 대한 정의도 다양한데 국제협약인 '이주노동자권리보호협약'(1990)에 따르면 이주노동자란 '그 사람의 본국적이 아닌 나라에서 유급활동에 종사할 예정이거나 이에 종사하고 있거나 또는 종사해 온 사람을 말한다.'라고 밝히고 있어 국제적으로 민족, 국적, 합법적 취업 여부, 취업동기, 취업기간, 취업분야 등은 다양하지만 유급노동을 목적으로 유입된 자들로 넓게 이해되고 있다. 「외국인근로자의 고용 등에 관한 법률」 제2조에 의하면 '외국인근로자'란 대한민국의 국적을 가지지 아니한 사람으로서 국내에 소재하고 있는 사업 또는 사업장에서 임금을 목적으로 근로를 제공하고 있거나 제공하려는 사람을 말한다.

6) 다문화와 사회복지실천

우리 사회에 이주민의 인구가 증가하게 됨에 따라 자연스럽게 이들에게 필요한 사회복지정책, 사회복지서비스의 필요성 또한 증가하게 되었다. 앞서 밝힌 듯, 우리나라의 경우 오랜 단일민족의 유지로 인하여 새로운 단기간 내 이주민들을 상황을 이해하기는 어렵다.

그럼에도 불구하고 일회성 내지 단기체류가 아닌 장기적으로 한국사회에 체류하며 함께 어울려 살아가야 할 우리의 이웃이고 우리의 국민의 일부라는 인식을 통해 다문화복지정책의 이행이 필요로 한 시점이다. 우리가 지닌 문화적 전통 속에서 다문화현상은 우리에게 분명 새로운 경험을 제공하고 있지만, 실질적인 대책이 수반되어야 한다.

우리나라의 다문화정책은 여러 가지 문제점에도 불구하고 비교적 단시간에 큰 성과를 거두었다. 처음 외국인 산업연수생 제도가 시행되면서 출입국 관리에 집중을 하던 것이 참여정부를 거치면서 법무부의 「재한외국인 처우기본법」과 보건복지부의 「다문화가족지원법」이 설립되었다. 더불어 외국인 정책기본계획 및 5년 단위 연간 시행계획을 수립하도록 하고 있고 법에 의거하여 3년마다 다문화가족 실태조사가 이루어지고 있으며 전국적으로 다문화가족지원센터를 설치・운영하고 있다.

현재 국내에서 시행되고 있는 다문화복지정책은 법무부의 사회통합프로그램과 여성가족부의 다문화가족지원센터로 볼 수 있다. 법무부에서는 2009년부터 사회통합프로그램을 통해 거주외국인의 사회통합정책을 추진하고 있다. 이 프로그램은 각종 재한외국인 지원정책을 사회통합프로그램으로 표준화하고 우리말과 우리 문화를 빨리 익혀(언어과정과 다문화이해과정) 지역사회에 쉽게 융화될 수 있도록 지원하는 것을 목표로 한다.[4)]

또한 여성가족부가 운영하고 있는 다문화가족지원센터는 2006년부터 다문화가족지원센터의 설치를 시작하여 외국인정책에 대한 중앙으로부터의 총괄기관은 법무부이지만, 실제 정책에 있어 가장 많은 예산을 투입하고 지역사회에서 영향력을 행사하는 기관은 여성가족부이다. 다문화가족지원센터는 다문화가족의 안정적인 정착과 가족생활을 지원하기 위해 한국어・문화교육, 가족교육・상담, 자녀지원, 직업교육 및 다문화인식개선 등 다양한 프로그램을 통합적으로 제공 및 연계하는 기관이다.

더불어 '전국다문화가족사업지원단'을 별도로 설치하여 다문화가족을 위한 프로그램 개발 및 보급, 주요 다문화가족정책의 시범실시, 센터 종사자 교육, 평가, 정보매거진 발간, 홍보와 운영 지원 관련 기관 네트워크 협력 사

4) 법무부 사회통합프로그램 홈페이지(www.kiip.kr) 참조.

업 등을 수행하고 있다.[5)]

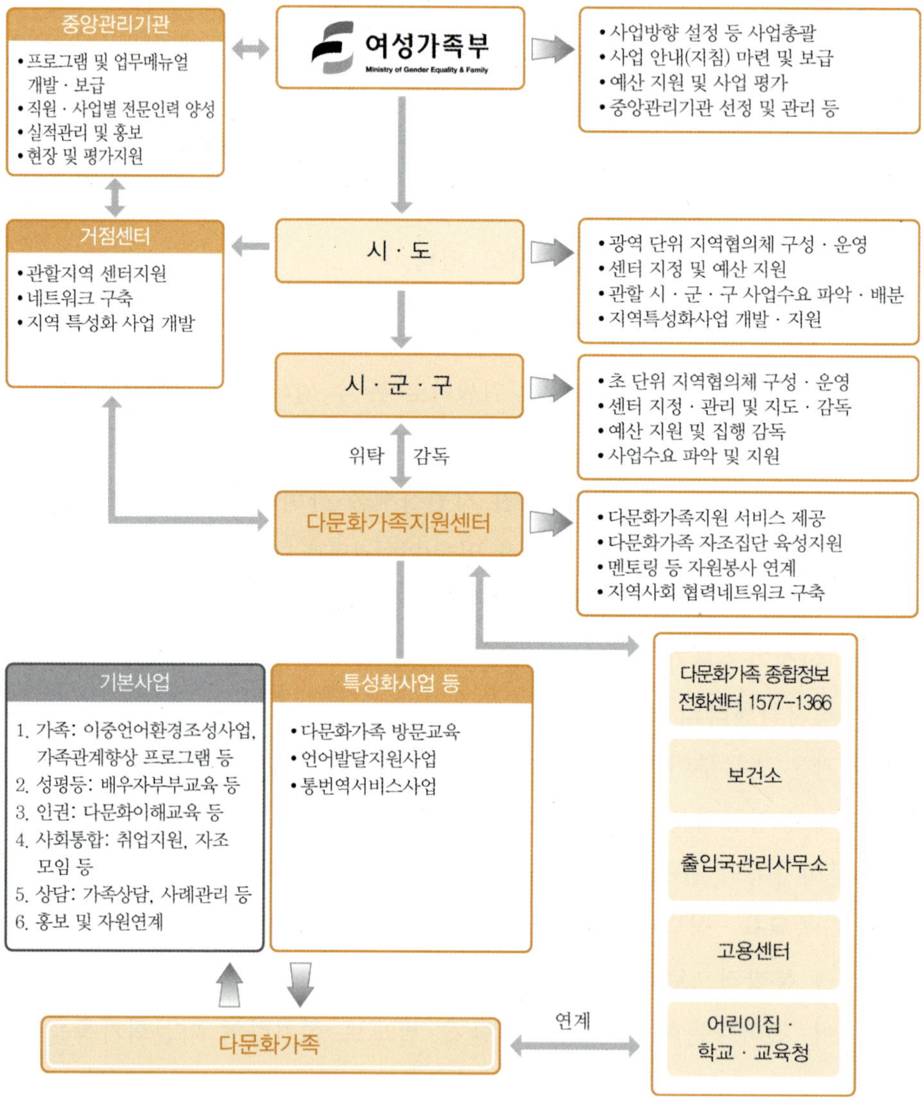

출처: 여성가족부.

그림 12-1 다문화가족지원센터의 추진체계

5) 여성가족부 다문화가족지원센터 홈페이지(다누리: www.liveinkorea.kr).

2. 국제사회복지

사회복지현장은 국내실천현장의 질적인 성장과 함께 끊임없이 변화하고 있다. 그 중 두드러진 것은 국제사회복지에 대한 관심의 증가이다. UN의 등장으로 전문사회복지 영역이 국제무대에서 활동하게 되었고, 전문사회복지사를 해외현장에 고용하여 사회개발접근을 강조하면서 사회복지학의 영역에 더욱 더 확대되기 시작하였다.

이에 국제사회복지를 위한 전문사회복지 교육과정의 변화, 새로운 사회복지의 직무의 필요성에 대해 재고되었다. 본 장에서는 현재 국제사회복지에 대한 동향과 앞으로의 과제에 대해 살펴보고자 한다.

1) 국제사회복지의 개념

국제사회복지란 간단히 정의하면 국제사회의 복지를 의미한다. 국제라고 하는 말은 일반적으로 두 가지의 뜻을 내포하고 있는데, 좁게는 국가 간의 행위 및 관계를 의미하여 넓게는 세계적으로 전개되고 있는 행위나 관계를 의미한다. 사회복지에서 다루는 인간의 행동과 행위라고 하는 것은 국경을 넘어서 다양하게 전개되고 있다. 세계적인 추세 속에서 인간행동이 서로에게 미치는 영향력은 국내를 넘어 국제적인 부분으로 파생되고 있으며 서로 간의 영향력은 국경을 초월하고 있다. 정치, 경제, 교통, 사상 및 사회복지가 세계적 규모에서 함께 이루어지고 있는 것을 실질적으로 느끼고 있으며, 이러한 현상은 국제사회복지로서의 필요성으로 나아가고 있다.

2) 국제사회복지의 등장배경

한국은 1953년부터 1962년까지 해외에서의 원조액이 GNP의 8%, 총투자의 80%를 차지할 정도로 세계에서 가장 원조를 많이 받았던 수혜국이었으며, 이들 원조를 통하여 성공적으로 발전한 세계적인 국가 모델로 꼽히고 있다.

국내의 국제사회복지에 대한 첫 사업은 1989년 한국국제기아대책기구가 한국이 해외를 돕는 첫 기관으로 등장하면서 시작되었으며, 1990년대에 들어서 한국선명회에서 40년 동안 계속되어온 외국의 원조를 종결하고 자립하기로 하면서 그 뒤를 이어 굿네이버스에서 해외국제복지사업을 시작하였다.

그 후 국가 차원에서 또는 여러 민간기업들과 재난사고가 있었던 시점에 (인도네시아 쓰나미, 필리핀 지진, 중국 쓰촨성 지진) 범세계적인 차원에서의 지원이 요청되었을 때 함께하였다. 더불어 한국의 개발 NGO의 경우 초기단계의 경험 부족과 영세한 재정 속에서 개발도상국 현지의 열악한 환경 등 예상치 못한 어려움을 극복하면서 원조사업을 효과적으로 정착시켜 나갔으며, 그 성과를 국제적으로 인정받아 초창기의 몇 개의 단체에서 시작된 것이 현재 KCOC회원단체를 살펴보면 1980년에 11개, 1990년에 23개, 2000년대 51개로 증가추세에 이르고 있다.

사회복지의 대표적 단체인 한국사회복지협의회는 국제사회복지협의회의 회원으로서 국제사회복지 관련 단체들과의 협력증진 등의 활발한 활동을 수행하고 있다.

3) 국제사회복지의 교육과정과 사회복지실천

기존 국제사회복지는 국제개발학과, NGO학과에서 주로 다루어진 학문이었다. 하지만, 최근 지역사회의 개입, 상담, 교육을 배우는 사회복지사들이

KOICA와 같은 국제협력기구를 통하여 전문적으로 진출하는 경우가 많아지고 있다.

한국사회복지교육협의회에서 2012년도부터 '사회복지학 교과목 지침서'를 발간하면서 '국제사회복지론'을 포함시킨 것은 현재 사회복지학생들의 관심과 필요가 반영된 것으로 볼 수 있다.

이러한 변화와 더불어 현재 국내 대학에서는 이화여자대학교와 KC대학교(구, 그리스도대학교)에서 국제사회복지학을 교육과정으로 두고 있다. 교과목의 개설과 더불어 지역연구와 국제사회봉사 및 해외사업복지실습 과정을 함께 운영하고 있다. 특히, 기존의 선진국이라 생각되어지는 국가를 넘어 제3세계로의 해외실습이 확대되어 가고 있는 시점이다.

국제개발협력이 확대되면서 사회복지분야의 역할이 더욱 증대되고 있는 상황이다. 이를 위해 새로운 교육과정을 통하여 국제사회문제, 국가 간의 파트너십, 해외원조 및 개발, 언어능력 등의 사회복지 인력양성 및 역량개발이 중요한 과제로 요구된다.

3. 노숙인복지

노숙인복지[6)]는 대체적으로 일정한 주거 또는 주택이 없거나, 떠돌아다니는 사람 혹은 그러한 문제를 일컫는다. 노숙이 일정한 주거가 없다는 측면, 부랑이 떠돌아다니는 이동의 측면을 강조한다는 점에서 다소 차이는 있지만

6) 노숙인에 대한 용어는 홈리스, 노숙자, 부랑자의 용어로 사용되고 있으나, 본 장에서는 사회복지사업법 「노숙인 등의 복지 및 자립지원에 관한 법률」에서 사용되는 '노숙인'으로 사용한다.

대체로 같은 양상이라고 할 수 있다(남기철, 2009).

노숙인에 대해 사회문제로 인식하게 된 배경은 해방 직후 한국전쟁으로 인한 혼란 속에서 전 국민이 부랑인화 되다시피 피폐한 상황이 발생하였다. 이 과정에서 외국기관의 원조나 선교사의 활동으로 수용시설이 무질서하게 설치되기 시작하였고, 사회질서 차원에서 임시적으로 격리수용하는 방법을 채택하면서 단속과 격리를 하는 사회분위기였다. 그 후 1980년대에 들어 노숙·부랑인에 대한 사회적 접근에는 변화가 나타나며 '부랑인 보호대책'이 발표되어 국가복지정책을 임시·강제 수용이 아닌 사회복지정책으로 전환하였다.

1) 노숙인복지의 개념

전통적인 노숙인복지와 노숙인정책의 대상은 거리와 노숙인시설에 거주하는 노숙인을 대상으로 한 것이다. 2012년에 제정된 「노숙인 등의 복지 및 자립지원에 관한 법률」에서는 '노숙인 등'을 다음과 같은 범주에 해당되는 경우를 포함하는 것으로 정의하고 있다(서종균 외, 2012). 관련 법률에서는 노숙인의 범위를 더욱더 나아가 주거복지라는 개념으로도 살펴보고 있는데, 범주는 다음과 같다.

- 상당한 기간 동안 일정한 주거 없이 생활하는 사람
- 노숙인시설을 이용하거나 상당한 기간 동안 노숙인시설에서 생활하는 사람
- 상당한 기간 동안 주거로서의 적절성이 현저히 낮은 곳에서 생활하는 사람

우리나라에서 노숙인에 대한 사회복지서비스는 주거 없이 생활하는 사람의 생활시설 입소 중심의 방식이 오랫동안 사용되어 왔다. 현재도 거주시설(생활시설)을 통한 복지서비스 지원은 매우 중요한 비중을 차지하고 있다. 1990년대 후반부터 기존의 부랑인복지시설 외에 상대적으로 지역사회근접형의 소규모

시설인 노숙인쉼터가 활동을 시작하였고, 2000년대 들어서는 노숙인상담보호센터가 주로 거리 노숙인을 중심으로 복지서비스 관련 활동을 전개해 왔다.

2) 노숙인복지와 사회복지실천

노숙인복지정책은 부랑인복지시설 운영에 집중되어 있던 것이 1997년 외환위기에 따른 거리노숙인 증가 후 체계화된 노숙인복지제도로 개편되고 있다. 〈표 12-5〉는 우리나라의 노숙인복지정책의 발전과정을 정리한 것이다.

표 12-5 우리나라 노숙인 정책의 변천과정

1997년 이전	부랑인 통제 정책	• 부랑인에 대한 사회통제와 질서유지를 위해 격리하고 단속 • 사회복지시설에 격리 수용 보호 • 내무부 소관 → 복지부 소관('87.4) • '87년 형제복지원 사건 이후 부랑인선도시설 운영규정 제정
1997~2003	구조적 개입 및 복지사업 기반 단계	• 경제위기와 함께 사회적 개입양상 변환 • 경제위기로 인한 거리 노숙인 증가 • 노숙인 쉼터의 대량 설치와 자활지원 프로그램 도입 • 상담보호센터, 거리진료체계, 아웃리치 프로그램 등을 중심으로 하는 현장보호체계 구축
2004~2010	노숙인복지사업의 재정비 단계	• 「사회복지사업법」의 개정과 「부랑인 및 노숙인 보호시설 설치운영 규칙」 등 정비 • 노숙인복지사업 지방 이양 • 임시주거비지원, 매입임대주택지원 등 주거 관련 프로그램 보강
현 재	종합적 지원체계·사회통합 단계	• 「노숙인복지법」 제정 및 시행과 관련된 종합적 대응 모색 • 주거, 자활과 직업, 의료, 급식 및 현장 지원 등에 대한 복지서비스 내용 법제화 • 「제1차 노숙인 등의 복지 및 자립지원 종합계획: 2016~2020년」 마련 및 시행 추진

출처: 보건복지부(2016).

체계적인 복지정책으로 변화가 시작된 것은 2012년 「노숙인복지법」이 제정됨과 동시에 일어났다. 법 제정에 따라서 보건복지부장관은 노숙인 등의 보호 및 자립 등을 지원하기 위하여 5년마다 노숙인 등의 복지 및 자립지원 종합계획을 수립해야 하며, 2016년~2020년까지 제1차 노숙인 등의 복지 및 자립지원 종합계획이 수립되었고, 2016년 2월 제1차 종합계획이 발표되었다.

이러한 변화는 기존에 사회보호 목적으로 통제정책에서 벗어나 복지정책의 대상으로 노숙인에 대한 지원을 할 수 있게 되었으며, 「노숙인복지법」의 제정으로 그동안 부랑인과 노숙인으로 이원화되어 있었던 지원체계는 하나의 법률로 통합되었다. '노숙인 등'이라는 개념을 도입하면서 거리와 노숙인 시설에서 생활하고 있는 사람으로 제한되었던 정책 대상을 보다 넓은 관점에서 파악하고 대응할 수 있게 된 것이 특징이다(서종균 외, 2012).

2015년에 발표된 보건복지부의 노숙인 현황의 살펴보면, 전체 노숙인 등의 수는 1,2000여 명으로 집계되고, 현재 시설생활노숙인은 지속적으로 감소 중이고, 거리 노숙인은 현상유지 중이라고 제시하고 있다.

현재 우리나라의 노숙인시설은 노숙인종합지원센터, 노숙인일시보호시설, 노숙인자활시설, 노숙인재활시설, 노숙인요양시설, 노숙인급식시설, 노숙인 진료시설, 그 밖의 보건복지부령으로 정하는 시설로 150여 곳으로 분포되어 있다. 이러한 환경의 변화를 수반한 복지정책과 복지서비스로 노숙인의 예방 및 사회복귀를 지원하는 것은 정책목표로 하고 있다.

PART 04

사회복지의 조망

CHAPTER

제13장 사회복지의 과제와 전망

13장에서는 지금까지 살펴본 사회복지의 다양한 이념과 역할에 비추어 앞으로 나아갈 모습을 생각해볼 수 있는 시간을 가지고자 한다. 이를 위해 사회복지활동을 위한 오늘날의 과제와 이를 통한 향후 사회복지의 모습을 제안해 보았다. 이를 통해 예비사회복지사로서 자신들의 시작을 확인하고, 자신에게 주어질 역할을 준비하는 과정을 고민하는 시간을 가지게 되길 바란다.

1. 사회변화와 사회복지의 과제

1 · 2장에서 확인한 것처럼 사회복지는 사회와 밀접한 관계를 가질 수밖에 없는 것이 사실이다. 좀 더 정확히 표현하자면 사회가 가지고 있는 다양한 현상(문제)에 대한 사회적 차원의 다양한 활동 중 하나라는 것이다. 이러한 의미에서 사회복지가 가지고 있는 과제는 기존 사회가 가지고 있는 패러다임에서 해결되지 못하는 다양한 현상에 대한 새로운 노력을 의미하는 것으로 볼 수 있을 것이다.

1) 복지수요 증가 및 다양화에 대한 과제

가장 먼저 확인할 수 있는 사회복지의 과제는 개인들이 가지고 있는 욕구가 양적 · 질적으로 증가했다는 것이다. 사회복지발달과 관련한 부분에서 확인한 것처럼 사회복지는 초창기 빈민에 대한 지원이라는 선별적 대상에서, 다수의 국민들을 대상으로 하는 보편적 서비스로 발전되어 온 것이 사실이다. 오늘날 다수의 국민들의 삶의 목적이 '생존'이 아닌 '생활'에 있다는 점에서 관련한 욕구의 증가는 필연적이라 볼 수 있다. 이러한 욕구의 증가는 단순히 현물이나 현금의 양적 증가만을 포함하는 개념을 넘어서서, 다양해지고 있다는 점에서 사회복지의 역할은 더욱 강조된다 할 것이다.

다음으로 우리 사회를 둘러싼 환경의 변화로서 '고령화사회'와 '다문화사회'의 등장이라고 볼 수 있을 것이다. 먼저 '고령화사회'를 이해함에 있어서 가장 중요한 원칙의 하나는 '고령화'라고 하는 생애주기상의 변화가 문제가 아니라는 인식일 것이다. 단순하게 나이듦이라는 것이 문제라는 것이 아니라, 상대적으로 나이가 많은 사회구성원들이 그 이유만으로 일반적인 생활에 어려움을 느끼게 되는 것으로 이해해야 한다는 것이며, 이는 다시 말해 고령화사회에 대비하지 못한 우리의 준비 부족에 기인한 것이라는 인식이다. 오늘날 다수의 노인들이 다양한 어려움들을 겪고 있는 것으로 나타나고 있으나, 이러한 문제나 어려움을 직접적으로 해결할 능력을 가지고 있는 노인은 그리 많지 않은 것이 사실이다. 추가적으로 노인의 인구비율이 점점 높아진다는 점에서 이와 연계된 욕구의 양적 · 질적 증가는 필연적이라 볼 수 있으며, 이에 대응한 사회적 비용의 증가는 사회적 과제로 볼 수 있는 것이다.

사회현상의 변화와 관련한 또 하나의 중요한 내용은 다문화사회라고 볼 수 있을 것이다. 다문화사회 현상은 비단 우리나라만의 변화는 아니며, 모든 나라에서 이러한 변화를 문제로 인식하는 것은 아니다. 하지만 우리나라의 경우 단일민족임을 강조해 온 전통적 사고로 인해 다문화사회로의 변화에 대한 대비가 상대적으로 소홀했던 것이 사실이다. 하지만 사회통합이라는 사회적 가치 그리고 우리 사회의 중요한 구성원으로서 그들을 이해할 필요성이 높아지고 있으며, 이를 위한 다양한 노력이 강조되고 있다. 다문화사회에 대해 우리는 이러한 변화를 먼저 '수용'해야 할 것이며, 이를 바탕으로 한 우리 사회의 '적응'을 통해 다문화사회로의 변화에서 발생한 다양한 욕구와 사회적 지원을 높일 수 있도록 해야 할 것이다.

생각해 봅시다

- 복지수요 증가 및 다양화에 따른 복지증세에 관한 논의에 대해 어떻게 생각하는가?
- 의식주와 관련된 기본적인 복지욕구 증가는 어떤 대응책을 필요로 하는가(예: 복지기준선 마련, 주거복지 강화 등의 노력)?
- 고령화와 다문화경향은 복지수요에 어떠한 영향을 미치는가?
- 고령화에 따른 건강한 삶을 위한 대책은 무엇인가?
- 다문화가족에 대한 사회적 차별과 배제의 실태는 어떠한가?
- 복지수요의 다양화에 따른 새로운 유형으로 어떠한 것이 대두되고 있는가(예: 금융사회복지 등)?

2) 양극화에 따른 과제

오늘날 우리 사회의 다양한 영역에서 '양극화'의 문제점을 확인하는 것은 그리 어려운 일이 아니다. 하나의 사회가 정상적으로 유지하고 기능하기 위한 가장 기본적 사항이 '서로 하나'라는 통합성 혹은 공동체성의 확보라는 점에서, 이러한 양극화현상은 우리 사회의 근간을 흔드는 위험요인으로 이해할 수 있다. 따라서 이에 대한 사회적 노력이 요구되고 있으며, 이러한 노력의 구체적인 형태의 하나가 바로 사회복지의 모습이라 볼 수 있는 것이다.

기본적으로 양극화에 대한 이해는 '경제적 양극화'에서 비롯된 결과로 발생한 다양한 '사회적 양극화' 현상을 바라보는 것으로 정리될 수 있다. 즉, 높은 소득/자산을 가지고 있는 구성원들이 생활의 안정성을 확보하고 더 높은 수준으로 이동할 가능성이 높아지는 것에 비해 낮은 소득/자산을 가지고 있는 구성원들의 생활은 더욱 피폐해지게 된다는 것이다. 최초 소득과 자산에서 시작된 이러한 양극화가 사회적 양극화의 모습으로 나타나는 모습은 다양하다. 교육에서 확인되는 양극화, 계층이동의 사다리에서 확인되는 양극화, 문화향유 수준에서 확인되는 양극화, 소비패턴에서 확인되는 양극화, 취업 및 진로에서 확인되는 양극화, 개인 건강상에서 확인되는 양극화 등 이루 말할 수 없을 정도이다.

이러한 부의 집중현상으로 발생한 양극화현상은 사회복지활동에 있어서 상당한 부담이자 중요한 활동 영역으로 나타나고 있다. 빈곤의 대물림, 빈곤탈출 가능성의 감소는 직접적인 사회복지서비스의 대상자들을 증가시킬 것이며, 이에 따른 재정부담은 기존 사회복지활동에 대한 지원 이상의 높은 영역을 포함할 수 있을 정도의 수준까지 높아질 수 있기 때문이다. 이러한 부담과 동시에 사회복지의 중요한 가능성을 확인할 수 있는데, 발생한 문제에 사후대처적인 측면이 높았던 사회복지 영역이 문제의 원인에 대한 예방적 측면을 높일 수 있다는 점에서 중요한 과제로 인식해야 할 것이다.

생각해 봅시다

- 양극화현상이 실제로 나타나는 사례는 어떠한 것들이 있는가?
- 양극화현상과 관련하여 소득재분배시스템의 의미는 무엇이며, 어떠한 기능을 하는가?
- 양극화와 복지증세는 어떠한 관계가 있는가?
- 양극화를 완화 또는 해소할 수 있는 방안은 무엇인가?
- 세계화로 인한 다국적기업의 성장은 양극화와 어떠한 관계가 있는가?
- 취약계층에 대한 사회적 차별과 배제는 개인과 사회에 어떠한 문제를 발생시키는가?

3) 실업률 증가에 따른 과제

우리 사회가 채택하고 있는 자본주의 체제 내에서 다수의 사회구성원들이 가장 기본적으로 인식하고 있는 내용은 '노동자들은 자신의 노동을 대가로 임금을 받고, 임금을 통해 자신이 필요로 하는 재화와 서비스를 구입하면서, 삶의 가치를 가질 수 있게 된다.'는 것이다. 개인이 가지고 있는 노동가치의 중요성과 동시에 기업의 입장에서도 노동은 중요하게 인식되고 있는데, '기업은 개인들이 가지고 있는 노동을 통해 생산을 할 수 있게 되며, 생산에 참여한 노동자들에게 제공한 대가(급여)는 다시 자신의 생산물(재화/서비스)을 구입할 능력으로 이어진다는 점에서, 기업의 지속가능성을 높일 수 있게 된다.'는 것이다. 이러한 두 가지 대상에서 확인되는 인식은 우리 사회에서 노동이 가지는 중요성을 잘 나타내는 내용으로 볼 수 있다.

노동을 통해 개인은 빈곤을 벗어날 수 있으며, 노동을 통해 기업은 이윤을 남길 수 있다는 인식은 사회복지 초창기에는 빈곤의 책임을 개인에게만 부여하는 모습을 만들기도 하였다. 하지만 오늘날 사회는 개인의 선택이 취업과 실업을 결정하는 절대적인 기준이 될 수 없게 되었으며, 이에 따라 실업을 통한 빈곤의 책임을 개인에게만 부과할 수 없는 사회적 인식[1]에 합의할 수 있었다.

사회복지의 목적이 '모든 사회구성원들의 삶의 질 증가'라는 점에서 보편적 대상을 취하고 있는 것으로 보이지만, 활용할 수 있는 자원 및 사회적 합의의 한계로 인해 '빈곤'을 기반으로 한 선별적 대상을 취할 수밖에 없는 것이 사실이다. 노동력의 제공이 개인과 사회에 긍정적인 영향을 미칠 수 있다는 앞선 논의는 결국 노동력을 제공할 수 없는 상황, 실업이 끼칠 수 있는 부정적 영향을 고민해야 할 필요성을 만들게 되었다.

특히 일자리 수출로 대표될 수 있는 세계화의 영향, 그리고 과학기술 혁명과 정보화로 인해 발생한 노동의 유연성 강화 등으로 높은 실업률이 나타나고 있는 최근의 상황은 향후 더욱 큰 문제로 나타날 가능성이 높다. 정리해보면, 사회복지의 대상이 다양한 원인으로 발생한 '빈곤한 사람들'이라는 점, 빈곤이 발생하게 된 중요한 원인이 '실업'이라는 점, 실업이 개인의 선택에만 있는 것이 아니라 '사회적 원인'이 강조되고 있다는 점에서 결국 실업을 예방/대비하고 이후 발생할 수 있는 문제에 대한 지원의 주체는 국가와 사회가 질 수밖에 없다는 것이다. 국가와 사회의 노력은 다양하게 이루어질 수 있겠으나, 가장 기본적인 체제는 바로 다수 국민들의 합의에 의해 제공될 수 있는 사회복지 관련 활동이라는 점에서 이는 사회복지를 둘러싼 다양한 환경변화의 중요한 내용으로 이해하여야 할 것이다.

1) 우리나라에서도 1997년 IMF 이후 실업과 빈곤에 대한 사회적 인식이 확실히 변화될 수 있었던 것으로 보고 있다. 충분히 근면성실하게 일하고 있던 다수의 노동자들이 '외환위기'라는 사회적 원인으로 인해 실업으로 내몰리게 되었으며, 당시 이를 해결하기 위한 노력들이 사회 전반에 걸쳐 시도되었다. 이러한 점에서 절대적이지는 않다 하더라도 '빈곤에 대한 사회적 책임'이라는 인식은 우리 사회에 어느 정도 합의된 것으로 이해할 수 있을 것이다.

생각해 봅시다

- 정보화현상이 실업에 미치는 실제 사례는 어떠한 것이 있는가?
- 세계화현상이 실업에 미치는 실제 사례는 어떠한 것이 있는가?
- 사회복지분야에서 실업과 관련한 정책은 어떠한 것이 있는가? 또 이러한 정책은 다른 분야(예: 노동)와 어떠한 차이를 가질 수 있는가?

4) 심리적 · 신체적 건강문제 증가에 따른 보건복지 과제

건강한 삶에 대한 관심은 어느 시대를 막론하게 항상 중요하게 다루어져 온 것이 사실이다. 이러한 관점에서 볼 때 현대사회에서 유독 건강과 관련한 문제가 심각해진 것으로 이해하는 것은 무리로 보일 수도 있을 것이다. 이러한 인식은 적어도 '건강한 삶'이라는 최종적 목적에 대한 동경에 대해서는 일부분 타당한 이야기로 볼 수 있을 것이다. 하지만 건강한 삶을 방해하는 즉, 건강상의 문제를 일으키는 원인을 기준으로 이해해 본다면 타당하지 못한 이야기로 볼 수 있다.

특히 현대사회에서 확인되고 있는 정신적 건강문제의 경우 전통적인 사회에서 발생하던 양상과 상당한 차이를 보이고 있는데, 이는 복잡다기한 현대사회의 특성과 관련이 높다고 볼 수 있다. 개인들은 끊임없는 경쟁상태에 몰려 있으며, 경쟁에서 밀리게 될 경우 다시 회복되기 어렵다는 부담을 안고 있는 경우가 많아, 최종적으로 많은 사람들과 관계는 가지면서도 그 속에서 개인들이 가지고 있는 고립감과 소외감을 해결해주지 못하는 아이러니한 상황에 빠져들게 된다는 것이다. 이러한 상황에서 개인에게 발생하는 개인적 · 사회적 충격은 다양한 정신적 위험에 노출될 가능성을 높게 하는 것이다.

신체적 질환에 대한 사회적 인식도 변화하고 있는데, 대표적으로 제시될 수 있는 내용이 바로 정상화(normalization)라는 개념으로 볼 수 있다. 정상화라는 개념은 (신체적 · 심리적) 장애를 가지고 있는 사람이 비장애인들에 비해 겪게 되는 사회적 불편을 배제시키려는 노력을 의미한다. 예를 들어 장애를 가지고 있지 못한 사람들이 계단 이용에 불편함이 없었다면 불편한 다리를 가지고 있는 사람들도 계단 이용에 불편함이 없도록 해야 한다는 것이다. 계단 이용의 목적이 층간이동이라는 점에서 아파트 진입로에는 장애인 경사로를 만들고, 아파트 내부에는 엘리베이터를 설치하는 등의 활동은 바로 이러한 목적의 내용으로 볼 수 있는 것이다.

심리적 · 신체적 건강문제와 관련한 원인, 수준, 대처방안까지 확인되는 다양한 변화내용은 결국 기존 사회구조 속에서 해결되지 못하는 문제로 볼 수 있으며, '건강'이라는 관심이 지속적일 것이라는 점에서 이와 관련한 욕구 역시 나날이 높아질 수 있을 것으로 예상할 수 있다. 특히 이를 위한 중요한 두 주체로서 보건과 사회복지 영역의 상호보완적인 활동은 앞으로 더욱 강조될 수 있을 것이며, 이러한 상보적인 역할 정립을 위한 내 · 외부적 노력은 필연적이라 볼 수 있다.

생각해 봅시다

- 현대사회에서 심리적 · 신체적 건강을 위협하는 원인은 무엇이 있는가?
- 심리적 · 신체적 장애를 가진 대상자들에 대한 사회적 편견은 무엇이 있으며, 이를 해결하기 위한 사회복지적 노력은 무엇이 있는가?
- 사스, 에볼라, 메르스와 같은 전염병은 인간안보(Human Security)에 어떠한 영향을 미치는가?

5) 사회복지 예산과 관련한 갈등에 따른 과제

사회복지는 실천적·응용적 성격을 가진 학문이다. 이는 현장에서 바로 사용될 수 있는 학문이라는 것이며, 현장에서 사용되지 못한다면 그 자체의 가치가 높지 않을 것임을 의미하는 것이다. 이러한 의미에서 다양한 영역에서 사회복지가 강조되고 있는 오늘날의 현실은 역설적이게도 사회복지의 역할이 요구되는 사회를 대변하고 있다. 하지만 사회복지 역할의 중요성에 대한 동의와는 별도로 사회복지 수준에 대한 사회구성원들의 합의는 여전히 쉬운 문제가 아니다. 특히 이러한 합의가 '세금'이라는 구체적 형태의 자기기여와 직접적으로 연관될 경우 상당히 아이러니한 상황을 만들게 되는 것을 확인할 수 있다.

일찍이 로마니쉰(John M. Romanyshyn)은 사회복지의 발달과정을 7가지 단계[2)]로 정리하였다. 그가 제시한 다양한 개념변화 속에서 확인되는 중요한 흐름의 하나는 사회복지활동에 있어서 자선과 시혜라는 개별 구성원들의 노력보다 상대적으로 제도적·사회적인 노력이어야 한다는 것이다. 이러한 사회적 노력(수준)에 대한 합의가 실체화된 모습이 바로 사회복지와 관련한 예산에 관한 논의로 볼 수 있을 것이다. 사회복지 예산과 관련한 논의는 크게 예산의 범위(수준)를 결정하는 외부와의 합의와 결정된 예산의 범위 내에서 사용될 우선순위를 결정짓는 내부 합의에 관한 논의로 구분할 수 있다.

먼저 사회복지 예산의 범위와 수준이라는 외부와의 합의는 높아진 사회복지 관련 욕구의 증대에 따른 예산의 변화와 관련한 내용이다. 이론적으로는

2) 로마니쉰은 사회복지 발달과정에 따른 개념변화를 ① 잔여적 → 제도적, ② 자선 → 권리, ③ 선별적 대상 → 보편적 대상, ④ 최저조건 → 최적조건, ⑤ 개인문제 해결 → 사회적 개혁(예방), ⑥ 자발성 → 공공성, ⑦ 빈민구제 → 복지사회/국가로 정의하였다.

높아진 욕구에 대응하여 자신의 기여(세금)를 높이는 데 동의할 것으로 보이지만 실제로는 '조세저항'이라는 모습으로 사회적 갈등이 높아지는 모습을 보이고 있다는 것이다. 이와 같은 저항의 원인은 많은 변화가 있었다 하더라도, 사회복지를 '밑 빠진 독에 물 붓기'라는 식의 무용함(useless)으로 인식하거나, 낙수효과(trickle down effect)를 기반으로 한 최소한의 사회복지 지원이라는 구시대적 인식에 많은 영향을 받은 것으로 보인다. 특히 이를 위한 사회적 합의를 도모하는 데 중요한 역할을 수행하는 것으로 알려진 언론과 정치권 등의 세력 역시 상당한 차이를 보이고 있으며, 이 간극이 좁혀지지 못하고 있다는 점에서 사회복지 예산을 둘러싼 외부와의 합의는 중요한 사회적 과제로 판단된다.

다음으로 결정된 사회복지 예산의 사용에 있어서 우선순위를 결정짓는 내부 합의는 다양한 사회복지분야 내부에서 발생하는 상대적 중요성에 대한 내용이다. 사실 사회복지의 대상자들이 대부분 사회적 약자이며, 사회복지 활동은 이들을 위한 직·간접적인 노력이라는 점에서 이러한 상대적 중요성을 결정한다는 것은 무리로 판단될 수 있다. 또한 사회복지 대상자들이 가지고 있는 문제들이 다양한 상황과 조건들이 복합적인 원인으로 작용하였다는 점에서 앞서 밝혔던 예산의 확대가 이루어지지 않고 이를 결정한다는 것은 쉽지 않은 일이다. 이렇게 살펴보면 외부와의 합의에 비해 내부 합의가 더욱 어려운 것으로 이해할 수 있으나, 최근 사회복지 영역에서 강조되고 있는 공급자 중심에서 대상자(소비자) 중심의 서비스 전달의 강조는 일부분 이에 대한 기준을 제공해주고 있다. 즉, 사회복지 내부에서 우선순위를 결정함에 있어서 기존 공급자들의 판단에 의지하는 것이 아닌, 대상자들의 욕구를 직접적으로 확인하고 이에 대한 내부 합의를 이룰 수 있다면 어느 정도 해결될 수 있을 것이라는 믿음이다.

사회복지 예산과 관련한 이러한 논의는 향후 지속적인 사회복지활동에 대한 합의에 대한 중요 내용으로 잘 살펴보고, 때로는 논의의 주체이자 때로는 논의의 대상으로 함께해야 할 것이다.

생각해 봅시다

- 보편적 복지와 보충적(선별적) 복지는 무엇이며 논쟁의 대상이 되는 부분은 무엇인가?
- 사회복지의 보편성과 보충성(선별성)이 가지는 장점과 단점은 무엇인가?
- 사회복지를 권리로 이해시킬 수 있는 방안은 무엇인가?

6) 사회복지사 처우와 관련한 과제

사회복지를 둘러싼 다양한 과제를 확인하면서 모두가 다 인정할 것으로 예상하고 논의하지 않았던 내용이 바로 '사회복지사의 역할'이다. 기존 사회복지가 보편화되지 못한 시대에는 사회복지사의 모습을 자선적이거나 시혜적인 역할로 보는 경우가 많았으며, 이에 사회복지사들의 처우는 가장 낮은 수준보다 약간 나은 수준이기는 하지만 사회적 기준으로 볼 때는 평균보다 낮은 수준의 처우를 받음에도 일정 정도 당연하게 생각하는 경우가 많았다. 하지만 오늘날 사회복지의 역할과 필요성에 대한 사회적 합의가 높아진 것처럼 사회복지사의 역할 역시 상당한 관심을 받고 있으며, 사회복지사들의 전문성도 높게 인정되고 있다. 문제는 이러한 인정에 비해 사회복지사들의 처우는 쉽게 나아지지 못하고 있다는 것이다.

재화와 서비스를 포함하는 현대사회에서 거래되는 모든 생산물들이 그러하듯 서비스의 질은 상당히 중요한 요소로 여겨지고 있다. 다양한 영역에서 서비스 질을 높이기 위한 방안들이 연구·시도되고 있으며, 이는 사회복지에서도 동일하게 확인되고 있다. 기계적인 제품생산과정에서 나타나는 서비스 질과는 달리 휴먼서비스(Human Service)를 제공하는 사회복지에 있어서 가장 큰 특징은 모든 상황과 대상을 포함하는 매뉴얼이 개발될 수 없다는 것이다. 이는 사회복지서비스의 질을 결정함에 있어서 서비스를 제공하는 주체인 사회복지사들의 전문성과 여건 및 상태가 중요한 내용으로 다루어져야 한다는 것을 의미한다. 최근 사회복지사들의 처우와 관련한 다양한 요구들은 이러한 상황을 반영한 모습으로 볼 수 있다.

즉, 사회복지가 요구되는 시대적 상황에 비추어, 이러한 시대적 요구를 해결할 수 있는 중요한 주체로서 사회복지사들이 신명나게 일할 수 있도록 여건을 조성하는 것은 필수적인 사회적 과제인 것이다.

생각해 봅시다

- 사회복지사의 소진과 업무 부담과의 관계는 어떠한가?
- 사회복지사의 처우는 그들이 제공하는 서비스의 질에 어떠한 영향을 미치는가?

- 확인된 과제를 해결하기 위한 우리 사회의 역할을 생각해 봅시다.
  - 정부 및 지방자치단체
  - 민간단체
  - 지역사회주민
  - (예비사회복지사를 포함한) 사회복지전문가
- 이러한 과제 외에 어떤 과제들이 있는지 생각해 봅시다.

2. 사회변화와 사회복지의 전망

앞서 밝힌 것처럼 사회복지는 다양한 사회현상과 직·간접적인 관련이 있는 것이 사실이다. 이에 사회복지의 전망과 관련한 내용은 향후 우리 사회의 변화를 예측하는 것과 같은 개념으로 이해할 수 있다. 소위 '눈 깜빡할 사이에 변하는' 현대사회의 특성을 이해하여 본 글에서 나타나는 사회복지 전망은 시간적으로는 단기간의 변화와 장기간의 변화, 활동 주체에 있어서는 내부적·자체적인 노력과 외부적·강제적인 노력, 변화 범위로 보면 미시적인 변화와 거시적인 변화 등 다양한 요인들에 의해 달라질 수 있다는 것을 인지해야 할 것이다. 또한 본 글에서 제안된 전망이 향후 중요한 사회복지 주체가 될 예비사회복지사들의 노력에 따라 달라질 수 있다는 것 역시 사실임에, 예비사회복지사들의 노력을 위한 지침 정도로 이해해주기 바란다.

1) 공동체회복운동과 풀뿌리주민조직운동 등 민간노력의 증대

전통적으로 공동체에 대한 지향이 높았던 한국사회에 대한 평가가 최근에는 개인주의적 성향으로 바뀌고 있다는 것은 공공연한 사실이다. 물론 이러한 변화가 집단(공동체)에 대한 지나친 강조에서 상대적으로 소외받고 있던 개인의 자유와 권리를 향상시키는 방향으로 바뀌어 온 것은 환영할 만한 일로 볼 수 있다. 하지만 이와 별도로 개인주의적 성향으로 변화하는 과정에서 확인되는 문제 역시 상당한 것으로 우려된다.

인간은 기본적으로 홀로 존재하기보다는 공동체의 구성원으로 다양한 사회적 관계를 맺어가면서 자신의 가치를 확인하고 높일 수 있다. 즉 개인의 자아정체성이 바로 공동체와의 관계에 의해 형성된다는 점에서 자신과 공동체를 별도로 생각할 수 없는 것이다. 하지만 지나치게 개인에게 초점화된 관심은 직접적으로 타인에게 해를 끼치지는 않는다 하더라도 타인과의 경쟁적 구조를 만드는 데 영향을 끼치고, 개인의 소외나 고립감을 높이게 되어, 최종적으로는 사회적 유대와 공동체 정신을 약화시키게 된다는 것이다.

앞서 밝힌 것처럼 현대사회에서 확인되는 다수의 현상과 문제들의 원인이 개인적인 것이기보다는 사회적인 원인이 크다는 점에서 이러한 개인적 접근은 문제를 해결하는 방법이 될 수가 없다는 것은 자명한 일이다. 따라서 향후 우리 사회는 다양한 사회문제에 노출되고 사회문제를 경험하는 개인들이 개인주의적 사고에서 벗어나, 공동체회복에 관심을 가지고 이를 위해 노력하는 모습을 갖추게 될 것으로 기대할 수 있다. 사회복지활동 역시 이러한 공동체회복에 있어서 많은 노력을 제공하게 되어야 할 것으로 보이는데, 이러한 공동체회복운동의 일환으로 가장 두드러진 것이 바로 이웃을 중심으로 하는 주민들에 의한 풀뿌리조직운동(grassroots movement)일 것이다. 풀뿌리조직에 대한 명확한 정의는 아직 이루어지지 못한 상황이지만 그 특징을 설명한 하승수(2006)의 주장에 따르면, 풀뿌리조직운동은 대안을 창출하고, 상호소통하고 협력하며, 아래(풀뿌리)로부터 사회적 의제설정, 풀뿌리 민주주의 설정이라고 밝히고 있다. 동시에 풀뿌리운동에서 정의하고 있는 지역의 범위는 물리적으로 설정된 거시적인 공간이기보다는 '삶의 공간'이라는 주민생활과 밀접한 범위로 정의되는 경우가 많은 것을 확인할 수 있다. 사회복지의 목적이 '모든 국민들의 생활의 질 향상'이라는 점에서 이 같은 풀뿌리조직운동은 상당한 유사점과 시사점을 포함하는 내용으로 이해할 수 있는 것이다.

이상에서 제안한 공동체회복운동과 풀뿌리조직운동은 모두 민간에 의해서 나타나는 활동으로 볼 수 있는데, 이러한 전망을 향후 공공(국가)이 가지는 책임이 약해지는 것으로 이해해서는 안 될 것이다. 민간의 노력이 강조될 수 있는 근간에는 공공(국가)이 가지는 사회복지에 대한 책임이 기본적으로 충족되고 있음을 들 수 있는 것이다. 잘 다진 땅 위에 좋은 집을 지을 수 있는 것처럼 민간의 노력은 우리 사회와 사회복지의 발전(좋은 집)을 위한 새로운 동력을 의미하는 것으로 이해하고, 이에 대한 많은 관심이 제고되어야 할 것이다.

생각해 봅시다

- 자원봉사활동과 공동체회복운동 또는 풀뿌리주민조직운동과의 관계는?
- 마을만들기운동과 자원봉사활동은 어떤 관계가 있는가?
- 민간노력을 활성화할 수 있는 방안은 무엇인가?
- 민간과 공공의 바람직한 역할 분담과 거버넌스 방안은 무엇인가?
- 공동체회복운동과 풀뿌리주민조직운동을 지역사회복지운동과 연결할 수 있는 방안은 무엇인가?

2) 사회복지네트워크의 필요성 및 중요성 증대

'다양성'과 '복합성'은 오늘날 사회복지대상자들이 가지고 있는 욕구를 설명하는 대표적인 용어로 판단된다. 전통적인 사회복지의 대상이 빈곤한 사람들이라는 점에서 기존 서비스들의 경우 이들의 '생존'을 위한 서비스 제공이 일차적 목적이 될 수 있었던 것에 비해, 최근에는 생존을 넘어선 '인간다운 생활의 영위'가 사회복지서비스 제공의 목적이 되고 있는 것이 사실이다. 인간다운 생활이라는 명제는 얼핏 보면 굉장히 간단한 내용인 것으로 볼 수 있으나, 실제로 이를 구체적으로 실현시키려는 입장에서 본다면 곧 그렇지 않다는 것을 알게 된다. 인간다운 생활이라는 개념은 상당히 개별적·주관적일 수밖에 없는 내용이기 때문이다. 이를 위해 사회복지에서는 일찍이 개별적 서비스, 즉 맞춤형 서비스 제공의 중요성을 제안하고 있었다.

개인이 가지고 있는 복지서비스에 대한 욕구의 증가 및 다양화를 해결하기 위한 맞춤형 서비스를 제공함에 있어서 단일 기관의 노력은 곧 한계에 봉착할 수밖에 없다. 기관이 가지고 있는 인적·물적 자원은 한계가 있을 수밖에 없는데, 이에 비해 대상자들의 욕구는 그 이상인 경우가 많기 때문이다. 이를 위한 대안이 바로 복지기관 간, 복지 및 민간기관 간, 복지 및 공공기관 간, 복지 민간 및 공공기관 간의 네트워크의 구성으로 볼 수 있다.

다양한 유형의 기관들이 연계된 사회복지네트워크는 개별 기관이 가지고 있는 자원적 한계를 극복할 수 있으며, 필요에 따라서는 새로운 욕구와 해결방안을 개발하고 직접적으로 실행할 수 있다는 점에서 사회복지활동에 있어서 상당한 장점을 가지는 것으로 이해할 수 있다. 이러한 인식은 사회복지협의회와 지역사회복지협의체라는 실질적인 조직·체계를 구축하고 지원할 수 있는 기반으로 작용할 수 있었다. 개별 기관들의 연계를 통한 새로운 조직·체계의 구축이 쉽게 이루어질 수 없다는 점에서 이에 대한 지원은 지속적으로 이루어져야 할 것이며, 기관에서 활동할 사회복지사들 역시 이에 대한 많은 관심을 가지고 있어야 할 것이다.

생각해 봅시다

- 사회복지네트워크 형성의 필요성과 전제조건은 무엇인가?
- 지역사회복지네트워크의 실제인 지역사회보장협의체와 사회복지협의회의 활성화 방안은 무엇인가?
- 지역사회복지자원동원을 위한 네트워크 활용방안은 무엇인가?

3) 웹기반 프로그램 개발 증대

세상은 변하고 있다. 너무나 단순한 명제이지만 사실 현대사회의 모습을 가장 잘 설명한 내용으로 볼 수 있을 것이다. 문제는 이러한 변화를 어떻게 확인할 수 있을까 하는 것인데, 다소 논란이 있다 하더라도[3] 이러한 변화의 중요한 매개체는 분명 인터넷으로 대변되는 웹의 발명이라 볼 수 있을 것이다.

웹을 통해 많은 사회구성원들이 자신이 원하는 정보에 접근하기가 쉬워졌으며, 원하는 정보를 획득한 이들은 자신의 권리 및 활동에 구체성을 확보할 수 있어, 공급자 중심의 서비스 제공방법을 수요자 중심의 서비스 제공으로 변화시킬 수 있었다. 하지만 웹을 기반으로 한 변화는 이러한 변화에 적응하지 못한 계층에게는 상대적으로 더욱 취약할 수밖에 없는 구조를 만들어 냈는데 그것이 바로 '정보의 불균형'과 관련한 내용이다.

전통적 사회복지서비스 제공에 있어서 사각지대가 지리적인 불리함에 기인한 경우가 많았다면, 정보의 불균형은 지리적 범위를 벗어나는 개념으로 볼 수 있다. 특히 서비스 제공에 있어서 정보화, 전산화를 통한 효율성이 강조되는 행정상의 변화와 맞물려 이는 더욱 많은 문제점을 만들어 낼 가능성이 높다. 따라서 향후 우리 사회와 사회복지활동은 정보화에 따른 다양한 수요를 충족시킬 수 있는 프로그램을 개발하는 동시에, 충분한 정보를 획득하지 못하는 대상자들에 대한 접근성을 높일 수 있도록 하는 방안을 고려해야 할 것이다.

가장 웹기반 프로그램에 익숙한 예비사회복지사들은 어떠한 방법과 프로그램을 고려할 수 있을까?

3) 다양한 분야의 다양한 인물들이 웹을 기반으로 한 사회변화의 급속함을 주장하고 있는 것이 사실이지만, 이러한 변화가 과거 세탁기나 냉장고 혹은 그 이전에 발명된 재봉틀에 비해 크지 않다는 주장도 존재하고 있다.

생각해 봅시다

- 사회복지 영역에서 인터넷을 활용할 수 있는 프로그램은?
- 자원봉사 영역에서 인터넷을 활용할 수 있는 프로그램은?

- 이러한 전망과 관련된 역할을 생각해 봅시다.
  - 정부 및 지방자치단체
  - 민간단체
  - 지역사회주민
  - (예비사회복지사를 포함한) 사회복지전문가
- 이러한 전망 외에 어떠한 전망을 할 수 있는지 생각해 봅시다.

참고문헌

강용규 · 김희성 · 배은영(2007). 『사회복지개론』. 경기: 공동체.

강휘원(2006). "한국 다문화사회의 형성 요인과 통합정책". 『국가정책연구』, 20(2). pp. 5-34.

공계순 외(2002). 『아동복지론』. 서울: 학지사.

국방부(2006a). 『국방종합복지정책서』.

국방부(2006b). 『군복지 종합발전계획서』.

국방부(2008). 『군인복지기본계획』.

국방부(2013). 병영생활전문상담관 운영에 관한 훈령.

권육상 · 김남식 · 홍석자 · 이경숙 · 김동호 · 조미영(2009). 『장애인복지론』. 유풍출판사.

권중돈(2013). 『노인복지론』. 서울: 학지사.

권중돈 · 조학래 · 윤경아 · 이윤화 · 이영미 · 손의성 · 오인근 · 김동기(2013). 『사회복지개론』. 서울: 학지사.

권진숙 · 박지영(2009). 『사례관리이론과 실제』. 서울: 학지사.

김기덕(2002). 『사회복지윤리학』. 서울: 나눔의 집.

김기태 · 박병현 · 최송식(2009). 『사회복지의 이해』. 서울: 박영사.

김남국(2005). "다문화 시대의 시민: 한국사회에 대한 시론". 『국제정치논총』, 제45집 4호. pp. 97-121.

김동배 · 권중돈(1998). 『인간행동과 사회복지실천』. 서울: 학지사.

김만두 · 한혜경(2000). 『현대사회복지개론』. 서울: 홍익재.

김상균(2013). 『사회복지 윤리와 철학』. 경기: 나남.

김상균 · 최일섭 · 최성재 · 조흥식 · 김혜란 · 이봉주 · 구인회 · 강상경 · 안상훈(2011). 『사회복지개론』. 경기: 나남.

김선아(2007). "국제결혼이주여성의 인권 실태와 개선방안". 전북대학교 대학원 박사학위논문.

김성이 · 조학래 · 노충래 · 신효진(2010). 『청소년복지학』. 경기: 양서원.

김성천 · 강욱모 · 김영란 · 김혜성 · 박경숙 · 박능후 · 박수경 · 송미영 · 안치민 · 엄명용 · 윤혜미 · 이성기 · 최경구 · 최현숙 · 한동우(2013). 『사회복지개론: 원리와 실제』. 서울: 학지사.

김영화 · 이진숙 · 이옥희(2002). 『성인지적 가족복지론』. 경기: 양서원.

김융일 · 조흥식 · 김연옥(1995). 『사회사업실천론』. 서울: 나남출판.

김융일 · 조흥식 · 김연옥(2000). 『사회복지실천론』. 서울: 나남.

김의열(2009). 신세대 장병의 적응실태 및 군 사회복지실천에 관한 연구. 『한국군사회복지학』, 2(2), 67-108.

김진화 · 송병국 · 고운미 · 이채식 · 최창욱 · 임형백 · 이창식 · 김경준 · 김진호 · 권일남 · 양승춘(2002). 『청소년문제행동론』. 서울: 학지사.

김찬우 · 감정기 · 백종만(2015). 『지역사회복지론』. 경기: 나남.

김태현 · 이문숙(2007). 『여성복지론』. 경기: 교문사.

김혜란 · 공계순 · 박현선(2006). 『사회복지실천기술론』. 경기: 나남.

김혜순(2008). "결혼이주여성과 한국의 다문화사회 실험". 『한국사회학』, 제42집 2호. pp. 36-71.

남기민(2011). 『사회복지학개론』. 경기: 양서원.

남기민(2013). 『사회복지학개론』. 경기: 양서원.

남기철(2009). 『노숙인 복지론』. 경기: 집문당.

남상만(2005). 『장애인복지론』. 서울: 홍익제.

류정아(2009). "다문화지표 개발연구". 한국문화관광연구원.

매트 리들리 저, 신좌섭 역(2001). 『이타적 유전자』. 서울: 사이언스북스.

박경일 외(2010). 『사회복지의 이해』. 경기: 양서원.

박경일 · 김경호 · 서화정 · 윤숙자 · 이명현 · 이상주 · 이재모 · 전관현 · 조수경(2012). 『사회복지학강의』. 경기: 양서원.

박광준(2002). 『사회복지의 사상과 역사』. 경기: 양서원.

박귀영(2013). 군 사회복지사 자격제도와 양성방안에 관한 연구. 『한국군사회복지학』, 6(2), 189-220.

박상하 · 노길희 · 양희택 · 유정욱 · 전영숙 · 정미자 · 허정철(2012). 『사회복지개론』. 경기: 양서원.

박지영 · 배화숙 · 엄태완 · 이인숙 · 최희경(2014). 『함께하는 사회복지의 이해』. 서울: 학지사.

박태영 · 채현탁(2014). 『지역사회복지론』. 경기: 정민사.

박현희(2011). 『백설공주는 왜 자꾸 문을 열어 줄까: 동화로 만나는 사회학』. 서울: 뜨인돌.

보건복지부(2012). 노숙인 복지 및 자립지원 종합계획 수립에 관한 연구.

보건복지부(2016). 제1차 노숙인 등의 복지 및 자립지원 종합계획.

서종균 · 남기철 · 신원우 · 이정규 · 김준희(2012). "노숙인 복지 및 자립지원 종합계획 수립에 관한 연구". 보건복지부.

성민선 · 조흥식 · 오창순 · 홍금자 · 김혜래 · 홍봉선 · 김영화(2004). 『학교사회복지의 이론과 실제』. 서울: 학지사.

손광훈(2004). 『장애인복지론』. 경기: 학현사.

손병덕 · 황혜원 · 전미애(2012). 『가족복지론』. 서울: 학지사.

송정아 · 최규련(1997). 『가족치료의 이론과 기법』. 서울: 하우.

신현석 · 최윤정(2014). 『만화로 배우는 사회복지의 이해』. 경기: 공동체.

양옥경 · 김정진 · 서미경 · 김미옥 · 김소희(2005). 『사회복지실천론』. 경기: 나남.

양정하 · 황인옥 · 김정희 · 배의식 · 박미정 · 김남숙 · 강가영(2010). 『지역사회복지론』. 경기: 공동체.

엄기욱 · 김순규 · 배진희 · 오세영(2013). 『사회복지개론』. 서울: 학지사.

엄명용 · 김성천 · 오혜경 · 윤혜미(2006). 『사회복지실천의 이해』. 서울: 학지사.

오경석 · 김희정 · 이선옥 · 박흥순 · 정진헌 · 정혜실 · 양영자 · 오현선 · 류성환 · 이희수 · 강희복(2007). 『한국에서의 다문화주의: 현실과 쟁점』. 서울: 한울.

오정수 · 최해경 · 정연택 · 류진석 · 유채영(2010). 『사회복지학개론』. 경기: 양서원.

오정수 · 류진석(2009). 『지역사회복지론』. 서울: 학지사.

오혜경(2011). 『사회복지윤리와 철학』. 서울: 창지사.

오화영(2010). "다문화사회의 사회통합과제와 홍익인간 사상의 의미". 『선도문화』, 9. p. 366.

우국희 · 임세희 · 성정현 · 최승희 · 장연진 · 좌현숙(2013). 『사회복지 윤리와 철학』. 경기: 공동체.

우국희 · 임세희 · 성정현 · 최승희 · 장연진 · 좌현숙(2015). 『사회복지 윤리와 철학』. 경기: 공동체.

원석조(2013). 『사회복지개론』. 경기: 양서원.

윤선오 · 김우호 · 윤병천(2012). 『장애인복지론』. 경기: 양서원.

윤인진(2007). "국가주도다문화주의와 시민주도다문화주의". 동북아시대위원회. pp. 251-291.

윤찬영(2010). 『사회복지의 이해』. 경기: 정민사.

윤철수 · 노 혁 · 도종수 · 김정진 · 김미숙 · 석말숙 · 김혜경 · 박창남 · 성준모(2013). 『사회복지개론』. 서울: 학지사.

윤현숙 · 김기환 · 김성천 · 이영분 · 이은주 · 최현미 · 홍금자(2001). 『사회복지실천기술론』. 서울: 동인.

은선경(2016). 국제사회복지 역량중심 교육과정개발에 관한 연구, 『한국산학기술학회』, 17(9). 508-518.

이광재(2005). 『의료사회사업원론(제2판)』. 서울: 인간과복지.

이로미 · 장서영(2010). "다문화국가이민자 정착정책 및 지원서비스 분석: 미국과 캐나다 사례를 중심으로". 한국외국어대학교 국제지역연구센터. 『국제지역연구』, 14(1). pp. 179-208.

이순민(2013). 『사회복지윤리와 철학』. 서울: 학지사.

이용승(2003). "호주의 다문화주의". 고려대학교 석사학위논문.

이정덕(1997). 『아동발달학』. 서울: 수학사.

이정욱(2010). "프랑스의 사회갈등과 통합: 무슬림이민자 차별과 배제를 중심으로". 부경대학교 대학원 박사학위논문.

이종복 · 전남련(2006). 『인간행동과 사회환경』. 경기: 양서원.

이혜경(1990). "한국의 사회변동과 여성정책". 한국여성정치문화연구소.

장인협 외(1999). 『사회복지학』. 서울: 서울대학교출판부.

장인협 · 오정수(2001). 『아동청소년복지론』. 서울: 서울대학교출판부.

장임숙(2017). 이주정책의 입법현황과 발의자 특성, 『현대사회와 다문화』, 7(1), 48-76.

전남련 · 김혜금(2006). 『부모교육론』. 서울: 형설출판사.

전재일 · 조운희 · 이준상 · 이성희(2004). 『사회복지실천론』. 서울: 형설출판사.

정원오 · 남기철 · 민소영 · 현시웅(2011). "부랑인 · 노숙인 복지서비스 지원체계 개편방안 연구". 보건복지부.

조석주(2011). "지방자치단체의 외국인근로자지원정책 강화방안". 『지방행정연구』, 제25권 제2호. pp. 110-112.

조휘일 · 이윤로(2003). 『사회복지실천론』. 서울: 학지사.

조흥식 · 김인숙 · 김혜란 · 김혜련 · 신은주(2012). 『가족복지학』. 서울: 학지사.

지은구 · 조성숙(2010). 『지역사회복지론』. 서울: 학지사.

최경석 · 김양희 · 김성천 · 김진희 · 박정윤 · 윤정향(2003). 『한국 가족복지의 이해』. 서울: 인간과 복지.

최선화 · 주 정 · 이영주 · 김향선(2009). 『여성복지론』. 경기: 양서원.

최성재 · 장인협(2014). 『고령화사회의 노인복지학』. 서울: 서울대학교출판문화원.

최순남(2002). 『인간행동과 사회환경』. 서울: 법문사.

최윤영 · 이경준(2010). 『장애인복지론』. 서울: 학지사.

최일섭 · 최준보(2012). 『사회복지개론』. 경기: 공동체.

최현미(2008). "결혼이민자들의 사회참여 활성화를 위한 과제". 바람직한 다문화 가정 정책모색을 위한 워크숍. 행정안전부. p. 103.

최 홍(2010). "다문화사회 정착과 이민정책". 삼성경제연구원.

통계청(2011). 사회통계조사보고서.
통일부(2015). 북한이탈주민정책 통계자료. www.unikorea.go.kr
하상락(1997). 『한국사회복지사론』. 서울: 박영사.
하승우(2006). "왜 풀뿌리운동이 희망인가?" 풀뿌리자치연구소이음, 창립토론회 주제발표문.
한국사회복지사협회(2001). 한국사회복지사 윤리강령. www.welfare.net
한국여성개발원(1990). "여성복지법제에 관한 연구". 한국여성개발원.
한태근(2006). "군 사회복지사 제도 도입 필요성과 제도화 방안에 관한 연구". 연세대학교 대학원 석사학위논문.
홍봉선·남미애(2012). 『학교사회복지론』. 경기: 공동체.

Bartlett, H. M. (1970). *The Common Base of Social Work Practice.* New York: Columbia University Press.
Bee, H. L. (2000). *The Journey of Adulthood*(4th ed.). Englewood Cliffs, NJ: Prentice-Hall.
Berlin, I. (1969). "Two Concepts of Liberty". In I. Berlin(Ed.), *Four Essays on Liberty*. London: Oxford University Press.
Bertalanffy, L. (1967). *Robots, Men and Minds: Psychology in the Modern World*. New York: George Braziller.
Biestek, E. P. (1973). *The Casework Relationship*. London: Unwin University Books.
Brieland, D., Atherton, C. R., & Costin, L. B. (1975). *Contemporary social work*. New York: McGraw-Hill.
Brill, N. I. (1998). *Working With People: the Helping Process*. New York: Longman.
Compton, B. R. & Galaway, B. (1994). *Social Work Processer*(5th ed.). Belmont: Wadsworth.
Congress, E. (1999). *Social Work values and ethics: Identifying and Resolving Professional Dilemmas*. Wadsworth: Thomson Learning.
Dolgoff, R., Loewenberg, F. M., & Harrington, D. (2005). *Ethical Decisions for Social Work Practice*(7th ed). Pacific Grove, CA: Thomson-Brooks/Cole.
Duvall, E. (1977). *Marriage and Family Development*. Philadelphia: J. B. Lippino cott.
Erikson, E. (1968). *Identity: Youth and Crisis*. New York, NY: Norton.
Friedlander, W. & Apte, R. (1974). *Introduction to Social Welfare*. Englewood Cliffs:

Prentice Hall.

Gilbert, N. & Specht, H.(1974). *Dimension of social Welfare Policy*. Englewood Cliffs, New Jersey: Prentice-Hall.

Hamilton, G. (1940). *Theory and Practice of Social Casework.* New York: Columbia University Press.

Johnson, L. C. (1989). *Social Work Practice*(3rd ed.). Massachusetts: Allyn and Bacon.

Johnson, L. C. & Yanca, S. J. (1995). *Social Work Practice: a Generalist Approach*. Boston: Allyn & Bacon.

Kadushin, A. (1974). *Child Welfare Services*(2nd ed.). New York: Macmillan.

Kadushin, A. & Martin, J. (1988). *Child Welfare Services*(4th ed.). New York: Macmillan.

Kagle, J. (1991). *Social Work Records*(2nd ed.). Prospect Heights: Waveland Press.

Kirst-Ashman, K. & Hull, G. (1993). *Understanding Generalist Practice*. Chicago: Nelson-Hull Publishers.

Leavell, H. R. & Clark, E. G. (1965). *Preventive Medicine for the Doctor in His Community: An Epidemiological Approach*(3rd ed). New York, NY: McGraw-Hill.

Loewenberg, F. M. (1988). *Religion and Social Work Practice in Contemporary American Society*. New York: Columbia University Press.

Loewenberg, F. M. & Dolgoff, R. (1996). *Ethical Decisions for Social Work Practice*. Itasca, Illinois: F. E. Peacock Publishers.

Moxley, D. P. (1989). *The Practice of Case Management*. CA: Sage Publications Inc. 김만두 역(2004). 『효과적인 복지서비스를 위한 케이스매니지먼트 실천론』. 서울: 홍익제.

NASW (1958). Working Definition of Social Work Practice. Reprinted in Donald Brieland, 'Historical Overview', Social Work Sep.

NASW (1995). *Encyclopedia of Social Work*(19th ed.).

NASW (2008). Code of Ethics of the National Association of Social Workers. www.naswdc.org

Nichols, M. P. & Schqrtz, R. C. (1995). *Family Therapy: Concepts and Method*(3rd ed.). Boston: Allyn and Bacon.

Padgett, D. K. (1998). *Qualitative Methods in Social Work Research*. 유태균 역(2001). 『사회복지 질적 연구방법론』. 경기: 나남.

Piaget, J. (1952). *The Origins of Intelligence in Children*. New York: International Universities Press.

Reamer, F. G. (1995). *Social Work Values and Ethics*. New York: Columbia University Press.

Richmond, M. E. (1922). *What is Social Casework?* New York: Russell sage Foundation.

Robinson, N. D. (1985). "Supplemental Services for Families and Children". In J. Laird & A. Hartman(Eds.). *A Handbook of Child Welfare: Context, Knowledge, and practice*(pp. 397-416). New York: Free Press.

Rossi, P. H. & Freeman, H. E. (1993). *Evaluation: A Systematic Approach*. London: Sage.

Rothman, J. (1991). "A Model of Case Management: Toward Empirically Based Practice". *Social Work*, 36. pp. 520-528.

Steinberg, L. (2005). *Adolescence*. New York, NY: McGraw-Hill.

Strong, B. & Devault, C. (1992). *The Marriage and Family Experience*(5th ed.). St. Paul, MN: West.

Suchman, E. A. (1967). *Evaluative Research: Principles and Practice in Public Service and Social Action Programs*. New York: Russell Sage Foundation.

Toseland, R. W. & Rivas, R. F. (1995). *An Introduction to Group Work Practice* (4th ed.). Needhan Heights, MA: Allyn and Bacon.

WHO (1980). International Classification of Impairment, Disabilities and Handicaps. Geneva.

Zucherman, E. (1983). *Child Welfare*. New York: Free Press.

Wee http://www.wee.go.kr

대한군사회복지연구소 http://www.kmswr.co.kr/index.html

대한의료사회복지사협회 http://www.kamsw.or.kr

법무부 www.immigration.go.kr. 외국인정책 통계연보

법제처 http://www.moleg.go.kr

전주 온고을 중학교 http://cafe.naver.com/ontonggo/363

한국군사회복지학회 http://kamtsw.com

한국학교사회사업가협회 http://www.kassw.or.kr

찾아보기

ㄱ

ㄴ

ㄷ

저자약력

• **류기형**(kihyryu@pusan.ac.kr)
전) 부산대학교 사회복지학과 교수

• **강대선**(kds2398@hanmail.net)
경남과학기술대학교 사회복지학과 교수

• **류지선**(ncwithus@hanmail.net)
부산가톨릭대학교 노인복지보건학과 교수

• **배의식**(hisroad@naver.com)
부산디지털대학교 사회복지학부 교수

• **백정원**(ourwhite@hanmail.net)
지역사회와복지연구소 연구위원

• **손지현**(sonji@silla.ac.kr)
신라대학교 사회복지학부 교수

• **옥수선**(osseon@dau.ac.kr)
동아대학교 사회복지학과 교수

• **이미라**(miracle9025@naver.com)
동의대학교 사회복지학과 교수

• **조향숙**(shindo26@gmail.com)
부산대학교 사회복지학과 외래교수

[제2판]
초보자와 신입생의 성공을 위한 사회복지개론

1판 1쇄 발행 2016년 3월 10일
2판 1쇄 발행 2018년 2월 10일
2판 4쇄 발행 2023년 2월 5일

저 자 | 류기형 강대선 류지선 배의식 백정원
손지현 옥수선 이미라 조향숙
발 행 인 | 박철용
발 행 처 | 양서원
주 소 | 경기도 파주시 직지길 522 파주출판도시
전 화 | 031-955-8000(代)
팩 스 | 031-955-8005
홈페이지 | www.yswpub.co.kr
이 메 일 | yswgroup@naver.com
출판등록 | 1987년 11월 24일 제406-2003-037호

ISBN 978-89-994-0796-3

정가 23,000원